半填半挖路基稳定性分析理论与方法

李志勇　苏永华　著

科学出版社
北　京

内 容 简 介

本书从西南山区地理、地形及地质条件特征和不确定性现象入手，采用确定与非确定性思路，综合研究了半挖半填路基的稳定性分析理论与方法。主要内容有：针对决定高速公路建设场地类型因素中存在的模糊性，提出了隶属函数的等效性原理，导出了隶属函数的建造模型，建立了基于粗糙集理论的权重确定方法和岩体力学参数变权重处理方法；构建了可考虑地形坡度、地震烈度、岩溶发育程度、岩土力学参数等因素的山区高速公路建设场地模糊分类理论。针对半挖半填交接面路基工程结构模式的特点，研究提出了路基边坡稳定可靠度四类求解方法。通过大量试验，揭示了交接面力学、几何参数对路基稳定的控制程度，得出了关键因素对路基稳定的敏感性排序以及各种加筋材料对半挖半填路基稳定性、沉降差异的影响。对不平衡推力法进行了改进，研究了路基中锚杆、土工材料等的加固力学机理，推导了加固材料在边坡中的力学作用模式，建立了挖填交接面路基稳定性分析集成方法。研发了具有岩土力学参数统计、路基边坡模式建立、极限平衡稳定性系数计算、可靠度和参数敏感性分析等功能的软件。对半挖半填高陡交接面路基的施工、断面形式及支挡结构选择、监测等提出了相应对策和技术。

本书可供高等院校交通运输工程、土木工程、地质勘察专业高年级学生、研究生以及岩土工程勘察、设计研究人员学习、参考，此外，亦可供从事山区公路施工的高级管理人员参考。

图书在版编目(CIP)数据

半填半挖路基稳定性分析理论与方法/李志勇，苏永华著. —北京：科学出版社，2010

ISBN 978-7-03-029138-7

Ⅰ. ①半…　Ⅱ. ①李…　②苏…　Ⅲ. ①半填半挖路基-稳定性-研究　Ⅳ. ①U416.1

中国版本图书馆 CIP 数据核字（2010）第 191537 号

责任编辑：沈　建/责任校对：冯　琳
责任印制：赵　博/封面设计：陈　敬

科学出版社出版
北京东黄城根北街 16 号
邮政编码：100717
http://www.sciencep.com

源海印刷有限责任公司印刷
科学出版社发行　各地新华书店经销
*
2010 年 10 月第　一　版　　开本：B5（720×1000）
2010 年 10 月第一次印刷　　印张：12 3/4
印数：1—2 000　　字数：247 000

定价：50.00 元
（如有印装质量问题，我社负责调换）

前　言

我国是一个多山的国家，根据大致的统计，山地面积在国土面积中占据的份额超过了三分之二。在山区经济建设和开发中，高等级公路是优先修筑的主要基础设施之一。在山区，特别是西南山区修筑公路，与平原地区或其他地区相比，具有其独特的特点。

在建造环境方面，公路是带状工程（或线状工程），公路修筑处理的基本对象是不同区域的岩土体，而岩土体是地质体，是在漫长地质历史时期过程中形成的，经历了无数次的地质构造运动。山区是地质历史上强烈地质构造运动的产物，地形沟壑纵横，地表高程变化剧烈，同时原始应力条件复杂，工程地质条件及稳定程度差异大、抗扰动能力弱，生态环境脆弱。公路等基础设施的建设，容易引发各类潜在的地质灾害，导致了山区公路地质、地理条件的复杂性和多变性。山区公路在建造环境上存在诸多不确定性因素。在设计和施工中，对工程的环境评估及路基的稳定性分析，不但要考虑地质条件，同时还需要根据山区的特点，综合考虑地形、地理等各方面的因素。

山区公路线路的构成主要是桥梁、隧道和岩土路基三部分。对于岩土路基，基于山区坡地和生态环境要求，在绝大多数情况下尽可能减少自然地表挖填面积。因此，山地上的路基通常采用半填半挖形式。这种路基一部分是天然地质体，另一部分是坡地上切削下来的地质体，在两部分之间存在交接面。这种路基的稳定性问题，牵涉到自然山体、填筑地质体及交接面等多方面的问题，路基的破坏失效模式是非规则滑动的。对于这种形式，通常采用不平衡推力分析方法，在应用中发现不平衡推力法具有很大的局限性。故半填半挖路基的稳定性设计和分析方法是一个需要重点研究的问题。

对于我国大部分山区，特别是西南山区，由于运输条件、施工环境、生态保护及防御自然次生灾害等方面的限制，公路填筑料要求就地取材。而山区地质结构复杂，各种破碎区、堆积体随处可见，浅部地层的稳定性及其岩土体本身的路用性、水稳定性能很差。因此山区半填半挖路基的稳定加固措施和材料，需要对路基的天然部分和填筑部分区别对待。

本书就是针对这些问题深入研究成果的总结，共分 9 章。第 1 章，绪论，总结了路基边坡稳定性研究的基本进展和现状。第 2 章，针对岩土体工程中的不确定性因素，提出并证明了隶属函数的等效性原理，导出了隶属函数的建造模型，建立了基于粗糙集理论的分类因素权重计算方法和岩体力学参数试验样本的变权重处理公式等。这些成果构成了路基边坡岩土体的模糊分类理论及参数处理新方法。第 3 章，综合考虑西南山区地形、地貌和地质特点，结合路基工程的带状特征，推导了山区地形坡度、地震烈度、岩溶发育程度、岩土力学参数等因素的隶属函数解析表达式，研究了山区场地的分类级别，建立了山区高速公路建设场地模糊分类理论。第 4 章，针对边坡岩体工程稳定性结构模式分析的特点，提出了路基边坡稳定可靠度分析的差分求解模式、响应面优化方法、逐步修正近似求解和支持向量机显式化方法等。第 5 章，提出了半挖半填路基交接面分类模式，利用正交方法设计了试验方案，采用萨尔玛理论，通过试验揭示了交接面力学因素和路基几何因素对路基稳定的控制程度，得出了关键因素对路基的稳定敏感性程度排序。第 6 章，全面研究了各种土工加筋材料方案对半挖半填路基稳定性、路基沉降差异的影响。第 7 章，对《公路路基设计规范》(JTGD30—2004）中推荐的半挖半填路基稳定性分析模式——不平衡推力法存在的缺陷进行了改进，研究了路基中锚杆、土工材料的加固力学机理，推导了加固材料在边坡中的力学分析模式，建立了挖填交接面路基稳定性分析模式与集成方法。第 8 章，研发了具有岩土力学参数统计分析、路基边坡模式建立、圆弧与非规则滑面各类极限平衡模式分析、稳定性系数计算、可靠度计算和力学参数敏感性分析等功能的分析软件。第 9 章，对半挖半填高陡交接面路基的施工、处理方法、路基断面形式、支挡结构、监测等提出了成套技术体系。

同时本书是如下基金资助研究获得的成果：①交通部西部科技项目：土工合成材料在边坡处治中的应用研究（编号：200131878528)；②湖南省交通厅科技项目：山区高等级公路半填半挖路基建造关键技术研究（合同编号 200503)；③国家高技术发展“863 计划”项目：山区公路路基边坡地质灾害监测与预警系统研究（编号：2007AA11Z121)；④交通部西部科技项目：路基耐久性的实用工程技术研究（编号：200731822301－3)；⑤湖南省自然科学基金项目：基于稳健理论的岩石隧道支护结构协同优化设计方法（编号：09JJ3113)；⑥湖南省交通厅科技项目：山区公路隧道过沟谷地段建造关键技术研究（合同编号 200717)。特向上述基金资助单位表示感谢。

在课题研究及著作撰写过程中，受到了作者所在单位领导和同事等的支持和帮助，在出版过程中对科学出版社沈建先生的辛勤劳动表示真诚感谢!

另外，本书是集体研究的成果，作者的研究生管梦清、颜永国、欧阳光前、邹志鹏、常伟涛、张月英、马宁，李青海、封立志及张鹏等，参与了作者有关课题的工作，同时作者研究团队及课题组同事为本书的研究成果做出了贡献。

由于半填半挖路基稳定性问题的复杂性，有关理论、方法和技术都不够完善和成熟，很多方面还有待更深入的进一步研究。特别是由于作者的学识、水平和研究深度有限，虽然尽了最大努力，但仍然难免挂一漏万，存在不当之处，恳请读者批评指正！

李志勇，苏永华

2010.4

目　录

第1章 绪 论

西部地区，特别是西南地区，起伏蜿蜒，沟壑纵横，河谷深切，高程起伏巨大，相对高程为400～2000m，是典型的山地，地形地貌条件极为复杂，环境条件恶劣。出露地层多为寒武系的片麻岩、片岩、板岩等变质岩，其余为侏罗系、白垩系、二叠系的红色砂岩、页岩、泥岩地层，岩性软弱，风化严重，是我国有名的易滑坡地层。在离地表不深的浅部，大小不等的溶洞星罗棋布，属于典型的喀斯特地区。这些山区公路不可避免地依山傍水展布，形成沿河线、越岭线和山脊线等。在路基填筑过程中，附近弃土场地难找，有时无法找到合适的弃土场地，如果采用全路基开挖的话，弃土运输距离必然很长，而行车条件又极为困难。必然导致投资加大，施工安全环境更加恶化。因此，在山区公路中，除了具有桥隧比例所占份额较大外，路基的构筑具有山地特点。路基通常的理想方式是在山坡中切挖出一半路基，另一半路基利用切削下来的地质体作为填料填筑另一半路基，形成半填半挖路基。

对于路基工程，其稳定性分析在很多情况下属于边坡工程。但半填半挖路基与一般路基工程存在很大差别。主要表现为，一般路基工程在同一个横断面上以及在某一里程路段内，其构成时间、材料基本是一致的，而山区半填半挖路基其中一部分是通过切削山坡体而成的，是天然地质体，通过了漫长的地质历史形成时期，具有较高的稳定性和强度；另一部分是在利用切削下来的岩土体填筑在斜坡山体上形成。路基的天然部分与填筑部分存在交接面，交接面两侧组成和形成过程完全不同。导致这种路基的稳定性分析，填筑方法、工艺、加固技术及措施与常规程序的差异，因此吸引了许多学者从不同的方面开展研究，目前已经取得了一些成果。

1.1 路基概况

半填半挖路基因山区公路的大量修建而受到重视，同时在工程实践中积累了一些处理方法和经验。梁仕森[1]等通过对山区已建的半填半挖路基调查后发现，这种路基形式大部分填方路基出现路基下沉、开裂，更有甚者，填方部分路基沿挖填界面出现整体滑坡的严重的自然灾害。同时找到这种病害出现的主要原因在于填方部分的土体强度和稳定性难以与挖方或自然坡面土体相一致。曹映[2]等也发现半填半挖路基下沉、变形和沿填挖界面开裂等现象经常发生，其原因主要是填挖两部分土体的强度和稳定性存在着差异。半填半挖路基施工虽然在规范上原则规定了若干施工程序、处理措施和填筑要求，但他认为标准太低，无法满足强度和稳定性要求。罗良繁、李永龙[3]等重点考察半填半挖路基的常规施工过程，在有关文献中介绍了某公路半填半挖路基的测量放样、基底处理、填挖交接面处理、临时排水处理、填料选择、摊铺与压实、路堑与开挖、上路床施工、修坡养护等方面的施工过程。邓卫东等[4]、张兴强等[5]为了研究路基不均匀沉降对沥青路面受力变形的影响，对半填半挖路基进行弹塑性动力有限元分析，计算出在汽车荷载作用下由于路基土在力学和物理性质上的差异而产生的差异沉降，研究了两种工况（汽车荷载作用产生的差异沉降及汽车荷载和土体固结共同作用产生的差异沉降）对沥青路面受力变形特性的影响，进而得出一种计算沥青路面破坏时临界差异沉降的方法，为实际工程设计、施工提供参考依据。谭继承等在文献［6］中介绍了某高填方路基的施工和加固工艺。该高填方路基最大填方达25.6m，采用加筋路堤挡土墙收缩坡脚，加筋边坡采用1：0.75。路肩以下10m处设一级2m宽平台，路肩以下25m处设路堤式挡土墙。加筋路堤坡面采用三维网加种草防护，加筋采用单向土工格栅。为减少不均匀沉降，路基填挖结合部采用重锤夯实。宋继先等在文献［7］中考虑了填料性质对填方路基的影响，认为半填半挖路基是山区高速公路的一大特点，且填方部分一般属于高填方，填料多取自于路基附近的挖方段，常以碎石土为主。由于存在多种客观因素的影响，高填方路基的特点是路基边缘的压实度往往难以达到标准，造成路基沉降过大，影响行车安全。并介绍了高填方路基加固的几种方法。韩宇乐[8]等选取了广西某复杂山区地形高速公路某路段的深切高填方式的半填半挖路基进行了介绍。该路段在不到5km的范围内，仅20m以上的切方7处（30m以上的3处，最大切深41.47m），10m以上的填方12处（20m以上的3处，最大填高25.33m）。在填方路基与山坡坡面交接面的施工中采取了多种稳定路基的技术和措施。史志勇[9]等结合工程事例，对半填半挖路基施工中常用的横挖法、纵挖法和混合挖法的适用条件进行了简单的讨论。邵建梁[10]等对半填半挖交接面土工合成材料的加固作用进行了一些探讨，收集了高填方路基部分采用分层铺设高强土工格栅以增强填方部分的路基强度，减少路基沉陷与挖方路基部分的不均匀沉降的作用的工程实例，并对该类路基中铺设土工格栅的滑动稳定性验算公式、土工格栅的铺设层数、分层厚度等进行了讨论。王晋明等[11]分析了高填方路基的沉陷及介绍了常规的防治措施，并阐述了施工中的某些技术参数。如在高填方路基的填挖结合部，当由填方底部在挖方一侧沿路线纵向挖台阶，当地面倾斜度小于1：2时，台阶宽2.0 m；当地面倾斜度大于1：2时，台阶宽度不小于1.0 m，台阶底设置2%～4%向内倾斜的坡度。当填方区填至路槽底以下6.0～8.0m时，应增设土工格栅，土工格栅沿路线纵向长7.0m（填方区和挖方区各3.5m），横向宽度为路基填筑宽度，端部包括填料厚0.3m。土工格栅一般为4层，间距为1.0～2.0m，以减小因路基沉陷不均匀带来的危害。刘以波等[12]简单介绍了云南某高速公路在一深切沟谷地段采用半挖半填路基建造过程中，对填方路基采用预应力锚索桩板墙承担较大的滑坡推力，在滑体中下部集中承载，填方反压加涵洞排水的工程措施。

由于半填半挖路基工程的大量建设，其中出现的许多问题急需理论的指导，相关的理论研究获得了一定进展。蒋鑫[13]等针对填挖结合部存有软弱夹层的横向半填半挖式路基，基于FLAC/SLOPE软件平台，运用强度折减法，探讨了潜在滑动面性态随软弱夹层与地基黏聚力之比值增加而演化的全过程。基于三维快速拉格朗日有限差分法FLAC3D软件平台，分析了同时受横向、竖向地震荷载作用的半填半挖式路基地震动力响应及稳定性。发现半填半挖式路基必须高度重视填挖结合部的良好处理以防止可能出现的滑动失稳，地震将对半填半挖式路基产生不可忽视的影响。刘建磊[14]等分析了半填半挖路基稳定性受填挖结合部位软弱交接面结构类型、岩性等控制条件。调查了由于对软弱结合部处理措施采取不当将造成路基变形不协调，甚至发生整体失稳破坏的例子。然后采用简化Bishop法，从填方高度、地下水、填土力学参数和交接面结构类型4个方面进行稳定性对比，通过灵敏度分析，确定填方高度、地下水和填土黏聚力是影响路基稳定的较敏感因素。李群[15]等分析了山区公路的选型特点，得出由于半填半挖形式可大量减少土方运输量及保护自然环境，在山区横坡陡峻地段得到了广泛应用。但由于挖方与填方材料在工程性质上的巨大差异，经常造成填挖交界面土体滑移型路基破坏和沉降差。然后利用极限平衡法，分析了填挖交界面台阶的影响及土工加筋材料的加固功能，得出设置台阶及土工合成材料可较大的增强路堤的抗滑能力。

1.2 研究现状

1.2.1 路基建造场地分类

在山区的半填半挖路基，其建造场地是在重丘或山岭区域，场地类别是影响工程的重要因素。对于工程场地分类，目前的研究方法主要有确定性和非确定性两类。目前关于岩、土的分类规范及准则主要是基于确定性的，在分类过程中考虑的主要是地质因素。例如对于岩石工程领域，国内煤炭、冶金、水利水电、公路交通等各个行业，根据各自的特点和侧重点，在多年资料积累和研究的基础上颁布了各自的分类方案。后来在综合各种分类方案的基础上，《工程岩体分级标准》(GB502184—94)在1992年颁布，1994年被确认为国家标准，在1995年下半年开始执行。该标准分两步进行，首先考虑岩石强度和岩体完整性，对岩体形成基本评价。然后进一步根据岩体的弱面与工程关系、地下水和地应力场三个因素进行修正，最后得出总体评价。国外对岩体分类比较著名的有CSIR分类法、Q分类法。CSIR分类法考虑了岩块强度、岩心质量指标、节理间距、节理条件及地下水条件5个条件，然后根据节理与工程的关系进行修正，最后将岩体分为五级。Q分类法主要考虑了岩石质量指标、节理组数、节理粗糙系数、蚀变系数、节理水折减系数和应力折减系数。这些分类方法在边坡、地下洞室、隧道及各类工程中被广泛采用。这些方法的重点在于评价场地的稳定性问题，对山区公路路基建设场地的分析具有借鉴和指导作用，但又不能套用。山区公路是带状工程，相对来说是一种表面工程。其建造方式、工艺固然与场地的地质因素有关，但同时与地形、地貌有关。所以山区公路场地类型不但要考虑地质因素，而且应该考虑地理因素。

另外基于稳定性评价的地质因素分类方法中，由于地质体是长期的地质历史运动形成的，各类因素中存在不确定性。为了考虑这种不确定性，在分类时通过模糊理论表达，即模糊分类方法。

1.2.2 力学分析模式

半填半挖路基沿交接面的稳定性问题在力学上属于边坡问题。它的稳定性分析可以按照边坡力学模式进行。对于边坡的力学分析，成熟的模式和方法在总体上可以分为模型试验法和数学模拟法。模型试验法主要有块体结构模型试验、底面摩擦试验和离心模型试验。块体结构模型试验主要用于研究在施工和荷载作用下边坡岩土体的变形机制，常用于重要工程边坡。底面摩擦试验的作用与前者相近，但费用较少，简单易行。离心模型试验的突出优点是可真实反映原型结构的工作状态，只是试验条件复杂，费用高，使用还不普遍。数学模拟法主要有极限平衡分析法、极限分析法、数值模拟法及其他方法。其中极限平衡分析法是发展最早，最成熟的方法之一，主要计算模式见表1.1。

表1.1 极限平衡各模式及特点

方法	力的平衡	力矩平衡	对多余未知量的假定	滑裂面形状	特点
瑞典法	满足	部分满足	不考虑土条间作用力	圆弧	计算简单，F_s值偏小10%～20%，适宜φ值较小的软岩和土质边坡
简化Bishop	满足	部分满足	条间力合力方向水平	圆弧	F_s比较接近实际。常用于分析土质、软岩质及碎岩边坡
简化Janbu	满足	满足	假定条间力位置$A_C=1/3$	任意形状	适合各种形状的边坡，需迭代求出F_s

续表

方法	力的平衡	力矩平衡	对多余未知量的假定	滑裂面形状	特点
Spencer	满足	满足	假设条间力方向夹角为常数 δ	任意形状	所得 F_s 在工程角度已经足够精确
Mongenstern-Price 法	满足	满足	法向条间力和切向条间力之比为各种可能函数	任意形状	稳定系数 F_s 已经很精确
不平衡推力法	不满足	满足	条间力合力方向与滑面倾角一致	任意形状	工程中建议滑面控制点处的倾角变化小于10°
Sarma	满足	不满足	滑面与侧面都达到极限状态，滑体作用临界水平加速度	任意形状	该法对滑坡体进行斜条分，可模拟断层节理等不连续面

在《公路路基设计规范》（JT GD30—2004）中，对半填半挖路基沿交接面的稳定性分析，推荐使用极限平衡分析中的不平衡推力法。不平衡推力法是一种计算简便、物理概念清晰、能够计算加固力、易于掌握和应用的边坡稳定性系数计算方法。不平衡推力法在具体计算上具有超载法和强度储备法，具体差异见表1.2。其在许多工程中获得了广泛应用[13~21]。但在大量的工程应该分析中，也表现出其局限性。时卫民等[22]、张鲁谕等[23]、郑颖人等[24,25]、梁斌等[26]、季微微等[27]对不平衡推力法的精度及应该注意的问题进行了系统的分析。

表1.2 传递系数法的分类及其特点

计算方法	力的平衡条件	基本特点
强度储备法	分块及整体静力平衡	各条块的稳定系数与整体稳定系数相等。采用上一条块的剩余下滑力向下一条块滑动面逐块投影法，$D_i<0$ 时，取 $D_i=0$。假定滑动面剪切强度参数黏聚力 c 及摩擦系数 $\tan\varphi$ 具有一定的安全储备，将其除滑坡体各条块及整体的 F_s，再视滑坡体处于极限平衡状态，由此求得滑坡体的 F_s
超载法	整体静力平衡	仅考虑整体静力平衡。采用上一条块的滑动力与抗滑力向下一条块滑动面上分别逐块投影，假定黏聚力 c 及摩擦系数 $\tan\varphi$ 不变，将滑动力乘滑坡体各条块及整体的 F_s，再视滑坡体处于极限平衡状态，由此求得滑坡体的 F_s。计算稳定系数时，不考虑剩余下滑力为负值时，令其为零的情况；但推力计算时，则考虑剩余下滑力为负值时令其为零

强度储备法是通过不断折减抗剪强度，使坡体达到极限状态，以此来求稳定系数。采用试算法：先假设一个稳定性系数 F_s 值，自上往下依次计算条块间的净滑力 D_i，由于土条之间不能承受拉力，所以当条间力 $D_i<0$ 时，取 $D_i=0$，自

此不再向下传递，注意到滑体的边界条件 $D_0=D_n=0$，当出现 $D_n>0$ 时，说明 F_s 偏高；当出现 $D_n<0$ 时，说明 F_s 偏低，应当适当调整，直至满足 $D_n=0$，此时 F_s 即为所求。

超载法是在正常荷载组合作用的基础上，按一定的倍数增大荷载直至边坡破坏失稳，用这种方法求得的安全系数叫超载安全系数。超载法不满足条块剩余下滑力的合力小于零时令其等于零的条件，即条块之间允许出现拉应力，当出现条块剩余下滑力小于零的情况时，超载法计算所得到的稳定系数明显偏大。

文献［22］、［23］、［25］分别采用超载法（显式计算方法）、强度储备法（隐式计算方法）和 Mongenstern-Price 法对某具体边坡工程的稳定性进行分析，在计算中对比了边坡滑面不同分条数、分条底滑面倾角差大小不同时，稳定性系数的变化与差异。图 1.1 是对一圆弧形滑面划分成不同的分条数时，三种方法计算时稳定性系数随分块数的变化曲线，即分条底滑面倾角变化与稳定性系数的变化关系。当滑面的倾角变化在 7.5°以内时，误差都在 3%以内。所以时卫民等[22]提出，在实际工程中，可将使用条件限制在 10°以内。当滑面控制节点处的滑面倾角变化量小于 10°时，可以使用不平衡推力法。对于转折点处的倾角变化量超过 10°时，应对滑面进行处理，消除突变及尖角效应。

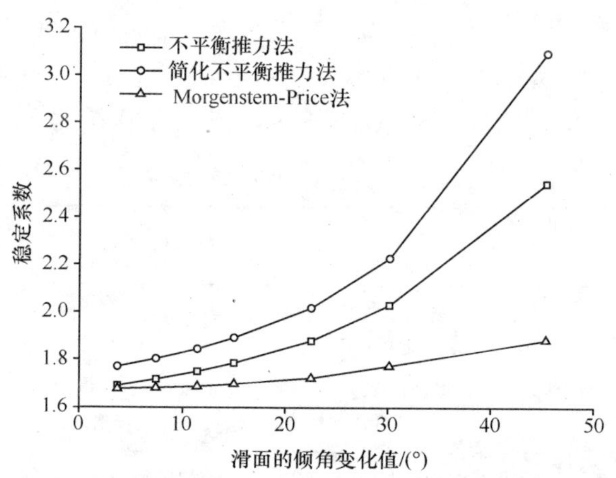

图 1.1　三种计算方法稳定性系数随分条底滑面倾角差的变化[22]

1.2.3　不确定性因素描述

对于半填半挖路基的稳定性中的不确定性，在总体上可归为两类。一类是模式的不确定性，一类是参数的不确定性。潜在的不稳定模式可表现为折线形或圆弧形，在采用极限平衡方法时，滑动模式对稳定性系数的影响可通过适当增加分条数目，减少分条底滑面之间的倾角差，降低模式不确定性的影响。对于参数的不确定性，目前主要有概率分布函数模拟、区间方法及模糊统计方法三类。常用来模拟的概率分布函数有正态函数、对数正态函数、威布尔函数、指数函数、均匀函数、伽马函数和极值函数等。作为各种分布函数的统一近似模拟，苏永华等[28]提出了一种多项式近似模拟方法。对于岩土参数分布，许多学者在研究中取得了大量成就。如松尾稔[29]曾对各主要土性参数的统计特征进行过详细研究，其结果可归纳为表 1.3。

表 1.3 各主要土性参数的统计特征值[29]

土性参数	分布特征	变异系数	研究土性
粒度	正态分布		粉土或黏土
空隙比	正态分布		饱和黏土
含水量	正态分布	9.4%～20.5%	不饱和黏土和粉土
重度	正态分布	2.5%～4.1%	不饱和黏土和粉土
稠度	正态分布		黏土
无侧限抗压强度	正态分布(深度方向)	18%～40.9%	饱和黏土
不排水抗剪强度	正态分布(深度方向)	16%～35%	饱和黏土
抗剪强度	正态分布	5.3%～15.3%	不饱和砂质粉土、粉砂
内聚力	正态分布	19.3%～48.7%	不饱和土
摩擦系数	正态分布	5.75%～46%	不饱和土
压缩指数	正态分布	9%～52.6%	正常固结黏土
压缩比	正态分布	9.6%～38.4%	正常固结黏土
固结前空隙比	正态分布	5.5%～28.3%	正常固结黏土
体积压缩系数	对数正态分布	2.7%～27.5%	海底黏土
固结系数	对数正态分布	6%～57.5%	海底黏土

在岩体参数统计特性方面，除基本的物理力学参数外，还有结构参数。对于岩体结构，主要表征参数是节理迹长、间距、倾向和倾角等，也获得了很多进展。表 1.4 是学者们对有关岩体结构参数统计特征的部分研究成果。

表 1.4 岩体结构参数的分布形式[37]

研究者	时间	节理间距	节理迹长	产状(倾角、倾向)
Hudson &Priest	1979 年	负指数		
Priest & Hudson	1981 年		负指数	
Barton et al	1985 年		对数正态	
Robertson	1970 年		负指数	
McMahon	1974 年		对数正态	

续表

研究者	时间	节理间距	节理迹长	产状(倾角、倾向)
Call et al	1976年	负指数	负指数	
Priest & Priest	1976年	负指数		
Bridges et al	1975年	对数正态	对数正态	
Baecher et al	1977年	负指数	对数正态	
Yong	1977年			正态分布
Herget	1978年			相互独立的正态分布
Herget	1982年	负指数	负指数	
Einstein & Baecher	1983年	负指数	对数正态	
Mahtab & Yegulp	1982年			联合正态分布
Kulatilake	1985年			联合 Fisher 分布
Barton et al	1975年	对数正态分布	对数正态分布	
Mahtab & Bolstad	1985年			球面正态分布

岩土力学参数的不确定性不但表现为随机性，通过统计特征模拟，同时还发现具有模糊性。因此，岩土参数是模糊-随机参数，有关学者研究了岩土参数的随机-模糊分析方法。如张玉香[30]讨论了随机一模糊处理方法在岩石力学指标统计分析中的应用，并对计算中诸如迭代精度、隶属函数的取值等关键问题进行了研究。结果表明，基于岩石样本力学参数的离散性中既包含随机不确定性，又包含模糊不确定性，采用随机一模糊处理方法优于其他常规的统计方法。宋克志等[31]分析了隧道及岩土参数分布的随机性、地层变位的不确定性；采用蒙特卡洛方法模拟出地层位移的统计值，进而计算出地层变位的可靠指标与失效概率，并通过相关系数矩阵和概率灵敏度图分析了随机输入参数对地层变位的影响。张征等[32]探讨了岩土参数空间最优估计精度的特异值处理方法，提出对存在特异值的岩土参数随机场进行估计时，应用指示克立格法能够获得符合实际的最优估计效果。

刘春原等[33]分析了半变异函数和相关函数两种描述岩土参数随机场的随机性的内涵和联系，证明加权最小二乘多项式可作为最佳线性预测函数。张永杰等[34]根据岩土抗剪强度试验数据的随机性与模糊性特点，采用试验值相对估计值的隶属度以反映其偏离程度及其所具有的模糊性，并将隶属度作为残差权值以减少异常试验数据对拟合结果的影响，建立岩土抗剪强度参数模糊拟合方法。胡小荣等[35,36]将岩土类力学介质视为随机场，应用地质统计学方法对岩土力学参数随机场的空间变异性进行分析，提出利用地质统计学方法进行有限元单元体岩体力学参数赋值。李胡生等[38~41]对岩土参数的模糊性及随机模糊性进行过系统的研究，提出了岩土参数的模糊层次处理，随机参数特征值的模糊计算方法等。同时有关学者对边坡的圆弧形破坏[42]、平面形破坏[43]、陡峭型破坏等模式的随机-模糊分析方法也进行了比较完整的探讨[44]。

岩土工程中的不确定性采用统计方法、模糊方法或随机-模糊方法进行描述时，为了得到比较准确的表达函数（分布概率函数、隶属函数或随机-模糊函数），通常需要得到一个容量较大的样本。如果样本容量不够大，需要假设分布函数的形式，而最终的分析结论对分布函数的形式很敏感，有可能导致较大误差。在大多数情况下，岩土基本参数的样本容量是有限的，采用统计方法、模糊方法或统计-模糊方法就存在困难或导致分析结论的准确程度很难判断。为了克服这一困难，有关学者考虑到区间理论与不确定性的天然联系，提出了岩土工程不确定性的区间分析方法，并取得了不少进展。王登刚等[45]、李守巨等[46]、刘世君等[47]建立了识别地应力和围岩弹性模量的反演模型，考虑其不确定性因素，通过反分析后，得出了地应力、弹性模量、泊松比、黏聚力和内摩擦角等参数的区间范围。曹文贵等[48]采用非对称三角模糊数反映岩石抗剪强度参数取值的区间性特征及可能性分布，提出了基于非对称三角模糊数的岩石抗剪强度参数区间表达方法。蒋冲等[49]、苏永华等[50,51]、王继承等[52]等基于岩土参数的非确定性区间表达方法，把岩土力学参数以及由此得到的响应量当做区间变量，建立了基于区间的岩土结构稳定非概率可靠性分析模型。

1.2.4 不确定性模型的近似分析

半填半挖路基交接面与地形地貌、地质条件及施工、加固等多种方式有关，在几何形状上是复杂的。对于复杂形状滑面的岩土边坡，其力学模型复杂，导致相应的非确定性分析计算过程复杂且计算工作量大。为了简化计算，研究者们提出了各类近似且具有较高精度的方法。随着响应面方法[53~56]的发展，Felix 和 Wong 等[57]学者提出了以有限元模拟为工具，建立边坡结构状态方程，然后采用精确分析方法计算失效概率。在边坡稳定性分析中，极限平衡理论是一种成熟且常用的方法，但极限平衡理论各模式的稳定性系数计算是单个条分稳定性系数计算的累积形式，极限状态方程无法通过显式表达。为了将极限状态方程显式化，苏永华等[58~60]利用稳定性系数计算作为虚拟试验，以二次多项式为过渡函数、可靠度指标迭代计算收敛为标准的响应面可靠度方法，获得了较好的计算效果。

1.2.5 影响因素的敏感性

在边坡稳定性分析中找出影响边坡稳定的敏感因素是非常有意义的，可根据敏感性因素确定试验组数和取值，分析边坡的稳定可靠程度，提高防治和监测方案的针对性。

目前人们广泛采用的敏感性分析方法是首先选定指标，然后确定指标的影响因素及其范围。在计算过程中假定其中一个因素按照一定的步长变动，而其他的因素不变，在二维的坐标系中绘制指标与这一因素的关系曲线。以此类推，直到把所有不确定因素计算完。比较指标随各因素的变化幅度，变化幅度大的因素为敏感性因素。而对于多因素敏感性分析的研究，目前尚处于探讨阶段，一些多因素敏感性分析方法，如链环代替法、函数法等，是建立在特定假设条件下的，适用范围有限。这些分析只是简单的单因素轮换法，分析中无法实现因素间交互作用对指标的影响，而且计算量大，数据准备复杂。而实际的边坡不确定性不仅由基本因素变化产生的，基本因素的交互作用在一定条件下亦起到了决定性的作用。因此，在考虑因素较多的边坡稳定敏感性分析中，应用正交设计计算与统计分析计算相结合，不仅可以减少计算量，同时可以得到比较直观的分析评价结果。张旭辉等[61]、季大雪等[62]、何本贵等[63]已经成功应用正交设计理论对边坡进行敏感性分析。

1.2.6 路基土工材料加固计算

在加筋路基的研究方面，Shukla 等[64]将平面应变问题转化为一维问题，以线性弹簧模拟软土地基，土工织物上下的砂垫层假定为 Pasternak 剪切层，其主要问题在于忽略了弹簧间的相互作用。Yin[65]利用双曲线弹簧代表软土，推导了由该弹簧支撑的土工织物加筋路基的一维非线性模型，考虑了路基土于土工织物的协调变形。该模型数学形式采用两个非线性二阶常微分方程组，分析了非线性弹簧参数对加筋路基的沉降和土工织物拉力的影响。

Yograjah 等[66]运用剑桥大学开发的有限元程序 CRISP，模拟了土工织物受拉拔状态下的应力应变情况，分析了应力和应变沿织物纵向的分布情况。自 20 世纪 70 年代开始，有限元法在国内逐渐被广泛应用于岩土工程，已经成功地应用于路基及软土地基处理的模拟，包括复合地基中的桩基以及土工合成材料加筋地基。程环等[67]应用有限元法对土工织物堤坝软基进行了非线性静力分析，在将问题简化为平面应变问题的基础上，研究了堤坝底面沉降的分布情况，得出了一些有益得结论。

福州大学徐少曼等[68]运用自编的有限元程序 GRENLF，对土工织物加筋堤坝软基进行了非线性分析。土工本构模型采用 Dancan-Chang 双曲线模型，通过试验确定土工织物双曲线模型参数。对于织物与土界面强度对加筋效果的影响做了分析研究，说明只要将土工织物夹铺于砂垫层中，摩擦力足以发挥出设计拉力作用而不会被拨动；并分析了最优加筋层数、垫层应力扩散效果。

喻泽红等[69,70]、应用自行编制的有限元程序，对土工网处理桥头差异沉降以及土工网与土的相互作用进行了分析，计算出了土体的应力和位移，与工程实测结果进行了比较，分析了土工网与土相互作用的机理。周志刚等[71]采用基于Biot固结理论和邓肯-张模型的有限元程序，对土工格栅碎石桩复合地基进行了分析。根据计算结果与试验路段实测数据的对比，说明了桩间距对软基沉降的影响，论证了推荐布桩方案的合理性，并说明了格栅对碎石桩承载力的提高作用。

闰澎旺等[72]运用基于平面应力问题的有限元方法，对土工合成材料处于拉拔状态下的筋-土间的相互作用做了分析，提出了一种分析方法，可估算埋在粗粒土中的土工合成材料的抗拔特性，包括荷载与变形的关系、土工合成材料位移沿拉力方向的分布、土反力分布等。沈珠江根据极限分析的原理，判定圆弧滑动不是一种可能的破坏方式，只有侧向挤出才符合真实的破坏机理，并在此基础上提出一种基于滑动平衡的简便分析方法[73]。

殷建华推导出一个代表软土双曲线弹簧支撑的土工布加筋基础一维非线性模型，并着重讨论了非线性弹簧参数对加筋基础的沉降和土工布拉力的影响[74]。徐少曼等[75,76]提出了一种提高土工织物加筋效果的新途径，并且指出土工织物加筋效果存在尺寸效应。介玉新等[77]提出计算加筋土工织物的等效附加应力法，把筋材的作用当成外力（等效附加应力）加在土骨梁上。

1.3　山区挖填路基的研究内容与方法

1.3.1　主要研究内容

对于我国西南山区的公路建设中，半填半挖是一种经济而常见的路基形式。对于这种路基形式目前需要研究解决的问题很多。本书根据山区及山区公路路基的特点，着重研究和探讨西南山区半填半挖路基领域的如下难点：

（1）西南山区地理、工程地质领域不确定性的模糊表达原理及方法。

（2）山区路基建设场地的非确定性分类方法及等级。

（3）路基边坡稳定可靠度分析的数值求解方法。

（4）着重考虑交接面的半填半挖路基边坡挖填参数模拟分析。

（5）土工加筋材料对挖填路基沉降的作用。

（6）半填半挖路基交接面稳定性分析模式与集成方法。

（7）半填半挖路基稳定性的确定与非确定性集成分析计算程序。

（8）半填半挖路基高陡交接面施工处理方法。

1.3.2　基本研究思路

基本研究思路如图1.2所示。

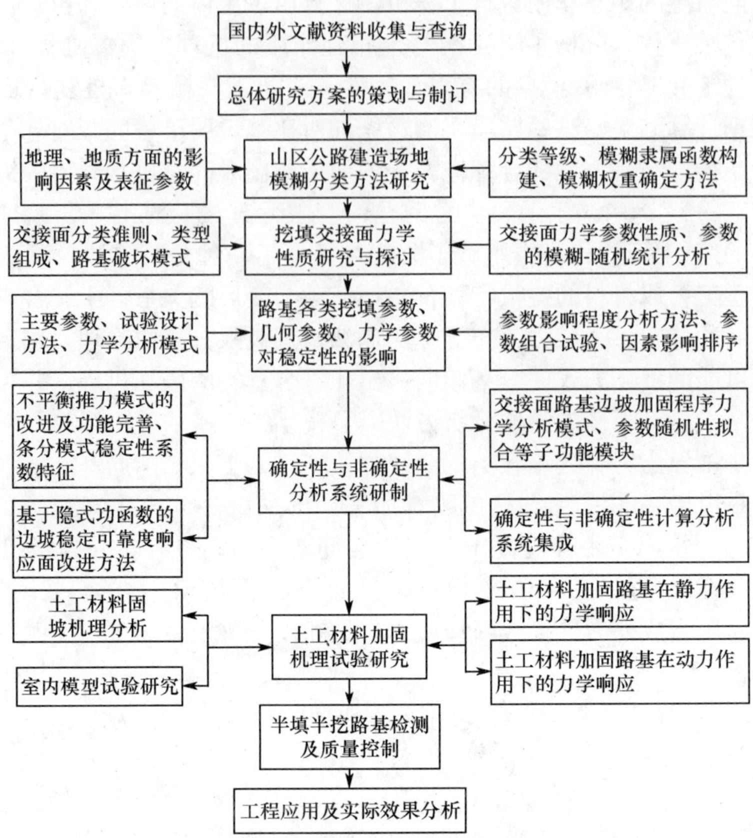

图 1.2　山区半填半挖路基分析研究思路图

第 2 章 路基地质体模糊分类描述与参数处理

在前述岩体工程的不确定性研究现状总结中，根据大量的文献分析，已经把不确定性的描述分为随机描述、模糊描述和区间描述三大类。在不确定性的三类描述方法中，各自针对不确定性的不同侧面。模糊方法主要针对的是工程岩体介质、建筑场地类型或级别之间的界限清晰度描述和模拟问题。模糊方法体系内容主要有模糊因素隶属函数构建方法，模糊因素在系统中权重及其确定方法，级别（类型）及其模糊模型方法。在这一体系中需要确定隶属度、权重值和级别（类型）数目三个关键指标。

2.1 隶属函数的构造

2.1.1 隶属函数的类型与形式

在一般原理上，大量的函数类可以作为模糊隶属函数的原型。但在选取和建立隶属函数时，除了满足模糊因素的隶属性质展布形式这一必要条件外，同时需要考虑函数形式简单，相关系数确定尽可能容易，便于应用和分析[79~87]。根据图像，隶属函数可分为升半形、降半形、宽域式和窄域式（图 2.1）或其若干组合形态（图 2.2）等。

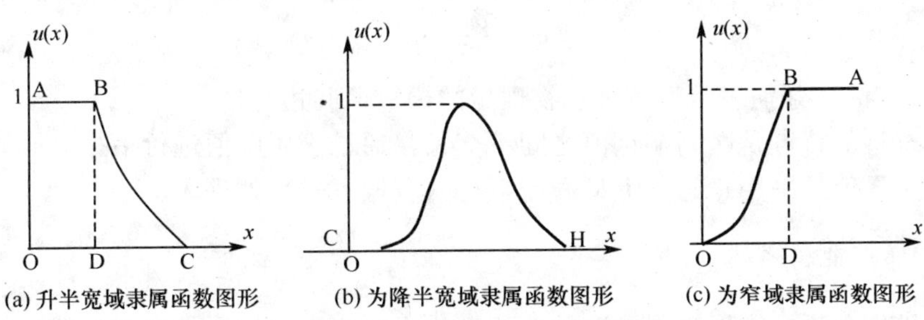

图 2.1 隶属函数分布形式示意图

根据函数特点可分为正态型、戒上型、戒下型、三角模糊数、降半梯形、梯形和岭形等隶属函数类型。在工程实践中，具体的函数原型一般是初等函数，常用的有正态函数、三角模糊数函数、梯形函数和岭形函数[88,89]。

评判因素 u_i 的表征指标值为 x，其区间端点值为 x_i、x_{i+1}，其对于决策评语中某一等级的隶属度为 $u_i(x)$，在不混淆的情况下记为 $u(x)$，则常用隶属度函数

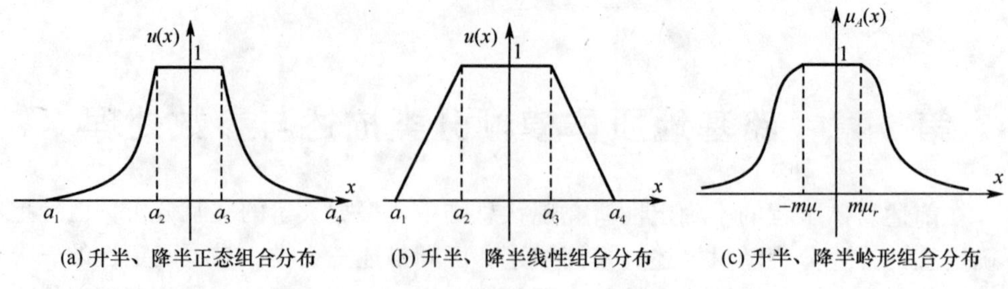

(a) 升半、降半正态组合分布　(b) 升半、降半线性组合分布　(c) 升半、降半岭形组合分布

图 2.2　隶属函数组合分布形式

的原始形式可分述如下。

1. 正态隶属函数

在模糊分析中，隶属函数采用正态函数的一般形式为 $u(x)=e^{-f(x)}$。主要区别在 $f(x)$ 函数的形式选取上。根据因素隶属性质的展布形式不同，$f(x)$ 取为各种不同形式。目前其中一种常用的形式为

$$u(x)=\exp\left[-\left(\frac{x-x_0}{2c}\right)\right]^2 \tag{2.1}$$

在正态分布中一般认为，如果给定了 x 的模糊划分区间，在区间的中点 $x=x_0$，$u(x_0)=1$，x_0 即为所属区间的中点值。另外各种物理量区间端点值介于二种级别之间，对两种级别隶属度相同，令其近似为 0.5，即 $\exp\left[-\left(\frac{x_1-x_2}{2c}\right)\right]^2=0.5$。其中系数 c 可按下式计算：

$$c=\frac{a_1-a_2}{1.66} \tag{2.2}$$

式中：a_1 和 a_2 分别表示为该级别物理量的模糊区间边界值。

正态型的特点是区间端点值之间不交叉，通过隶属度值进行衔接，同时在物理量的边界值处采用正态戒上型和戒下型（宽域方式）处理。

2. 梯形隶属函数

在模糊分析中梯形隶属函数的典型形式主要有直边梯形函数和似曲边梯形函数，直边梯形函数的通常形式为

$$u(x)=\begin{cases}0 & x\leqslant a_1, x>a_4\\ \dfrac{x-a_1}{a_2-a_1} & a_1<x\leqslant a_2\\ 1 & a_2<x\leqslant a_3\\ \dfrac{x-a_3}{a_4-a_3} & x\leqslant a_4\end{cases} \tag{2.3}$$

式中：a_i、a_{i+1}分别表示某分段的物理量的分段边界值。

在某些情况下，模糊隶属函数取梯形函数的前半部分或后半部分，就是升半梯形函数或降半梯形函数。似曲边梯形函数在图形上表现为函数升降部分为曲线，似曲边梯形函数的一种形式为

$$u(x)=\begin{cases}2-\dfrac{1}{1+k(x-a_1)^2} & x\leqslant a_1\\ 1 & a_1<x<a_2\\ 2-\dfrac{1}{1+k(x-a_1)^2} & x\geqslant a_2\end{cases} \tag{2.4}$$

式中：a_1、a_2 为物理量的边界；k 为统计分析得出的拟合常数，它决定了曲线的变化缓急程度。

3. 岭形隶属函数

模糊分析中的岭形隶属函数实际是一种组合函数，它以正弦函数作为其核心。通过总结大量的实例和应用，其通用表达式可取为

$$u_{(x)}=\begin{cases}u_1 & x<a_1\\ u_2+k_1\sin\dfrac{\pi}{v_1}(x-v_{10}) & a_1\leqslant x<a_2\\ u_3-k_2\sin\dfrac{\pi}{v_2}(x-v_{20}) & a_2\leqslant x<a_3\\ u_4 & x\geqslant a_3\end{cases} \tag{2.5}$$

式中：u_1、u_2、u_3、u_4 为常数，通常取值有 1、$\frac{1}{2}$、$\frac{1}{2}$、0 等；k_1、k_2 为常数；a_1、a_2、a_3 为物理量的分段值；v_1、v_{10}、v_2、v_{20} 为相关待定值，在应用中的具体表达形式因对象的不同而不同。

4. 三角模糊数隶属函数

三角模糊数隶属函数通常由该物理量的边界端点值和中值决定，在模糊单一区段内的隶属函数可表示为

$$u(x)=\begin{cases}0 & x<a_1\\ \dfrac{x-a_1}{a_2-a_1} & a_1\leqslant x\leqslant a_2\\ \dfrac{a_3-x}{a_3-a_2} & a_2\leqslant x\leqslant a_3\\ 0 & x>a_3\end{cases} \tag{2.6}$$

式中：a_1、a_3 为区间段的端点值；a_2 为区间的中点值。

三角模糊数隶属函数认为当物理量的值在区间的中点时隶属度最大，从中点往端点隶属度从 1 到 0 呈线性变化。三角模糊数函数隶属度可以看作梯形函数的特殊情况。因为只要将梯形中的有关相邻端点重叠，即得到三角形模糊数函数图形。

5. 其他隶属函数形式

在隶属函数的选取过程中，除了上述常用的 4 种函数外，还有 Γ-分布、上限型以及通过模糊统计确定隶属函数：

$$u(x)=\begin{cases}1 & x\leqslant a\\ \mathrm{e}^{-k(x-a)} & x>a\end{cases} \tag{2.7}$$

2.1.2 隶属函数构造方法

在上一节中给出的是隶属函数的基本形式，其中各函数中具有未知的待定系数。只有确定了待定系数后，隶属函数的形式才完全确定。在岩体工程的模糊分类方法中，设依某种要求或规则，岩体需要划分为 n 个级别或类型，级别分别排序为 1，2，…，n。其影响因素的特征值相应划分为 n 个区间或级别，级别的上限和下限分别为 S_{uplimit}、$S_{\text{downlimit}}$，当该因素值处于级别范围内时，隶属函数的值为 1，即隶属度为 1。当该因素的值超出该级别范围时，隶属函数以下限和上限为起点，分别向左侧和右侧模糊展开。图 2.1 中，图（a）适合于下限为 0、上限为确定值的级别（如级别 1），图（b）适合于上、下限同为确定值的级别（中间级别）；图（c）适合于下限值为确定值、上限值为无穷大的级别。图（a）、（b）、（c）中的模糊展开段根据采用的具体函数不同，可以是直线形式或曲线形式。这种函数的缺陷是对于中间级别不满足隶属度值为 1 的原则，在分析时需要进行处理。图 2.2 是梯形分布、正态分布和岭形分布隶属函数的宽域形式。图 2.1（b）为窄域形式，主要适用于研究因素的中间级别，认为研究因素的值处在该级别范围的中点时，此时类别归属最清晰，完全确定，其隶属函数值（隶属度）为 1，以该点为界分别向其两侧模糊展开，即递减。展开段的曲线形式根据选取的隶属函数的具体形式可以是曲线或直线。对于第一区间范围和最后一个区间范围采用宽域原理构造隶属函数。对于中间区间，根据模糊原理，当研究因素的值处于区间的上限或下限时，此时类别归属最模糊，隶属函数值（隶属度）为 0.5。将宽域与窄域方式结合起来，其完整过程如图 2.3 所示[90]。

对于工程地质体问题来说，所考虑的因素值 x 处于某一范围，该范围的下限值一般为零。在研究中通常将该范围划分为若干个级别，然后根据因素的具体特点，选定某一具体函数，如正态函数、岭形函数等，设其通式为 $u(x)$。如图 2.3 所示，将某一因素范围值划分为 n 个级别，对于第一个级别，划分的端点通

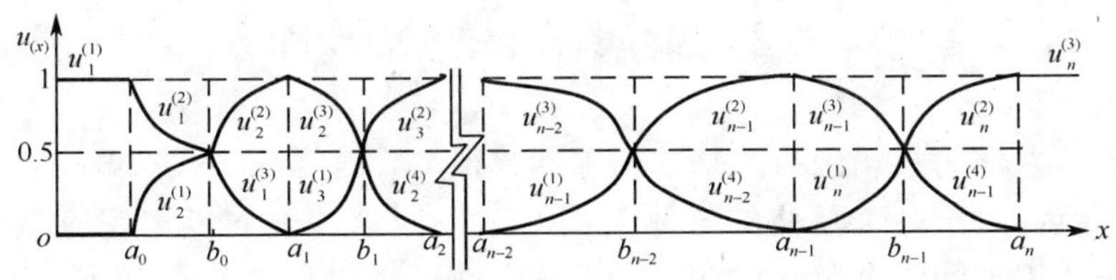

图 2.3　宽域与窄域方式结合构造隶属函数全过程示意图

常为 $x \leqslant b_0$，最后一个级别的端点通常为 $x > b_{n-1}$。对于第一区间和最后一个区间部分采用宽域方式。对于第一个级别实际其区间为 $[0,\ b_0)$，中点为 $x = a_0 = \dfrac{b_0}{2}$，相应第二级别相应的区间为 $[b_0,\ b_1)$，中点为 $x = a_1 = \dfrac{b_0 + b_1}{2}$。对于第一级别区间，根据隶属模糊原则，在 $[0,\ a_0 = b_0/2]$ 范围内，令 $u_1^{(1)} = 1$；在 $[a_0 = b_0/2,\ b_0]$ 区间内，根据条件 $u\left(\dfrac{b_0}{2}\right) = 1$，$u(b_0) = 0.5$，确定 $u(x)$ 通式中的相关系数，从而确定 $u(x)$ 的具体形式为 $u_1^{(2)}$。对于第二级别区间 $[b_0,\ b_1)$，在 $[a_0 = b_0/2,\ b_0)$ 区间内，根据总隶属度为 1 的原则，得到 $u_2^{(1)} = 1 - u_1^{(2)}$（图 2.3），在 $[b_0,\ a_1)$ 区间内，利用条件 $u(b_0) = 0.5$，$u(a_1) = 1$，确定 $u(x)$ 的具体表达形式 $u_2^{(2)}$。根据总隶属度为 1 的原则，得到 $u_1^{(3)} = 1 - u_2^{(2)}$。

对于最后一个区间，端点值为 $x > b_{n-1}$，取点 $a_n = b_{n-1} + 0.5b_{n-1}$ 作为区间的中点，当 $x > a_n$ 时，采用宽域形式，令 $u(x) = 1$，在 $[b_{n-1},\ a_n)$ 区间内，按照 $u(b_{n-1}) = 0.5$，$u(a_n) = 1$，确定通式 $u(x)$ 中的系数，即得到其具体表达式 $u_n^{(2)}$；对于在中间级别区间内，隶属函数的确定方法均采用窄域方式。某一个中间级别区间隶属函数的建立都牵涉到其前边和后边区间相邻的半个区间部分。以第 $n-1$ 个级别区间 $[b_{n-2},\ b_{n-1}]$ 为例，说明构造的基本过程：在该级别区间内隶属函数分为五段求解：

(1) $x < a_{n-2}$ 和 $x > a_n$，隶属函数值（隶属度）为 0，即 $u(x) = 0$。

(2) 在 $[a_{n-2},\ b_{n-2})$ 区间内，首先计算前一区间的后半部的隶属函数，即 $u(a_{n-2}) = 1$，$u(b_{n-2}) = 0.5$，确定 $u_{n-2}^{(3)}$，然后按照 $u_{n-1}^{(1)} = 1 - u_{n-2}^{(3)}$。

(3) 在 $[b_{n-2},\ a_{n-1})$、$[a_{n-1},\ b_{n-1})$ 区间内，可根据 $u(a_{n-1}) = 1$、$u(b_{n-2}) = 0.5$、$u(b_{n-1}) = 0.5$，确定其具体表达式 $u_{n-1}^{(2)}$、$u_{n-1}^{(3)}$。

(4) 在 $[b_{n-1},\ a_n)$ 区间内，首先由 $u(b_{n-1}) = 0.5$、$u(a_n) = 1$ 确定 $u_n^{(2)}$，根据 $u_n^{(2)} + u_{n-1}^{(4)} = 1$，确定出 $u_n^{(2)} = 1 - u_{n-1}^{(4)}$。根据上述原则就完全确定了各个级别区间的隶属函数。

2.2 隶属函数的等效性

由于可以作为隶属函数的基本初等函数很多，这样在工程实践中，很容易造成一种困惑：对于一个具体的岩体工程的某一因素的隶属函数，应该选用哪一个，如果选用不同的隶属函数，对最后分类结果影响有多大。下面以岩体模糊分类为例，研究隶属函数对分类结果的影响问题[89]。

2.2.1 岩体稳定性模糊分类原则

不失一般性，设在某一岩体工程稳定性分类研究中，考虑的主要因素共计有 m 个因素，分别表示为 u_1，u_2，u_3，…，u_m，根据工程的具体需要，需要将岩体的稳定性等级分为 n 个类型 v_1，v_2，v_3，…，v_n。根据模糊评判原理，可以给定两个论域：

$$U=\{u_1,u_2,\cdots,u_n\} \tag{2.8a}$$

$$V=\{v_1,v_2,\cdots,v_n\} \tag{2.8b}$$

式中：U 代表综合评判的因素所组成的集合；V 代表决策评语所组成的集合。

以某斜坡工程岩石质量的模糊分类为例，如考虑因素为 u_1＝岩石单轴饱和抗压强度＝R_c，u_2＝结构面＝F，等等，则评判因素集为 U＝｛抗压强度，结构面，…，u_m｝。决策评语一般取为 4～5 级，可表示为 v_1＝Ⅰ（很好），v_2＝Ⅱ（好），v_3＝Ⅲ（一般），v_4＝Ⅳ（不好），v_5＝Ⅴ（很不好），则评语集为 V＝｛v_1，v_2，…，v_n｝＝｛Ⅰ，Ⅱ，Ⅲ，Ⅳ，Ⅴ｝＝｛很好，好，一般，不好，很不好｝。

在岩体工程的模糊评价分析中，首先考虑 U 中 u_i（i＝1，2，…，m）作单因素评判，从因素 u_i 考虑该事物对决策评语 v_j 的隶属度 r_{ij}，这样第 i 个因素 u_i 的单因素评判集 r_i 为

$$r_i=(r_{i1},r_{i2},\cdots,r_{in}) \tag{2.9}$$

它是决策评语 V 上的模糊子集。有 m 个考虑因素的评判就构成了总的评判矩阵 R。R 是考虑因素论域 U 到决策论域 V 的一个模糊关系。可表示为 $R=(r_{ij})_{m\times n}$，在所考虑的因素 u_i（i＝1，2，…，m）之间，各因素在决策中所起的作用不同，于是定义一个权重 $\widetilde{w}'$，$\widetilde{w}'$ 称为 U 的因素重要度模糊子集，可表示为

$$\widetilde{w}'=(w'_1,w'_2,\cdots,w'_m) \tag{2.10}$$

当模糊子集 $\widetilde{w}'$ 和模糊矩阵 R 为已知时，即可作模糊变换进行综合评判：

$$\widetilde{B}=\widetilde{w}'\circ R=(b_1,b_2,\cdots,b_n) \tag{2.11}$$

$\widetilde{B}$＝（b_1，b_2，…，b_n）成为决策评语集上 V 的等级模糊子集。得到了模糊子集 $\widetilde{B}$ 后，则可根据最大隶属原则确定岩体的质量类别。

2.2.2　影响因素不同隶属函数

由于隶属函数的差异，计算得到的隶属度肯定存在差异。以岩体稳定性分类中的 σ_c(MPa) 指标为例，分析单一指标在其他条件相同情况下隶属度的差异，设某岩体地下建筑围岩单轴抗压强度 σ_c 为 125.64 MPa，参照岩体力学理论关于工程岩体分级标准，岩体质量从好到坏依次分为Ⅰ、Ⅱ、Ⅲ、Ⅳ、Ⅴ共 5 个等级，相应 σ_c 的分段值依次为大于 200MPa、100～200MPa、50～100MPa、25～50MPa、小于 25MPa。分别按岭形函数、正态函数、梯形函数（在窄域方式中退化为三角模糊数）建立单轴抗压强度的岩体质量隶属函数。岩体质量级别确定后，相应于岩体质量的抗压强度区间划分，在利用各类隶属函数建立具体表达式的过程中，遵从最模糊原则和最清晰原则，按照上述研究的窄域和宽域结合的隶属函数确定方法进行。

1. 岭形隶属函数

根据窄域和宽域结合的隶属函数确定方法（图 2.3），岭形函数基本形式为式（2.5）：

$$u_{(x)}=\begin{cases} u_1 & x<a_1 \\ u_2+k_1\sin\dfrac{\pi}{v_1}(x-v_{10}) & a_1\leqslant x<a_2 \\ u_3-k_2\sin\dfrac{\pi}{v_2}(x-v_{20}) & a_2\leqslant x<a_3 \\ u_4 & x\geqslant a_3 \end{cases}$$

对应于岩体 5 个级别，相应 5 个区间的隶属函数分别设为 $u_{(\mathrm{I})}(x)$、$u_{(\mathrm{II})}(x)$、$u_{(\mathrm{III})}(x)$、$u_{(\mathrm{IV})}(x)$、$u_{(\mathrm{V})}(x)$。对于第一个区间和第五个区间，采用宽域隶属函数，根据国际岩石力学学会定义，当抗压强度 0.5MPa$\leqslant\sigma_c\leqslant$25MPa 时，属于软岩，同时 Russo 等国际岩石力学学者认为，当岩石的单轴抗压强度 $\sigma_c\leqslant$17MPa 时属于软岩。同时国内有关研究成果和规范认为当岩石单轴抗压强度 15MPa$\leqslant\delta_c\leqslant$30MPa 时，属于较软岩；而 5MPa$\leqslant\sigma_c\leqslant$15MPa 属于软岩；当 $\sigma_c\leqslant$5MPa 属于极软岩。综合国内外定义，如图 2.3 所示，当 $\sigma_c\leqslant$15MPa 时，$u_{(\mathrm{IV})}(x)=1$，同时 $u_{(\mathrm{IV})}(15)=1$；而在范围［15，25］内，有 $u_{(\mathrm{IV})}(25)=0.5$，可以确定 $u_{(\mathrm{IV})}(x)$ 为

$$u_{(\mathrm{V})}(x)=\begin{cases} 1 & x\leqslant 15 \\ \dfrac{1}{2}-\dfrac{1}{2}\sin\dfrac{\pi}{20}(x-25) & 15<x\leqslant 25 \\ \dfrac{1}{2}-\dfrac{1}{2}\sin\dfrac{\pi}{25}(x-25) & 25\leqslant x<37.5 \\ 0 & x\geqslant 37.5 \end{cases} \tag{2.12}$$

根据上述方法，可以确定 $u_{(\mathrm{I})}(x)$、$u_{(\mathrm{II})}(x)$、$u_{(\mathrm{III})}(x)$、$u_{(\mathrm{IV})}(x)$ 分别为

$$u_{(\mathrm{IV})}=\begin{cases}0 & x\leqslant 15, x\geqslant 75\\ \dfrac{1}{2}+\dfrac{1}{2}\sin\dfrac{\pi}{20}(x-25) & 15<x<25\\ \dfrac{1}{2}+\dfrac{1}{2}\sin\dfrac{\pi}{25}(x-25) & 25\leqslant x\leqslant 37.5\\ \dfrac{1}{2}-\dfrac{1}{2}\sin\dfrac{\pi}{25}(x-50) & 37.5\leqslant x<50\\ \dfrac{1}{2}-\dfrac{1}{2}\sin\dfrac{\pi}{50}(x-50) & 50<x<75\end{cases}\tag{2.13}$$

$$u_{(\mathrm{III})}=\begin{cases}0 & x\leqslant 37.5, x\geqslant 150\\ \dfrac{1}{2}+\dfrac{1}{2}\sin\dfrac{\pi}{25}(x-50) & 37.5<x\leqslant 50\\ \dfrac{1}{2}+\dfrac{1}{2}\sin\dfrac{\pi}{50}(x-50) & 50<x\leqslant 75\\ \dfrac{1}{2}-\dfrac{1}{2}\sin\dfrac{\pi}{50}(x-100) & 75<x\leqslant 100\\ \dfrac{1}{2}-\dfrac{1}{2}\sin\dfrac{\pi}{100}(x-100) & 100<x<150\end{cases}\tag{2.14}$$

$$u_{(\mathrm{II})}=\begin{cases}0 & x<75, x>250\\ \dfrac{1}{2}+\dfrac{1}{2}\sin\dfrac{\pi}{50}(x-100) & 75\leqslant x<100\\ \dfrac{1}{2}+\dfrac{1}{2}\sin\dfrac{\pi}{100}(x-100) & 100\leqslant x<150\\ \dfrac{1}{2}-\dfrac{1}{2}\sin\dfrac{\pi}{100}(x-200) & 150\leqslant x<200\\ \dfrac{1}{2}-\dfrac{1}{2}\sin\dfrac{\pi}{100}(x-200) & 200\leqslant x<250\end{cases}\tag{2.15}$$

$$u_{(\mathrm{I})}=\begin{cases}0 & x<150\\ \dfrac{1}{2}+\dfrac{1}{2}\sin\dfrac{\pi}{100}(x-200) & 150\leqslant x<250\\ 1 & x\geqslant 250\end{cases}\tag{2.16}$$

2. 正态形隶属函数

算得各区间段的正弦隶属函数 $u_{(\mathrm{I})}$、$u_{(\mathrm{II})}$、$u_{(\mathrm{III})}$、$u_{(\mathrm{IV})}$、$u_{(\mathrm{V})}$ 分别为

$$u_{(\mathrm{I})}=\begin{cases}0 & x<150\\ 1-\mathrm{e}^{-\left(\frac{x-150}{60.24}\right)^2} & 150\leqslant x<200\\ \mathrm{e}^{\left(\frac{x-300}{120.112}\right)^2} & 200\leqslant x<300\\ 1 & x\geqslant 300\end{cases}\tag{2.17}$$

$$u_{(\mathrm{II})}=\begin{cases}0 & x<75, x\geqslant 300\\ 1-\mathrm{e}^{-\left(\frac{x-75}{30.12}\right)^2} & 75<x<100\\ \mathrm{e}^{\left(\frac{x-150}{60.24}\right)^2} & 100\leqslant x<200\\ 1-\mathrm{e}^{-\left(\frac{x-300}{120.112}\right)^2} & 200\leqslant x<300\end{cases}\tag{2.18}$$

$$u_{(\mathrm{III})}=\begin{cases}0 & x<37.5, x\geqslant 150\\ 1-\mathrm{e}^{-\left(\frac{x-37.5}{15.06}\right)^2} & 37.5\leqslant x<50\\ \mathrm{e}^{\left(\frac{x-75}{30.12}\right)^2} & 50\leqslant x<100\\ 1-\mathrm{e}^{-\left(\frac{x-150}{60.24}\right)^2} & 100\leqslant x<150\end{cases}\tag{2.19}$$

$$u_{(\mathrm{IV})}=\begin{cases}0 & x<12.5, x\geqslant 75\\ 1-\mathrm{e}^{-\left(\frac{x-12.5}{15.06}\right)^2} & 12.5\leqslant x<25\\ \mathrm{e}^{\left(\frac{x-37.5}{15.06}\right)^2} & 25\leqslant x<50\\ 1-\mathrm{e}^{-\left(\frac{x-75}{30.12}\right)^2} & 50\leqslant x<75\end{cases}\tag{2.20}$$

$$u_{(\mathrm{V})}=\begin{cases}0 & x\geqslant 37.5\\ 1-\mathrm{e}^{-\left(\frac{x-37.5}{15.06}\right)^2} & 25\leqslant x<37.5\\ \mathrm{e}^{\left(\frac{x-25}{15.06}\right)^2} & 12.5\leqslant x<25\\ 1 & x<12.5\end{cases}\tag{2.21}$$

3. 三角模糊数函数隶属和梯形隶属函数

梯形隶属函数可以看作三角模糊数函数的扩展。为了比较，在建立隶属函数时，遵从共同的原则。在上述共同原则下，梯形隶属函数退化为三角模糊数，所以梯形隶属函数和三角模糊数函数同一。

$$u_{(\mathrm{V})}=\begin{cases}1 & x<15\\ 1.75-0.05x & 15\leqslant x<25\\ 1.5-0.04x & 25\leqslant x<37.5\\ 0 & x\geqslant 37.5\end{cases}\tag{2.22}$$

$$u_{(\mathrm{IV})}=\begin{cases}0 & x\leqslant 15, x>75\\ 0.05x-0.75 & 15<x\leqslant 25\\ 0.04x-0.5 & 25<x\leqslant 37.5\\ 2.5-\dfrac{x}{25} & 37.5<x\leqslant 50\\ 1.5-0.02x & 50<x\leqslant 75\end{cases}\tag{2.23}$$

$$u_{(\mathrm{III})}=\begin{cases}0 & x<37.5, x\geqslant 150\\ 0.04x-1.5 & 37.5\leqslant x<50\\ 0.02x-0.5 & 50\leqslant x<75\\ -0.02x+2.5 & 75\leqslant x<100\\ 0.01x-1.5 & 100\leqslant x<150\end{cases} \tag{2.24}$$

$$u_{(\mathrm{II})}=\begin{cases}0 & x\leqslant 75, x\geqslant 250\\ 0.02x-1.5 & 75<x\leqslant 100\\ 0.01x-0.5 & 100<x\leqslant 150\\ -0.01x+2.5 & 150<x\leqslant 200\\ 2.5-0.01x & 200<x<250\end{cases} \tag{2.25}$$

$$u_{(\mathrm{I})}=\begin{cases}0 & x<150\\ 0.01x-1.5 & 150\leqslant x<250\\ 1 & x\geqslant 250\end{cases} \tag{2.26}$$

根据所建立的在各种条件下的隶属函数，计算单轴抗压强度为125.64 MPa的隶属度，得到各自函数下的隶属度见表2.1。从表2.1上可以看出，岩体强度对于评语Ⅱ、Ⅲ的隶属度，在相同的规则下，采用不同类型隶属函数计算得到的隶属度各不相同。下面采用三类函数分别作为隶属函数对某工程岩体进行分类。

表2.1　σ_c 在不同隶属函数下的隶属度

函数	类型				
	Ⅰ	Ⅱ	Ⅲ	Ⅳ	Ⅴ
正态形	0	0.8491	0.1509	0	0
岭形	0	0.8606	0.1394	0	0
三角形	0	0.7564	0.2436	0	0

2.2.3　岩体稳定性影响因素

根据岩体力学工程岩体分级方法，影响围岩稳定的因素主要有地应力、岩体质量、工程性质及施工因素。为了说明隶属函数对分类结果的影响，作为不同隶属函数影响对比的例子，仅对岩体稳定质量分类研究。在各类因素中，单轴抗压强度 σ_c（MPa）是表征岩石质量的一个重要指标，如果岩体中不存在裂隙面，则岩体强度就是岩石强度。岩石质量指标RQD（%）反映了岩体结构的基本情况，与节理间距有密切的联系。岩石软化系数 K_w 反映岩体的物化性质和岩石对水的敏感程度。通常情况下，岩体中黏土矿物的含量越大。在吸水后岩石强度降低程度越大。裂隙面用 F 表示，其充填、发育情况和胶结情况对稳定性的影响程度很大。岩体完整性系数用 K_v 表示，它是岩体声波速度与岩石声波速度比值的平

方，反映了岩石的总体完整情况。因此，岩体综合评判因素所组成的集合可表示为

$$U=\{\mathrm{RQD},\ \sigma_c,\ K_v,\ K_w, F\} \tag{2.27}$$

结构面充填情况只能采用模糊语言描述，隶属度按表 2.2 取值。其他指标的区间划分与岩体质量评价的关系见表 2.3。根据式（2.12）～式（2.26）提出的方法，可以分别建立指标 $\{\mathrm{RQD},\ \sigma_c,\ K_v,\ K_w\}$ 的三类隶属函数的具体表达式。

表 2.2　裂隙因素隶属度取值表

类型	在模糊描述下相应稳定类型隶属度值			
	裂隙不发育或虽然发育，但充填胶结良好	裂隙发育但多数胶结充填	裂隙发育但只有部分胶结充填	裂隙发育且充填很少或根本没有充填
Ⅰ	0.45	0.30	0.10	0.05
Ⅱ	0.35	0.45	0.20	0.10
Ⅲ	0.10	0.10	0.35	0.15
Ⅳ	0.06	0.10	0.25	0.25
Ⅴ	0.04	0.05	0.20	0.45

表 2.3　岩体分类指标值与对应岩体级别区间划分

指标	类型				
	Ⅰ	Ⅱ	Ⅲ	Ⅳ	Ⅴ
RQD/%	>90	75～90	50～75	25～50	<25
R/MPa	>200	100～200	50～100	25～50	<25
K_v	>0.9	0.75～0.9	0.45～0.75	0.2～0.45	<0.2
K_w	>0.8	0.68～0.8	0.55～0.68	0.4～0.55	<0.4

2.2.4　岩体工程分类实例

1. 工程岩体概况

根据选线地质勘探、声波测试资料、室内岩石力学试验和排水导洞地质素描等资料综合分析，某山坡岩性主要为页岩，呈灰白色、紫色、青灰色的中厚层～厚层结构，砂质、砂泥质结构。节理裂隙发育，节理面部分被泥质及页岩破碎角砾充填。平均 RQD 为 93%，单轴抗压强度平均值为 125.64 MPa，平均完整性系数为 0.28，同时根据吸水软化试验，其相应的软化系数为 0.58。

2. 不同函数下的隶属度

根据隶属函数可以求得巷道岩体各因素在选用不同的隶属函数时的隶属度。单轴抗压强度在各类隶属函数下的隶属度见表 2.1，其他参数 RQD、K_v、K_w 取

不同隶属函数的隶属度分别见表 2.4～表 2.6。通过计算就确定了模糊矩阵中的因素 u_i 对决策评语 v_j 的隶属度 r_{ij}，这样就可以建立有 5 个考虑因素组成的总评判矩阵 R。

表 2.4 RQD 在不同隶属函数下的隶属度

函数	类型				
	Ⅰ	Ⅱ	Ⅲ	Ⅳ	Ⅴ
正态形	0.8680	0.1320	0	0	0
岭形	0.9044	0.0955	0	0	0
三角形	0.8000	0.2000	0	0	0

表 2.5 K_v 在不同隶属函数下的隶属度

函数	类型				
	Ⅰ	Ⅱ	Ⅲ	Ⅳ	Ⅴ
正态形	0	0	0	0.9146	0.0854
岭形	0	0	0	0.9220	0.0780
三角形	0	0	0	0.8200	0.1700

表 2.6 K_w 在不同隶属函数下的隶属度

函数	类型				
	Ⅰ	Ⅱ	Ⅲ	Ⅳ	Ⅴ
正态形	0	0	0.8189	0.1811	0
岭形	0	0	0.8316	0.1684	0
三角形	0	0	0.7308	0.2692	0

3. 分类结果

根据隶属函数的不同，r_{ij} 不同。第 i 个因素 u_i 的单因素评判集 $r_i=(r_{i1},r_{i2},\cdots,r_{in})$ 不同，总评判矩阵 R 不同。5 个因素中除结构面充填情况是离散型，只有 1 个 $r_i=(r_{i1},r_{i2},\cdots,r_{in})$。其他 4 个因素各有 3 个不同的 $r_i=(r_{i1},r_{i2},\cdots,r_{in})$。根据排列组合，总评判矩阵 R 有 81 种不同结构。U 的因素重要度模糊子集 $\tilde{w}'$ 通过访问专家并在统计基础上，得出 $w'=(0.195, 0.193, 0.203, 0.198, 0.200)$。对于 RQD、$\sigma_c$、$K_v$、$K_w$ 的隶属函数分别取为岭形、三角形、三角形和岭形隶属函数，则总评判矩阵为

$$
R=\begin{bmatrix}0.9044 & 0.0955 & 0 & 0 & 0\\ 0 & 0.7564 & 0.2436 & 0 & 0\\ 0 & 0 & 0 & 0.820 & 0.178\\ 0 & 0 & 0.8316 & 0.1684 & 0\\ 0.1 & 0.15 & 0.35 & 0.25 & 0.20\end{bmatrix} \tag{2.28}
$$

根据 $\widetilde{B}=\widetilde{w}'\circ R=(b_1, b_2, \cdots, b_n)$，归一化后有

$$
\widetilde{B}=(0.1964, 0.1946, 0.2817, 0.2498, 0.07613)
$$

最大隶属度为 0.2817，根据最大隶属原则，岩体质量属于Ⅲ——质量一般的岩体。

如果 RQD、σ_c、K_v、K_w 分别采用正态形、岭形、三角形和岭形，则总评判矩阵为

$$
R=\begin{bmatrix}0.8680 & 0.1320 & 0 & 0 & 0\\ 0 & 0.8606 & 0.1349 & 0 & 0\\ 0 & 0 & 0 & 0.8200 & 0.178\\ 0 & 0 & 0.8316 & 0.1684 & 0\\ 0.1 & 0.15 & 0.35 & 0.25 & 0.20\end{bmatrix} \tag{2.29}
$$

根据相同运算，得到 $\widetilde{B}=(0.1893, 0.2176, 0.2607, 0.2498, 0.0761)$，同样得出属于Ⅲ——质量一般的岩体。取其他的任何组合，均可得到岩体的质量是一般岩体的一致结论。这一分析结果说明，在岩体工程的模糊分析中，隶属函数不同，隶属度不同。即不同隶属函数对模糊程度的描述存在差异，但最后的分析结论一致，说明相互之间的差异很小，对于工程应用而言，具有足够的精度，完全满足工程要求。

4. 隶属函数的等效性

在给定隶属函数建立 3 个前提的条件下按照宽域与窄域相结合的隶属函数分段确定方法，分别研究比较了岩体工程中单个因素隶属度和多因素条件下的结果，发现隶属度和隶属度矩阵存在差异，但是最后分析结论一致。因此，在岩体模糊分类时，各种隶属函数是等效的，无论选取哪一种隶属函数，最后的分析结果是一致的。这一结论为岩体的模糊分类分析提供了很大的方便，解决了工程应用模糊分析中隶属函数建立方法的难题。

2.3　模糊权重确定方法

权重在进行评判和决策的过程中至关重要，它反映了各个因素在评判和决策过程中所占有的地位或所起的作用，它直接影响到最终的评判和决策结果。常用

的属性权重确定方法主要有专家评分法、模糊统计法、二元对比排序法、相关分析法等。在模糊分类中，专家评分法的优点是评分结果来源于实践经验丰富的专家，接近各自经历工程实际，但也存在不足之处，不同的专家接触工程的性质不同、用途、数目的差异，给出权值的符合度可能也存在很大差异，可能造成评判和决策结果失真。在实际工程中需要进行处理或研发以客观性为主的权重确定方法。

2.3.1 二元相对比较法

二元相对比较法为确定权重的一种法则。该方法把事物两两相比，从而确定隶属顺序。现利用该方法来计算诸因素的相对优先权重。对 U 中元素 $u_i(i=1, 2, \cdots, m)$ 需按某种特性进行排序。需要在二元对比中建立比较级，然后按一定的方法转化为总体排序。设给定一对元素（u_i，u_j），所谓二元比较级就是指“数对”（$f_{u_j}(u_i)$，$f_{u_i}(u_j)$）需要满足：

$$0 \leqslant f_{u_j}(u_i) \leqslant 1,\ 0 \leqslant f_{u_i}(u_j) \leqslant 1 \tag{2.30}$$

上式的意义为：在 u_i 和 u_j 的二元对比中，如果 x 具有某种特性的程度为 $f_{u_j}(u_i)$，那么 y 具有该特性的程度便定为 $f_{u_i}(u_j)$，则据此建立二元相对比较重要度矩阵：

$$Z=\begin{bmatrix} 1 & f_{u_2}(u_1) & \cdots & f_{u_j}(u_1) & \cdots & f_{u_m}(u_1) \\ f_{u_1}(u_2) & 1 & \cdots & f_{u_j}(u_2) & \cdots & f_{u_m}(u_2) \\ \vdots & \vdots & \vdots & \vdots & \vdots & \vdots \\ f_{u_1}(u_m) & f_{u_2}(u_m) & \cdots & f_{u_j}(u_m) & \cdots & 1 \end{bmatrix} \tag{2.31}$$

重要度矩阵建立的关键是确定矩阵中各元素 $f_{u_j}(u_i)$。对于 $f_{u_j}(u_i)$ 的确定有许多方法可以采用，如访问专家评分法、试算方法等。试算方法是根据类似工程经验进行试算，然后逐步进行调整，直到与工程实际情况基本相符；专家评分法是充分利用对该工程领域熟悉的专家的经验及其工程的具体性质，通过评分统计得出。此外还有模糊统计方法、灰色关联度分析方法等。在具体的工程分析中可以依据所具有的条件，选用适当的方法。经过大量学者的努力，目前这些方法都比较成熟，在岩体工程稳定性分析中也有许多成功的应用。方法的具体过程可参考文献［91］。

在确定了重要度矩阵基本元素后，然后对该矩阵进行简化，令

$$f\left(\frac{u_i}{u_j}\right)=\frac{f_{u_j}(u_i)}{\max\{f_{u_i}(u_j), f_{u_j}(u_i)\}} \tag{2.32}$$

显然有

$$f\left(\frac{u_i}{u_j}\right)=\begin{cases} \dfrac{f_{u_j}(u_i)}{f_{u_i}(u_j)} & f_{u_j}(u_i) < f_{u_i}(u_j) \\ 1 & f_{u_j}(u_i) > f_{u_i}(u_j) \end{cases} \tag{2.33}$$

以 $f\left(\frac{u_i}{u_j}\right)$ 为元素作矩阵，并将取 $f\left(\frac{u_i}{u_i}\right)$ 为 1，叫做相及矩阵：

$$\begin{bmatrix} 1 & f\left(\frac{u_1}{u_2}\right) & \cdots & f\left(\frac{u_1}{u_j}\right) & \cdots & f\left(\frac{u_1}{u_m}\right) \\ f\left(\frac{u_2}{u_1}\right) & 1 & \cdots & f\left(\frac{u_2}{u_j}\right) & \cdots & f\left(\frac{u_2}{u_m}\right) \\ \vdots & \vdots & \vdots & \vdots & \vdots & \vdots \\ f\left(\frac{u_m}{u_1}\right) & f\left(\frac{u_m}{u_2}\right) & \cdots & f\left(\frac{u_m}{u_j}\right) & \cdots & 1 \end{bmatrix} \tag{2.34}$$

在相及矩阵中，每一行取最小值，各因素相对权重为

$$w_i = \bigwedge_{j=1}^{m} f\left(\frac{u_j}{u_i}\right) \qquad i = 1,2,\cdots,n \tag{2.35}$$

w_i 为因素 u_i 的相对权重。如果 $\sum_{k=1}^{m} w_i \neq 1$，则对 w_i 作归一化处理，记为 w_i'，即 $w'_i = w_i / \sum_{k=1}^{m} w_k$，则诸因素的相对权重为

$$w_i' = (w_1' \quad w_2' \quad \cdots \quad w_m') \tag{2.36}$$

2.3.2　专家评分法的修正及应用

1. 工程概况

东北某大型露天铁矿投产于 20 世纪 70 年代，年产铁矿石 400 万 t，目前已经快采至一期的境界线，二期扩帮工程正在启动。二期扩帮工程废石剥离量大。计划将剥离的废石排至目前采矿场西侧上盘山后的山坳里。因此计划在该矿采矿场西侧上盘处修建一条胶带运输系统运输隧洞。隧道入口标高为＋382m，出口标高为＋600m，出口处为废石排放场。隧道全长为 1400m，隧道离地表最近距离为 65m，最大埋深为 400m。根据选线地质勘探、声波测试资料、室内岩石力学试验和导洞地质素描等资料综合分析，隧道围岩岩性主要分为东西两段。其基本情况分别如下：

西段主要为页岩，呈灰色、紫色、青灰色的中厚层～厚层结构，砂质、砂泥质结构。节理裂隙发育，节理面部分被泥质及页岩破碎角砾充填。全孔钻芯采取率为 84％，平均 RQD 为 54％，单轴抗压强度平均值为 51.58MPa，页岩岩体的纵波波速范围为 643～695m/s，平均波速为 651 m/s，相应岩块的波速为 1029m/s，因此页岩围岩的平均完整性系数为 0.4，同时根据吸水软化试验，其相应的软化系数为 0.64。

东段主要为石英岩，呈灰白色、致密状，弱风化或未风化，岩石比较完整坚

硬，节理裂隙发育，节理面上铁质薄膜，并绝大部分泥质物充填。全孔钻芯采取率为92%，平均RQD为62%，单轴抗压强度平均值为150.635MPa，岩体的纵波波速范围为594～1479m/s，平均波速为1227m/s，相应岩块的波速为1583 m/s. 因此页岩围岩的平均完整性系数为0.65，同时根据吸水软化试验，其相应的软化系数为0.96。该地区最大地震烈度设为5度，根据试验在1h内10m长度范围内地下水渗水量为1t，则可换算为17(L·min)/10m。

2. 影响因素及隶属函数

根据上述研究已知，影响岩体的基本影响因素主要可考虑RQD、K_v、K_w、σ_c及F等因素。隶属函数具有等效性，在该地下工程围岩稳定性分类中，隶属函数原型采用正态函数，其基本形式采用式（2.1）。则根据表2.3，按照式(2.2)，可得到各因素在各区间段隶属函数中的待定参数c_0、x_0，将计算结果综合汇成表2.7，以东段石英岩的RQD为例说明隶属度的求法[91]。

表2.7 各评定因素隶属函数参数[91]

分类	RQD/%		σ_c/MPa		K_v		K_w	
	x_0	c	x_0	c	x_0	c	x_0	c
Ⅰ	95.0	6.00	200.0	25.90	0.950	0.060	0.900	0.120
Ⅱ	82.5	9.04	150.0	60.24	0.825	0.094	0.740	0.075
Ⅲ	62.5	15.06	75.0	30.12	0.600	0.180	0.613	0.075
Ⅳ	37.5	15.06	37.5	15.06	0.325	0.150	0.475	0.090
Ⅴ	12.2	15.06	12.3	15.06	0.100	0.120	0.200	0.240

对于东段石英岩，RQD为62%，它对于极稳定（Ⅰ）隶属度的计算函数为$u(x)_{(1)}=\mathrm{e}^{-\left[\frac{(x-x_0)}{c}\right]^2}$，根据表2.7有$x_0=95$，$c=6$。因此隶属函数具体表达式隶属度计算为

$$u(x)_{(1)}=\mathrm{e}^{\left[\frac{(x-x_0)}{c}\right]^2}=\mathrm{e}^{-\left(\frac{x-95}{6}\right)^2}=\mathrm{e}^{-\left(\frac{62-95}{6}\right)^2}\cong 0$$

同样它对于稳定（Ⅱ）隶属度的计算函数为$u(x)_{(2)}=\mathrm{e}^{-\left[\frac{(x-x_0)}{c}\right]^2}$，根据表2.7有$x_0$=82.5，$c$=9.04。相应的隶属函数具体表达式隶属度及其计算为

$$u(x)_{(2)}=\mathrm{e}^{-\left[\frac{(x-x_0)}{c}\right]^2}=\mathrm{e}^{-\left(\frac{x-82.5}{9.04}\right)^2}=\mathrm{e}^{-\left(\frac{62-82.5}{9.04}\right)^2}\cong 0.006$$

岩石质量指标RQD、单轴抗压强度σ_c、岩体完整性系数K_v、岩体软化系数K_w的隶属度可以按照上述方法计算得到。节理裂隙的发育及充填情况，根据岩石情况和表2.7，对于页岩，节理裂隙发育部分胶结充填，$r_i=(r_{i1},r_{i2},\cdots,r_{in})=(0.1,0.15,0.25,0.3,0.2)$，而石英岩裂隙发育但大部分胶结充填，$r_i=(r_{i1},r_{i2},\cdots,r_{in})=(0.3,0.4,0.15,0.1,0.05)$。在隶属度确定后，在进行归一化处理，

分别得到石英岩和页岩的评价矩阵分别为 $R_{石}$ 和 $R_{页}$：

$$R_{石}=\begin{bmatrix}0.000 & 0.006 & 0.923 & 0.066 & 0.00\\0.025 & 0.973 & 0.002 & 0.000 & 0.00\\0.030 & 0.958 & 0.001 & 0.000 & 0.00\\0.779 & 0.231 & 0.000 & 0.000 & 0.00\\0.300 & 0.400 & 0.150 & 0.100 & 0.05\end{bmatrix}$$

$$R_{页}=\begin{bmatrix}0.0 & 0.000 & 0.707 & 0.293 & 0.000\\0.0 & 0.000 & 0.567 & 0.433 & 0.000\\0.0 & 0.000 & 0.271 & 0.723 & 0.002\\0.0 & 0.177 & 0.786 & 0.037 & 0.000\\0.1 & 0.150 & 0.250 & 0.30 & 0.200\end{bmatrix}$$

采用专家评分法确定重要度矩阵。在研究中制定了一张表格，请该矿 12 位与该工程有关的工程技术专家进行评分，然后去掉评分的最高和最低值，取 10 位专家的平均评分值，整理后得

$$Z=\begin{bmatrix}1.00 & 0.47 & 0.63 & 0.42 & 0.35\\0.45 & 1.00 & 0.54 & 0.62 & 0.23\\0.46 & 0.56 & 1.00 & 0.45 & 0.48\\0.47 & 0.54 & 0.50 & 1.00 & 0.53\\0.38 & 0.52 & 0.56 & 0.61 & 1.00\end{bmatrix}$$

按式（2.32）～式（2.36）所述方法可得 $w'=(0.185, 0.122, 0.243, 0.249, 0.201)$。

按式（2.11）计算，对于石英岩，页岩 $B_{石}$、$B_{页}$ 分别为

$$B_{石}=w'R_{石}=\begin{bmatrix}0.185\\0.122\\0.243\\0.249\\0.201\end{bmatrix}^{\mathrm{T}}\begin{bmatrix}0.000 & 0.006 & 0.923 & 0.066 & 0.00\\0.025 & 0.973 & 0.002 & 0.000 & 0.00\\0.030 & 0.958 & 0.001 & 0.000 & 0.00\\0.779 & 0.231 & 0.000 & 0.000 & 0.00\\0.300 & 0.400 & 0.150 & 0.100 & 0.05\end{bmatrix}$$

$$=(0.122,\ 0.185,\ 0.122,\ 0.122,\ 0.122)$$

归一化处理后有

$$B_{石}=(0.181, 0.273, 0.181, 0.181, 0.181)$$

$$B_{页}=w'R_{页}=\begin{bmatrix}0.185\\0.122\\0.243\\0.249\\0.201\end{bmatrix}^{\mathrm{T}}\begin{bmatrix}0.0 & 0.000 & 0.707 & 0.293 & 0.000\\0.0 & 0.000 & 0.567 & 0.433 & 0.000\\0.0 & 0.000 & 0.271 & 0.723 & 0.002\\0.0 & 0.177 & 0.786 & 0.037 & 0.000\\0.1 & 0.150 & 0.250 & 0.300 & 0.200\end{bmatrix}$$

$$=(0.185,\ 0.122,\ 0.250,\ 0.249,\ 0.185)$$

归一化处理后有

$$B_{页}=(0.187, 0.123, 0.251, 0.251, 0.187)$$

根据最大隶属原则可知，石英岩属于Ⅱ——稳定类型，对于页岩，为了安全起见，将其归属于Ⅳ——不稳定类型。

2.3.3 基于粗糙集的权值确定法

粗集理论是波兰华沙理工大学 Pawlak 教授于 20 世纪 80 年代初提出的一种研究不完整、不确定知识和数据的表达、学习、归纳的理论方法。经过二十余年的发展，粗集理论已受到国内外学者越来越广泛的重视，逐渐发展成为一种重要的数据处理方法，得到了广泛的应用。

粗糙集理论是一种基于实例的处理模糊不确定性的分类方法。与基于隶属函数的模糊分类方法不同，它无需提供问题所需处理的数据集合之外的任何先验信息，充分体现了数据的客观性。该理论的核心出发点是在保持基于实例集分类能力不变的前提下，通过一系列的简化，得出依实例因素的分类模式或决策方法。在粗糙集理论中，对知识和规则的认知，与人工智能，如专家系统方法具有相似之处。下面首先引进粗糙集理论中关于知识的有关概念[92]。

1. 粗糙集与精确集

设$U\neq\varnothing$是有若干实例对象组成的非空有限集合，在粗糙集方法中把该集合称为论域。任何子集 $X\subseteq U$ 称为U中的一个概念或范畴（X 可以等于$\varnothing$）。U 中的所有概念系列（简称为概念族）称为关于U的知识，简单表达就是实例的属性。U上的一族划分称为关于U的一个知识库。设R是U上的一个等价关系，一个包含了论域U中实例或元素x的等价类记为$[x]_R$，基于R的U上所有等价类组成的集合记为U/R。记U上的一族等价关系为$\mathbf{R}$，则U和$\mathbf{R}$之间就形成了一个关系系统，记为$K=(U,\mathbf{R})$，称为一个知识库。

设$\mathbf{P}\neq\varnothing$，$\mathbf{P}\subseteq\mathbf{R}$，称$\mathbf{P}$中所有等价关系的交集（即$\bigcap\mathbf{P}$）为$\mathbf{P}$上的不可区分关系，表示为$\text{ind}(\mathbf{P})$，也是一个等价关系，把$\text{ind}(\mathbf{P})$的等价类称为知识$\mathbf{P}$的基本概念或基本范畴，很容易证明

$$[x]_{\text{ind}(\mathbf{P})}=\bigcap_{R\in\mathbf{P}}[x]_R \tag{2.37}$$

把与等价关系$\mathbf{P}$相关的知识$U/\text{ind}(\mathbf{P})$称为K中关于U的$\mathbf{P}$基本知识。

如果X能通过R某些基本范畴的并完整地表达，则称X是R可定义的，即它可在知识库K中精确地定义，称为R可定义集，也称作R精确集。相反R不可定义集称为R非精确集或R粗糙集。同时，更进一步，当存在等价关系$R\in\text{ind}(K)$且X为R精确集时，集合$X\subseteq U$称为K中的精确集；对于任何$R\in$

ind(K)，X 都为 R 粗糙集，则称为 K 中的粗糙集。

对于 R 粗糙集通过其上近似集 $\overline{R}X$ 和下近似集 $\underline{R}X$ 进行描述，$\overline{R}X$ 和 $\underline{R}X$ 按如下定义：

$$\underline{R}X = \bigcup \{Y \in U/R \mid Y \subseteq X\} \tag{2.38}$$

$$\overline{R}X = \bigcup \{Y \in U/R \mid Y \cap X \neq \varnothing\} \tag{2.39}$$

在上两式中，每个子集 $X \subseteq U$ 是基于知识库 $K=(U, \mathbf{R})$ 和一个等价关系 $R \in \text{ind}(K)$ 的。

同时把 $\text{bn}_R(X)=\overline{R}X-\underline{R}X$ 称为 X 的 R 边界域；$\text{pos}_R(X)=\underline{R}X$ 称为 X 的 R 正域；$\text{neg}_R(X)=U-\overline{R}X$ 称为 X 的 R 负域。$\underline{R}X$ 或 $\text{pos}_R(X)$ 是那些根据知识 R 判断肯定属于 X 的 U 中元素组成的集合。$\overline{R}X$ 是那些根据知识 R 判断可能属于 X 的 U 中元素组成的集合。$\text{bn}_R(X)$ 是那些根据知识 R 既不能判断属于 X 又不能判断属于 $\sim X$ 的 U 中元素组成的集合。$\text{neg}_R(X)$ 是那些根据知识 R 判断肯定不属于 X 的 U 中元素组成的集合，各集合之间的关系如图 2.4 所示。

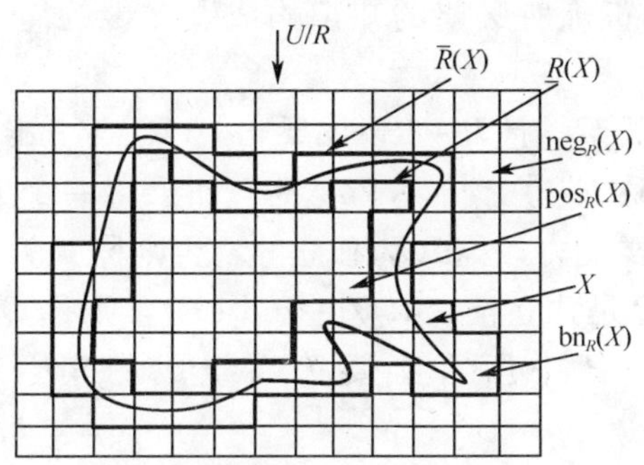

图 2.4　各集合之间的关系

从图 2.4 可以看出，只有当 $\overline{R}X=\underline{R}X$，集合 X 才可精确定义，所以集合的不精确性主要是由于边界域的存在而引起的，集合的边界域 $\text{bn}_R(X)$ 越大，其精确性越低。在粗糙集理论中，采用精度指标 $\alpha_R(X)$ 表达精确性，$\alpha_R(X)$ 表示由等价关系 R 定义的集合 X 的近似精度，按下式计算：

$$\alpha_R(X) = \frac{|\underline{R}X|}{|\overline{R}X|} \tag{2.40}$$

式中：$X \neq \varnothing$，$|\underline{R}X|$、$|\overline{R}X|$ 分别表示集合 $\underline{R}X$、$\overline{R}X$ 的基或势，对于有限集合来说，即为集合中包含的元素的个数。

精度 $\alpha_R(X)$ 用来反映我们对于了解集合 X 的知识的完全程度。显然，对每一个 R 和 $X \subseteq U$，有 $0 \leqslant \alpha_R(X) \leqslant 1$。当 $\alpha_R(X)=1$ 时，X 的 R 边界为空集，集合 X 为 R 可定义的；当 $\alpha_R(X)<1$ 时，集合 X 有非空 R 边界域，集合 X 为 R 不可定义的。相应有另一个指标 X 的 R 粗糙度 $\rho_R(X)$，表示的是集合 X 的知识的不

完全程度，它是 $\alpha_R(X)$ 的一种变形，与 $\alpha_R(X)$ 之间为互补关系，即

$$\rho_R(X) + \alpha_R(X) = 1 \tag{2.41}$$

与基于概率的统计和基于隶属度的模糊集合不同，在粗糙集理论中不精确度通过表达不精确性的概念近似得到，不需要通过一个机构指定精确数值不表达不精确的知识。

2. 约简

由于粗糙集是基于有限实例属性（知识）的模糊分类，知识库中的知识是通过有限集合中实例提炼出来的。在知识提炼的时候，尽可能从实例的各个方面去寻找、发现其属性（知识）而构造一个全面的知识库。因此，知识库中的知识（也就是来自实例中的属性）对分类的重要性同，对分类能力的贡献不一样，有些知识甚至是多余的，在分类中是不起作用的。粗糙集理论中的知识约简，就是保持知识库分类能力不变的最小知识库（属性集），该知识库是由保证分类正确所必要的知识构成。知识约简的过程是剔除重要性小的知识（属性）。

设 $\mathbf{R}$ 为一族等价关系，且 $R\in\mathbf{R}$，如果 $\text{ind}(\mathbf{R})\neq\text{ind}(\mathbf{R}-\{R\})$，则说明 R 为 $\mathbf{R}$ 中必要的，否则称 R 为 $\mathbf{R}$ 中不必要的。如果每一个 $R\in\mathbf{R}$ 都为中必要的，则说明 $\mathbf{R}$ 具有独立分类能力，称 $\mathbf{R}$ 为独立的，否则称 $\mathbf{R}$ 为依赖的。

设 $Q\subseteq P$，如果 Q 是独立且 $\text{ind}(Q)=\text{ind}(P)$，则称 Q 为 P 的一个约简。P 可以不止一种约简，P 中所有必要关系组成的集合称为 P 的核，表达为 $\text{core}(P)$。

设 P 和 Q 为 U 中的等价关系，Q 的 P 正域记为 $\text{pos}_{\text{P}}(Q)$，即

$$\text{pos}_{\text{P}}(Q) = \bigcup_{X\in U/Q} \underline{P}X \tag{2.42}$$

Q 的 P 正域是 U 中所有根据分类 U/P 的信息可以划分到关系 Q 的等价类中去的对象集合。

2.3.4 基于粗糙集的权重确定方法

1. 知识依赖性

正如前面已经指出的，设知识库为 $K=(U,\mathbf{R})$，而 $\mathbf{P}$、$\mathbf{Q}$ 为包含于 $\mathbf{R}$ 的知识，即 $\mathbf{P}$、$\mathbf{Q}\subseteq\mathbf{R}$，根据前述相关定义，当知识 $\mathbf{Q}$ 由知识 $\mathbf{P}$ 导出时，表示知识 $\mathbf{Q}$ 依赖于知识 $\mathbf{P}$，在粗糙集理论中记为 $\mathbf{P}\Rightarrow\mathbf{Q}$。此时知识 $\mathbf{Q}$、$\mathbf{P}$ 之间存在如下关系：

$$\text{ind}(\mathbf{P}) \subseteq \text{ind}(\mathbf{Q}) \tag{2.43}$$

在实际情况中，有时知识 $\mathbf{Q}$ 仅有部分由知识 $\mathbf{P}$ 导出，则知识的依赖性就是部分的。部分导出通过知识正域进行描述，采用知识依赖度 k 表示，即

$$k = \gamma_P(Q) = \frac{|\text{pos}_P(Q)|}{|U|} \tag{2.44}$$

在分析中为了表明知识的依赖程度，通常称知识 **Q** 是 k 度依赖于知识 **P** 的，记为 **P**⇒k**Q**。

从依赖度 k 的计算过程和定义可知，$k=1$ 表示知识 **Q** 完全依赖于知识 **P**，$k=0$ 表示知识 **Q** 完全独立于知识 **P**。当 $0<k<1$ 时，表示 **Q** 粗糙（部分）依赖于知识 **P**，由 **Q** 导出的分类 $U/$**Q** 的正域覆盖了知识库中的 $k\times100\%$个元素，即对象的 $k\times100\%$个元素可以通过知识 **P** 划入分类 $U/$**Q** 的模块中。

2. 知识表达系统

在粗糙集理论中，对象的知识是通过指定对象的基本特征（属性）和它们的特征值（属性值）来描述的。一个知识表达系统定义为 $S=(U,C,D,V,f)$，其中 U 为描述系统数据对象的集合，称为论域；$A=\{a'_1,a'_2,\cdots,a'_n,d_1,d_2,\cdots,d_n\}$ 为属性集合（等价关系集合），$A=C\cup D$，子集 C 和 D 分别称为条件属性和决策属性集；V 为属性值的集合，$V=\bigcup_{a'\in A}V_{a'}$，$V_{a'}$ 表示属性 $\alpha'\in A$ 的范围，f：$U\times A\rightarrow V$ 是一个信息函数，它指定 $U=\{e_1, e_2, \cdots, e_n\}$ 中每一对象 e 的属性值。具有条件属性和决策属性的知识表达系统，称为决策表，如表 2.8 就是一个简化了的关于隧道结构稳定性的决策表。

表 2.8　公路隧道结构稳定情况决策表

隧道	衬砌开裂	条件属性 收敛大于 0.2mm/d	拱顶下沉大于 0.1mm/d	拱架压力	决策属性 稳定
e_1	是	否	是	正常	基本稳定
e_2	是	是	是	很高	不稳定
e_3	是	否	否	高	基本稳定
e_4	否	是	否	高	不稳定
e_5	是	是	是	正常	不稳定
e_6	否	否	否	正常	稳定
e_7	否	是	否	很高	不稳定
e_8	是	是	是	高	不稳定

在表 2.8 中，设 C_1＝衬砌开裂，C_2＝收敛大于 0.2mm/d，C_3＝拱顶大于 0.1mm/d，C_4＝拱假压力，则条件属性集 $C=\{C_1, C_2, C_3, C_4\}$，决策属性 D_1＝稳定，D_2＝基本稳定，D_3＝不稳定，决策属性集 $D=\{D_1, D_2, D_3\}$，论域 $U=\{e_1, e_2, e_3, e_4, e_5, e_6, e_7, e_8\}$。

3. 权重计算

在决策表系统的条件属性中，如果不考虑某属性后，决策分类结果产生了变化，说明决策属性对该条件属性存在依赖程度。决策属性变化越大，表明其依赖程度越大，该条件属性越重要，在分类中应该占的权重越大。相反则说明该条件属性的重要性程度低，相应在分类中其所占的权重小。粗糙集理论通过依赖程度的差值来表示[93]。

如前所述，属性子集 $C'\subseteq C$ 关于 D 的重要性（重要度）$\sigma_{CD}(C')$ 定义为

$$\sigma_{CD}(C')=\gamma_C(D)-\gamma_{C-C'}(D) \tag{2.45}$$

特别当 $C'=\{a\}$，属性 $a\subseteq C$，关于 D 的重要性（重要度）σ_{CD}（a）为

$$\sigma_{CD}(a)=\gamma_C(D)-\gamma_{C-\{a\}}(D) \tag{2.46}$$

式中：$\gamma_C(D)$、$\gamma_{C-C'}(D)$、$\gamma_{C-\{a\}}(D)$ 分别表示知识 D 关于知识 C、知识 D 关于知识 $C—C'$、知识 D 关于知识 $C-\{a\}$ 的依赖度。

对于无决策集，则采用下式计算：

$$\delta_C(a'_i)=r_C(C)-r_{C-\{a'_i\}}(C) \tag{2.47}$$

式中：$\delta_C(a'_i)$ 为属性 a'_i在条件属性集 C 中的重要性程度；$r_C(C)$ 属性集 C 对于本身的依赖度，$r_C(C)=1$；$r_{C-\{a'_i\}}(C)$ 表示属性 a'_i补集与属性集 C 之间的依赖程度。

然后对各因素的重要性程度进行归一化处理：

$$w'_i=\frac{\delta_C(a'_i)}{\sum_{i=1}^{n}\delta_C(a'_i)} \quad 或 \quad w'_i=\frac{\sigma_{CD}(a)}{\sum_{i=1}^{n}\sigma_{CD}(a)} \tag{2.48}$$

在工程中，以没有删除任何属性的分类为基准，把没有删除任何一个属性视为一种知识分类，将删除各个属性后视为另一种知识分类，讨论删除各属性后的分类相对于总的属性分类的正域。其本质上是删除一个属性后的分类可以准确划分到没有删除任何一个属性的分类中去的对象的集合。由相对正域的定义可知，任何一个知识相对于其本身来说，其相对正域为全域[93]。

对于决策表 2.8，根据粗糙集理论可以进行如下运算：

$U/\{C_1\}=\{\{e_1,e_2,e_3,e_5,e_8\},\{e_4,e_6,e_7,e_8\}\}$

$U/\{C_2\}=\{\{e_1,e_3,e_6\},\{e_2,e_4,e_5,e_7,e_8\}\}$

$U/\{C_3\}=\{\{e_1,e_2,e_5,e_8\},\{e_3,e_4,e_6,e_7\}\}$

$U/\{C_4\}=\{\{e_1,e_5,e_6\},\{e_2,e_7\},\{e_3,e_4,e_8\}\}$

$U/\{C_1,C_2\}=\{\{e_1,e_3\},\{e_2,e_5,e_8\},\{e_4,e_7\},\{e_6\}\}$

$U/\{C_1,C_3\}=\{\{e_1,e_2,e_5,e_8\},\{e_3\},\{e_4,e_6,e_7\}\}$

$U/\{C_2,C_3\}=\{\{e_1\},\{e_2,e_5,e_8\},\{e_3,e_6\},\{e_4,e_7\}\}$

$U/\{C_1,C_4\}=\{\{e_1,e_5\},\{e_2\},\{e_3,e_8\},\{e_4\},\{e_6\},\{e_7\}\}$

$U/\{C_2,C_4\}=\{\{e_1,e_6\},\{e_2,e_7\},\{e_3\},\{e_4,e_8\},\{e_5\}\}$

$U/\{C\}=\{\{e_1\},\{e_2\},\{e_3\},\{e_4\},\{e_5\},\{e_6\},\{e_7\},\{e_8\}\}$

$U/\{C_1,C_2,C_3\}=\{\{e_1\},\{e_2,e_5,e_8\},\{\{e_3\},\{e_4,e_7\},\{e_6\}\}$

$U/\{C_1,C_2,C_4\}=\{\{e_1\},\{e_2\},\{e_3\},\{e_4\},\{e_5\},\{e_6\},\{e_7\},\{e_8\}\}$

$U/\{C_2,C_3,C_4\}=\{\{e_1\},\{e_2\},\{e_3\},\{e_4\},\{e_5\},\{e_6\},\{e_7\},\{e_8\}\}$

$U/\{C_1,C_3,C_4\}=\{\{e_1,e_5\},\{e_2\},\{e_3\},\{e_4\},\{e_6\},\{e_7\},\{e_8\}\}$

$U/\{D\}=\{\{e_1\},\{e_2\},\{e_3\},\{e_4\},\{e_5\},\{e_6\},\{e_7\},\{e_8\}\}$

$U/\{C_1,C_2,C_3,C_4\}=\{\{e_1\},\{e_2\},\{e_3\},\{e_4\},\{e_5\},\{e_6\},\{e_7\},\{e_8\}\}$

$\mathrm{pos}_C(D)=\{\{e_1\},\{e_2\},\{e_3\},\{e_4\},\{e_5\},\{e_6\},\{e_7\},\{e_8\}\}$

$\mathrm{pos}_{(C-\{C_1\})}(D)=\{\{e_1\},\{e_2\},\{e_3\},\{e_4\},\{e_5\},\{e_6\},\{e_7\},\{e_8\}\}=\mathrm{pos}_C(D)$

$\mathrm{pos}_{(C-\{C_2\})}(D)=\{\{e_2\},\{e_3\},\{e_4\},\{e_6\},\{e_7\},\{e_8\}\neq\mathrm{pos}_C(D)$

$\mathrm{pos}_{(C-\{C_3\})}(D)=\{\{e_1\},\{e_2\},\{e_3\},\{e_4\},\{e_5\},\{e_6\},\{e_7\},\{e_8\}\}=\mathrm{pos}_C(D)$

$\mathrm{pos}_{(C-\{C_4\})}(D)=\{\{e_1\},\{e_3\},\{e_6\}\}\neq\mathrm{pos}_C(D)$

根据公式（2.44），$\gamma_C(D)=\dfrac{|\mathrm{pos}_C(D)|}{|U|}$，$\gamma_C(D)=1$。根据 $\gamma_{C-C'}(D)=\dfrac{|\mathrm{pos}_{C-C'}(D)|}{|U|}$，因此有

$$\gamma_{C-\{C_1\}}(D)=8/8=1$$
$$\gamma_{C-\{C_2\}}(D)=6/8=0.75$$
$$\gamma_{C-\{C_3\}}(D)=8/8=1$$
$$\gamma_{C-\{C_4\}}(D)=3/8=0.275$$

因此，相对重要性分别为

$$\sigma_{CD}(C_1)=1-\gamma_{C-\{C_1\}}(D)=0$$
$$\sigma_{CD}(C_2)=1-\gamma_{C-\{C_2\}}(D)=0.25$$
$$\sigma_{CD}(C_3)=1-\gamma_{C-\{C_3\}}(D)=0$$
$$\sigma_{CD}(C_4)=1-\gamma_{C-\{C_4\}}(D)=0.735$$

对上述相对重要性归一化后，可得到客观权重。

由于粗糙集权重主要来自于实例，与资料的性质和丰富程度有关，虽然是客观的，但具有相对性。同时专家经验也具有非常的合理性。为了得出的权重更为合理，通常将粗糙集的客观权重与专家评分的主观权重结合起来。

2.4 模糊重心分类方法

2.4.1 权重的有利界限平均算法

对于权重的客观性确定方法，除了上述粗糙集理论外，在某些文献中，提出

采用平均优先计算方法，该法认为一个因素在分类中的权值与其实测值、分级区间的平均值有关。其计算公式如下：

$$\omega_i = \frac{\dfrac{c_i}{s_i}}{\sum \dfrac{c_i}{s_i}} \tag{2.49}$$

式中：c_i 为分类对象第 i 项指标的实测值；s_i 为对象 i 项指标根据 n 项分类标准值得到的平均值。其中 s_i 可由下式计算：

$$s_i = \frac{1}{n}(s_{i1} + \cdots + s_{im}) \tag{2.50}$$

式中：s_{i1}，…，s_{im} 分别为 i 项指标在各级分类标准值中对分类对象最有利的界值。然后通过归一化处理得到最后权值。

2.4.2 模糊重心分类

在 2.2.2 小节关于某大型铁矿运输隧道围岩分类研究中，发现在某些情况下分类的隶属度相等。但是当最大隶属度值相等的时候，根据最大隶属原则，给类别的判断就带来了困难。主要原因在于：

（1）设等级模糊子集为 $\boldsymbol{B}$，权向量为 $\boldsymbol{A}$，模糊矩阵为 $\boldsymbol{R}$。则对于模糊综合评判的数学模型 $\boldsymbol{B} = \boldsymbol{A} \cdot \boldsymbol{R} = (b_1, b_2, \cdots, b_n)$，当采用取大、取小模型（∧，∨）时，在指标较多的情况下，权向量中权值 a_i 较小，由于 $b_j = \bigvee_{i=1}^{m} (a_i \wedge r_{ij})$，因此，会出现 a_i 被“淹没”的现象，从而容易丢失评判信息，影响评判结果的准确性和可信度。

（2）当按极大隶属原则确定评判结果时，若 b_1，b_2，…，b_n 中最大值与其相邻的值差值很接小时，仍只取最大者，从而造成评判信息的丢失[94]。

为了解决这一问题，在此提出基于模糊集重心的分类方法，其具体步骤如下：

（1）先将评语依次用数字表示为 1，2，…，n。

（2）对模糊集计算每个因素的模糊重心，得到一个 $m \times 1$ 的重心向量 $\boldsymbol{G} = (G_1, G_2, \cdots, G_m)^{\mathrm{T}}$。

（3）将权向量 $\boldsymbol{A}$ 左乘重心向量 $\boldsymbol{G}$，将得到一个评价指标 α，即

$$\alpha = \boldsymbol{AG} \tag{2.51}$$

式中：α 为实数。由于 $\boldsymbol{A}$ 满足 $\sum_{i=1}^{m} a_i = 1$，所以有 $0 \leqslant \alpha \leqslant n$。

（4）综合评判结果为与 α 最接近的评语。

其中关键的是模糊重心向量 G 的计算。设 U 为实数域 R 中的有界可测集，

则 U 上的模糊集 A 的隶属函数 $\mu_A(x)$ 的重心定义为

$$G_A = \frac{\int_U \mu_A(x)x\mathrm{d}x}{\int_U \mu_A(x)\mathrm{d}x} \tag{2.52}$$

式中：$\int_U \mu_A(x)\mathrm{d}x \neq 0$。

特别地，当论域 $U = \{x_1, x_2, \cdots, x_n\} \subset R$($R$ 为实数域时)，式（2.52）可表示为

$$G_A = \frac{\sum_{i=1}^{n} \mu_A(x)x}{\sum_{i=1}^{n} \mu_A(x)} \tag{2.53}$$

式中：$\sum_{i=1}^{n} \mu_A(x) \neq 0$。

如图 2.5 所示，如物理学中物体的重心反映其重量集中的地方一样，模糊集 A 的重心 G_A 也刻画了模糊集的隶属度在论域 U 内集中的地方。特别地，当 $\mu_A(x)$ 是区间［a，b］上的凸函数时，即如图 2.5 所示的情形，其重心一般出现在凸函数取极大值的点附近。并且 $\mu_A(x)$ 一定时，其重心位置也就确定了。由此可见，模糊集的重心是模糊集的一个固有属性，它刻画了模糊集隶属函数在论域 U 内集中的地方，因而可以用模糊集的重心来描述隶属函数的分布情况。

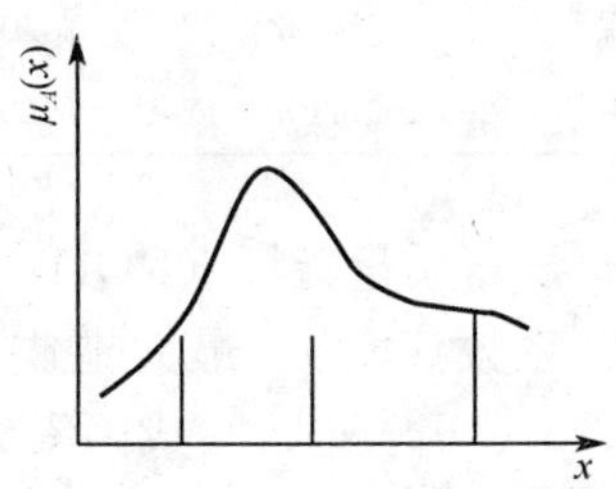

图 2.5　模糊集重心分布示意图

2.4.3　实证分类结果

采用 2.2.2 小节关于某大型铁矿运输隧道围岩东段分类为例。为了显示模糊重心方法的有效性，分类因素中再增加地震烈度和地下水。增加因素后，将表 2.3 扩展成表 2.9，同时隶属函数仍然采用正态函数，将表 2.7 扩展成表 2.10。

表 2.9　岩体分类指标值与对应岩体级别区间划分

指标	类型				
	Ⅰ	Ⅱ	Ⅲ	Ⅳ	Ⅴ
RQD/%	>90	75～90	50～75	25～50	<25
σ_c/MPa	>200	100～200	50～100	25～50	<25
K_v	>0.9	0.75～0.9	0.45～0.75	0.2～0.45	<0.2

续表

指标	类型				
	Ⅰ	Ⅱ	Ⅲ	Ⅳ	Ⅴ
K_w	>0.8	0.68~0.8	0.55~0.68	0.4~0.55	<0.4
地震烈度	1~3	3~5	5~7	7~8	8~12
地下水/[L·min·(10 m)$^{-1}$]	0~5	5~10	10~25	25~125	125~300

表 2.10　各评定因素隶属函数参数

级别	RQD/%		σ_c/MP$_a$		K_v		K_w		地震烈度		地下水渗水量/[L·min·(10 m)$^{-1}$]	
	X_0	c	X_0	c	X_0	c	X_0	c	X_0	c	X_0	c
Ⅰ	95	6.02	300	120.48	0.95	0.06	0.90	0.12	1.5	1.20	2.5	3.01
Ⅱ	82.5	9.04	150	60.24	0.825	0.094	0.74	0.08	4	1.20	7.5	3.01
Ⅲ	62.5	15.06	75	30.12	0.60	0.18	0.615	0.08	6	1.20	17.5	9.04
Ⅳ	37.5	15.06	37.5	15.06	0.325	0.15	0.475	0.09	7.5	0.60	75	60.24
Ⅴ	12.5	15.06	12.5	15.06	0.10	0.12	0.20	0.24	10	2.41	212.5	105.42

岩石质量指标（RQD）、单轴抗压强度（σ_c）、岩体完整性系数（K_v）、岩石软化系数（K_w）、最大地震烈度和地下水渗水量，以上因素分别对应 u_1、u_2、u_3、u_4、u_5、u_6，写成因素集为

$$U=\{u_1\quad u_2\quad u_3\quad u_4\quad u_5\quad u_6\}\tag{2.54}$$

岩体质量共分为Ⅴ级，即Ⅰ为极稳定；Ⅱ为稳定；Ⅲ为中等稳定；Ⅳ为不稳定；Ⅴ为极不稳定。写成评语集为

$$V=\{\text{Ⅰ}\quad \text{Ⅱ}\quad \text{Ⅲ}\quad \text{Ⅳ}\quad \text{Ⅴ}\}\tag{2.55}$$

根据模糊集重心理论步骤，可将评语集写成：

$$V=\{1\quad 2\quad 3\quad 4\quad 5\}\tag{2.56}$$

利用正态隶属函数和上述数据，可以很容易得到模糊评判矩阵 $\boldsymbol{R}$，如式(2.57)所示。

各评价因素是一个模糊子集，如 RQD 模糊子集 u_1 的重心为

$$G_{u_1}=\frac{0\times1+0.006\times(1+2)+0.923\times(2+3)}{2\times(0+0.006+0.923+0.066+0)}+\frac{0.066\times(3+4)+0\times(4+5)}{2\times(0+0.006+0.923+0.066+0)}=2.56$$

$$\boldsymbol{R}=\begin{bmatrix} 0 & 0.006 & 0.923 & 0.066 & 0 \\ 0.215 & 0.999 & 0.002 & 0 & 0 \\ 0.03 & 0.958 & 0.001 & 0 & 0 \\ 0.779 & 0.001 & 0 & 0 & 0 \\ 0 & 0.499 & 0.499 & 0 & 0 \\ 0 & 0 & 0.997 & 0.396 & 0.032 \end{bmatrix} \tag{2.57}$$

同样可以求得 u_2、u_3、u_4、u_5、u_6 的模糊重心为：$G_{u_2}=1.326$，$G_{u_3}=1.472$，$G_{u_4}=0.501$，$G_{u_5}=2.000$，$G_{u_6}=2.823$，写成向量形式为

$$\boldsymbol{G}=[2.560,1.326,1.472,0.501,2.000,2.823]^{\mathrm{T}} \tag{2.58}$$

对于权重，采用有利限界计算法。根据表 2.9，例如对于 RQD 有，$c_i=62$，而

$$s_i=\frac{1}{5}(s_{i1}+s_{i2}+s_{i3}+s_{i4}+s_{i5})=\frac{1}{5}\times(100+90+75+50+25)=68 \tag{2.59}$$

根据式 (2.49) 有

$$\omega_{i0}=c_i/s_i=62/68=0.9118$$

权重计算过程如表 2.11 所示。

表 2.11　权值计算结果

质量指标	c_i	s_i	c_i/s_i	w_i
RQD/%	62	68	0.911 8	0.157
σ_c/MPa	150.635	155	0.971 8	0.167
K_v	0.65	0.66	0.984 8	0.169
K_w	0.96	0.686	1.399 4	0.240
最大地震烈度	5	4.8	1.041 7	0.179
渗水量/[L · min · (10m)$^{-1}$]	17	33	0.515 2	0.089
求和			5.824 7	1.001

对 w_i 进行归一化处理可得权重向量为

$$\widetilde{w}'=(w_1',w_2',\cdots,w_m')=[0.157,0.167,0.169,0.240,0.179,0.089] \tag{2.60}$$

根据式 (2.11) $\widetilde{B}=\widetilde{w}'\circ R=(b_1,b_2,\cdots,b_n)$ 有

$$\widetilde{B}=[0.157,0.167,0.169,0.240,0.179,0.089]$$

$$
\cdot\begin{bmatrix} 0 & 0.006 & 0.923 & 0.066 & 0 \\ 0.215 & 0.999 & 0.002 & 0 & 0 \\ 0.03 & 0.958 & 0.001 & 0 & 0 \\ 0.779 & 0.001 & 0 & 0 & 0 \\ 0 & 0.499 & 0.499 & 0 & 0 \\ 0 & 0 & 0.997 & 0.396 & 0.032 \end{bmatrix} = [0.169, 0.179, 0.179, 0.089, 0.032]
$$

根据最大隶属原则，东段对于Ⅱ和Ⅲ类具有同样的隶属度，其类别的归属很困难。采用重心分类，根据式（2.51），$A=[0.157,0.167,0.169,0.240,0.179,0.089]$，则

$$
\alpha = \boldsymbol{AG} = [0.157, 0.167, 0.169, 0.240, 0.179, 0.089] \cdot [2.560, 1.326, 1.472, 0.501, 2.000, 2.823]^{\mathrm{T}} = 1.602
$$

已知 $\alpha=1.602$ 与 2 最为接近，所以该岩体的质量评价为 2（稳定），即划分为Ⅱ类岩体。

2.4.4 模糊重心分类的优点

在常规 Fuzzy 综合评判中，取大、取小（∧，∨）算法是最常用的。对于取大、取小模型（∧，∨）：

$$
b_j = \bigvee_{i=1}^{m}(a_i \wedge r_{ij}) = \bigvee_{i=1}^{m}(a_1 \wedge r_{1j}, a_2 \wedge r_{2j} \cdots a_m \wedge r_{mj}) \tag{2.61}
$$

若权值小于对应的隶属度时，取小时将丢失该较大的隶属度；反之，若权值大于对应的隶属度时，则将丢失较大的权值，因此利用普通模糊综合评判方法进行评价时，首先在单因素的评判中，就丢失至少50%的评判信息。

在该模型中，单个因素 u_i 的评价对等级 v_j 的隶属度 r_{ij} 被修正为：$r_{ij}^* = a_i \wedge r_{ij} = \min(a_i, r_{ij})$，这表明，$a_i$ 是考虑多因素时 r_{ij}^* 的上限，即考虑多因素时，因素 u_i 的评价对于任何等级 v_j 的隶属度都不大于 a_i，在其中起作用的主要在取大、取小比较中为较小的一方，在该模型中向量 **A** 就没有权的含义。而实际的状况应该是权值和隶属度的共同作用。所以所谓的综合评判在本质上对权值和隶属度并没有综合。

因此，当因素较多时，即 m 值较大时，a_i 的值肯定很小，这将使各评语值 b_j 很小。这时较小的权值 a_i 通过取小运算而“淹没”了所有单因素的评价，因而得不出有意义的结果。而基于模糊集重心理论的评判方法能客观地反映所有影响因素及其影响的强弱程度。在常规模糊评判中，可能出现隶属度相等而结果不唯一的情况，基于模糊集重心理论的评判方法能有效避免出现这种情况[94]。

2.5　岩体力学参数的模糊权重

2.5.1　岩体力学参数特征值的模糊统计

熊文林等[95]、李胡生[96]、徐卫亚等[97]、刘春[98]等注意到岩体力学特征参数的随机性和模糊性。提出了参数样本均值、方差、协方差等统计参数的隶属函数形式。设试验获得的样本值 $\boldsymbol{X}=(x_1,x_2,\cdots,x_n)(1,2,\cdots,n$ 为样本号) 为论域，x_1，x_2，…，$x_n \in X$ 为岩石样本值，$\widetilde{A}$ 为 X 上的模糊子集，论域 X 中的元素 x_i ($i=1$，2，…，n) 对 A 的隶属度为 $u_{\widetilde{A}}(x_i)$，目的是要寻找 A，使得 $A=\{\overline{X}|u_{\bar{A}}(\bar{x})=1\}$，$A$ 称为 $\overline{A}$ 的核。

1. 样本均值的隶属函数

$$\mu_{\widetilde{A}}(x_i)=\exp[-(x_i-\bar{x})^2 w_{1i}] \tag{2.62}$$

式中：$D_{2i}=(x_i-\bar{x})^2 w_{1i}$ 为关于 x_i 模糊集合 $\widetilde{A}$ 的核点 $\bar{x}$ 的马氏距离，w_{1i} 为其模糊度权重，可取为常数，即 $w_{1i}=\text{const}=w_{10}$。

2. 样本方差的隶属函数

试验中获取的样本值只能直接作为均值样本，为求样本值的方差必须另组方差样本。为此令 $\xi_i=(x_i-\bar{x})^2$，则方差样本的隶属函数为

$$\mu_{\widetilde{B}}(\xi_i)=\exp[(\xi_i-\delta^2)^2 w_{2i}] \tag{2.63}$$

式中：$D_{2i}=(\xi_i-\delta^2)^2 w_{2i}$ 为关于 ξ_i 模糊集合 $\widetilde{B}$ 的核点 δ^2 的马氏距离，w_{2i} 为其模糊度权重，可取为常数，即 $w_{2i}=\text{const}=w_{20}$。

3. 样本协方差的隶属函数

设（x_1，x_2，…，x_n）和（y_1，y_2，…，y_n）分别为两个相关联岩土参数试验样本值（如 c、f），为求它们之间的协方差，组成协方差样本 $\eta_i=(x_i-\bar{x})(y_i-\bar{y})$，则协方差样本的隶属函数为

$$\mu_{\widetilde{C}}(\eta_i)=\exp[-(\eta_i-m_{xy})^2 w_{3i}] \tag{2.64}$$

式中：$D_{3i}=(\eta_i-m_{xy})^2 w_{3i}$ 为关于 η_i 模糊集合 $\widetilde{C}$ 的核点 m_{xy} 的马氏距离，w_{3i} 为其模糊度权重，可取为常数，即 $w_{3i}=\text{const}=w_{30}$。

2.5.2　模糊变权重

由式（2.62）～式（2.64）可以看出：当 x_i、ξ_i、η_i 分别距离其核点 $\bar{x}$、δ^2、m_{xy} 越近，马氏距离越小，则它们分别对模糊子集 $\widetilde{A}$、$\widetilde{B}$、$\widetilde{C}$ 的隶属度越大。w_{ij} 实际上也是对这一性质的反映。当 x_i、ξ_i、η_i 分别越趋近其核点 $\bar{x}$、δ^2、m_{xy} 时，

或者说 x_i、ξ_i、η_i 越清晰时，w_{ij} 越小。也就是说 w_{ij} 实际上代表了反映事件清晰度大小的参数。当不考虑岩土力学参数的模糊性，模糊子集 $\widetilde{A}$、$\widetilde{B}$、$\widetilde{C}$ 蜕变为普通集合时，$w_{ij}=0$ 的物理含义，它说明了此时所得到的参数特性是最清晰的。从而，为公式合理性的推导提供了理论基础。

根据定义，马氏距离的大小不仅与各个点集相对分布有关，而且与各个点集自身的分布有关[99]，计算中一般取常数。事实上，模糊权重因子是一个随模糊中心变化而变化的系数。大量计算实践也表明：权值 w_{ji} 取值对计算结果有一定的影响，而计算中 w_{ji} 取定值给分析又带来了困难。为解决此问题，本书将模糊度权重取为函数。鉴于隶属函数是无量纲，w_{ji} 的量纲必须与 d_{ji} 的量纲有倒数关系，同时根据模糊度权重的定义，它与其核点有关，因此，其表达式如下：

$$w_{1i}=\frac{|x_i/\overline{x}|}{(d_{1\max}-d_{1\min})/2} \tag{2.65}$$

$$w_{2i}=\frac{|\xi_i/\delta^2|}{(d_{2\max}-d_{2\min})/2} \tag{2.66}$$

$$w_{3i}=\frac{|\eta_i/m_{xy}|}{(d_{3\max}-d_{3\min})/2} \tag{2.67}$$

式中：$d_{1\max}$、$d_{1\min}$是 $d_{1i}=(x_i-\overline{x})^2(i=1,2,\cdots,n)$ 中的最大值、最小值；$d_{2\max}$、$d_{2\min}$是 $d_{2i}=(\xi_i-\delta^2)^2(i=1,2,\cdots,n)$ 中的最大值、最小值；$d_{3\max}$、$d_{3\min}$ 是 $d_{3i}=(\eta_i-m_{xy})^2(i=1,2,\cdots,n)$ 中的最大值、最小值。

2.5.3 试验样本特征值模糊变权重统计

$$\overline{x}=\frac{\sum_{i=1}^{n}\exp[-(x_i-\overline{x})^2w_{1i}]x_i}{\sum_{i=1}^{n}\exp[-(x_i-\overline{x})^2w_{1i}]} \tag{2.68}$$

$$\delta^2=\frac{n}{n-1}\frac{\sum_{i=1}^{n}\exp[-(\xi_i-\delta^2)^2w_{2i}]\xi_i}{\sum_{i=1}^{n}\exp[-(\xi_i-\delta^2)^2w_{2i}]} \tag{2.69}$$

$$m_{xy}=\frac{\sum_{i=1}^{n}\exp[-(\eta_i-m_{xy})^2w_{3i}]\eta_i}{\sum_{i=1}^{n}\exp[-(\eta_i-m_{xy})^2w_{3i}]} \tag{2.70}$$

上面三个公式即为岩土力学参数样本均值、方差和协方差的计算公式，均为隐函数式，需用迭代法求解。具体步骤如下[100]：

（1）取 $\overline{x}=x_w$。第一次计算时 x_w 为随机方法取得的平均值，按式（2.65）计算得到 w_{1i}，运用式（2.68）计算 $\overline{x}$。

（2）如果 $|x_w-\bar{x}|<\varepsilon_1$（$\varepsilon_1$ 为指定的精度，应与所取结果的有效位数相适应），则 $\bar{x}$ 即为最终所求，反之取 x_w 为上一步迭代求出的 $\bar{x}$，返回第（1）步，直到求出的 $\bar{x}$ 与 x_w 的差值满足精度要求。

（3）取初值 $\delta^2=\delta_w^2=\delta_s^2$，$\delta_s^2$ 为样本的随机方差，由式（2.66）计算得到 w_{2i}，运用式（2.69）计算 δ^2。

（4）如果 $|\delta_w^2-\delta^2|<\varepsilon_2$（$\varepsilon_2$ 为指定的精度，应与所取结果的有效位数相适应），则 δ^2 即为最终所求，反之取 δ_w^2 为上一步迭代求出的 δ^2，返回第（3）步，直到求出的 δ^2 与 δ_w^2 的差值满足精度要求。

（5）按照第（1）～（2）的步骤计算 $\bar{y}$。

（6）取初值 $m_{xy}=m_{xyw}=m_{xys}$，m_{xys} 为样本的随机协方差，按式（2.67）计算 w_{3i}，运用式（2.70）计算 m_{xy}。

（7）如果 $|m_{xy}-m_{xyw}|<\varepsilon_3$（$\varepsilon_3$ 为指定的精度，应与所取结果的有效位数相适应），则 m_{xy} 即为最终所求；反之，取 m_{xyw} 为上一步迭代求出的 m_{xy}，返回第（6）步，直到求出的 m_{xy} 与 m_{xyw} 的差值满足精度要求。

可以证明：若不考虑模糊性，式（2.68）～式（2.70）可以蜕变为随机统计公式。依照模糊度权重的定义，当所得的参数特征是清晰时，其模糊度权重因子 $w_{ij}=0$，由式（2.62）～式（2.64）可得 $\mu_{\tilde{A}}(x_i)=\mu_{\tilde{B}}(\xi_i)=\mu_{\tilde{C}}(\eta_i)=1$，其中，$i=1$，2，…，$n$，则式（2.68）～式（2.70）蜕变为

$$\bar{x}=\frac{1}{n}\sum_{i=1}^{n}x_i \tag{2.71}$$

$$\delta^2=\frac{1}{n-1}\sum_{i-1}^{n}(x_i-\bar{x})^2 \tag{2.72}$$

$$m_{xy}=\frac{1}{n}\sum_{i=1}^{n}(x_i-\bar{x}_i)(y_i-\bar{y}_i) \tag{2.73}$$

因此，传统的随机模糊统计方法是随机-模糊统计的一个特例。

2.5.4　试验样本特征值统计差异比较

为了对权重影响随机特征参数的分析结果有直观的印象，下面分别采用经典的统计方法、定权重随机-模糊分析方法、变权重函数随机-模糊分析方法对工程试验数据的分析结果进行比较。

表 2.12 是张家界景区隧道泥质砂岩、炭质页岩、砂质板岩三种岩石的单轴抗压强度试验值，按三种不同的方法处理得到的结果如表 2.12 所示。表 2.12 中的方法一指的变权重统计计算方法，方法二指的是模糊权重为定值的计算方法，方法三指的是经典的统计处理方法。$\bar{x}$、σ、v 分别为试验值的均值、方差和变异系数。

表 2.12　岩石样本单轴抗压强度试验值及统计结果

岩性		泥质砂岩	炭质页岩	砂质板岩
岩石单轴抗压强度试验值/MPa		8.9，12.0，9.0，11.2，14.3，15.2，13.7，12.7，11.8，12.5	1.2，1.1，1.2，1.0，1.1，1.5，1.0，1.5，1.0，1.2	5.5，4.9，5.0，5.6，6.2，6.7，6.9，5.8，7.0，5.2
变权重统计法	平均值 $\bar{x}$	12.168	1.108	5.549
	标准差 σ	1.065	0.092	0.506
	变异系数 v	0.549	0.506	0.091
定权重统计法	平均值 $\bar{x}$	12.495	1.118	5.619
	标准差 σ	1.506	0.117	0.646
	变异系数 v	0.121	0.105	0.115
经典统计方法	平均值 $\bar{x}$	12.130	1.181	5.881
	标准差 σ	2.062	0.187	0.781
	变异系数 v	0.170	0.159	0.133

从表 2.12 可以看出，对于方法一、方法二和方法三的结果，其均值和方差均存在一定差异，特别是方差。对于泥岩，由方法一计算得到的方差分别为方法二和方法三的 70.7%和 51.6%。对于炭质页岩，由方法一计算得到的方差分别为方法二和方法三的 78.6%和 49.2%。对于砂质板岩，由方法一计算得到的方差分别为方法二和方法三的 78.3%和 64.8%。

表 2.13 为邵怀高速公路某连接线上的亚黏土、碎石土和某料场填筑土的黏聚力 c 和内摩擦系数 f 的试验值及三种不同分析方法所得的计算结果。

从表 2.13 可以看出，对于软弱夹层，由方法一计算得到的 c 值方差分别为方法二和方法三的 84.4%和 69.9%。由方法一计算得到的 f 值方差分别为方法二和方法三的 86.3%和 68.2%。再如对于碎石土，其黏聚力 c 的方差通过方法一处理后，分别为方法二和三的 65%和 51.9%。

表 2.13　岩土样本抗剪强度试验值分析结果

		软弱夹层		亚黏土		碎石土	
		c/ kPa	$f/10^{-1}$	c/kPa	$f/10^{-1}$	c/kPa	$f/10^{-1}$
土类抗剪强度试验值		25.47，28.23，23，21.63，17，15.38，10.74，9，10.55，8.64	1.71，1.59，1.62，1.51，1.43，1.31，1.25，1.32，1.2，1.17	73，79，71，64，57，65，58，52，53	5.9，5.78，5.65，5.71，5.53，5.43，5.54，5.82	51，45，41，35，27	3.46，3.35，3.25，3.11，3
变权重统计法	$\bar{x}$	15.25	1.37	61.25	5.61	39.123	3.25
	σ	6.14	0.16	7.878	0.15	4.824	0.12
	v	0.53	1.14	0.129	0.26	0.123	0.36

续表

		软弱夹层		亚黏土		碎石土	
		c/ kPa	$f/10^{-1}$	c/kPa	$f/10^{-1}$	c/kPa	$f/10^{-1}$
定权重统计法	$\bar{x}$	15.32	1.4	62.37	5.621	41.918	3.27
	σ	6.96	0.19	8.968	0.171	7.416	0.18
	v	0.52	1.34	0.144	0.31	0.177	0.53
经典统计方法	$\bar{x}$	16.1	1.45	64.82	5.658	39.88	3.23
	σ	9.08	0.21	10.669	0.188	9.3033	0.184
	v	0.54	1.42	0.165	0.333	0.2333	0.57

第 3 章　西南山区带状工程建设场地模糊分类

公路、铁路等陆地交通运输线路属于带状工程，延展长、穿越区域大、横断面小是其典型特征。对于该领域的相关问题，已经有大量的研究报道。这些研究基本集中在地质条件对工程的稳定性影响方面。对于山区带状工程而言，地质条件固然是一个决定性因素，但同时在很大程度上还与地形、地貌等地理因素有关，而目前对地形、地理的影响系统研究的很少。因此，作者将综合地质条件和地理因素，同时在研究方法和手段上考虑各因素的模糊性，建立山区带状工程构筑环境的模糊评估方法。

3.1　山区带状工程构筑环境影响因素

山区带状工程修建施工难易和稳定性程度关键在于地基及基础的修建环境。修建环境是由其先天区域环境决定的。区域环境在总体上包括工程修建场地的地质条件和地理条件两个大的要素。在每一个大要素中，各有许多因素，不可能把所有的因素包括进去，只能考虑起主要作用的因素。

3.1.1　地理因素

地理是一个很大的概念，在一般意义上包括地形地貌、温度、降水及气候等很多因素，特别是我国南北、东西地理条件相差很大。为了便于研究方法的阐述，本书针对我国西南部山区进行。在整个西南山区的地理因素中，相比较而言，不同地区气温和降水对带状工程修建及稳定的影响差异程度与地形地貌的影响差异程度要小，所以着重考虑地形地貌因素的影响。对地形于地貌，按其形态主要有山地、高原、丘陵、盆地和平原五类。在五类地貌中对带状工程修建难易及稳定性影响程度差异大的是山地、丘陵地貌。地形地貌对带状工程的影响主要体现在山地地形的相对高差及坡度的大小。因此，对于地理因素主要考虑相对高差及坡度两个因素，分别用 h 和 α 表示。

3.1.2　地质因素

我国西南山区，大多数区域的地层构成特点是剧烈风化带（完全风化带），即地表土体覆盖厚度薄，带状工程的基础修建在风化程度不等的岩体上。根据工程地质和岩体力学，结合西南山区的区域地质特点，影响带状工程基础修建难易和稳定性的地质因素主要有浅层岩溶、岩石强度、岩石对水的敏感性程度、风化和节理裂隙化后岩体的完整性。

西南山区是喀斯特地区，发育大量的岩溶。对于公路、铁路路基等修建于地表的带状工程（不包括桥、隧），对其影响较大的部分主要在于浅层岩溶。岩溶发育以岩溶率作为表征指标，岩溶发育程度采用线岩溶率 K_L 描述其发育程度。对于公路、铁路等带状结构，相对于其区域跨度来说，可以看作线状结构。

浅部岩石被风化后，形成岩块、碎屑及夹层等，其完整性遭到破坏，物理、力学性质被极大地削弱。岩体完整性程度可以有多种表征方法，如完整性系数、岩体块度、单位体积岩体节理裂隙密度及岩体 RQD 值等。在地质条件中，另一个重要因素是岩石的水理性质。在通常情况下，岩石遇水后，力学性质会产生变化，对于带状工程基础稳定性具有重要影响的是岩石遇水的软化性质。岩石的软化特性采用岩石软化系数 K_w 表示。该系数反映岩体的物化性质和岩石对水的敏感程度。通常情况下，岩体中黏土矿物的含量越大，在吸水后岩石强度降低程度越大。

3.2　山区带状工程构筑环境分级模式

类比目前岩土工程稳定性级别分析方法，按照工程修建难易和场稳定性程度，将山区带状工程修建环境分为Ⅰ、Ⅱ、Ⅲ、Ⅳ和Ⅴ级。对于Ⅰ级环境，工程地基地质上稳定，无需进行人工加固，施工便利，安全条件好，工程造价低。对于Ⅱ级环境，工程地基基本稳定，需要采取少量工程措施进行加固，如开挖边坡需要进行喷浆、挂网防护，施工和安全条件一般，工程造价中等。对于Ⅲ级环境，工程地基地质条件较差，需要采取工程措施进行加固，如开挖边坡需要进行锚喷支护，地基需要采取较多的排水设施，施工时可能引发安全问题，工程造价中等。对于Ⅳ级环境，工程地基地质条件差，需要采取工程措施进行加固，如开挖边坡需要、锚喷与砌筑挡墙联合支护等，地基需要开挖排水工程，施工前需要采取强制安全措施，工程造价较高。对于Ⅴ级环境，工程地基地质条件很差，对工程地基和周边的地质体需要采用大量的工程加固措施，如边坡抗滑桩、地基需要采用挤密桩等，在施工中存在各种不安全因素，工程造价高。将上述级别统一表示成级别集 J，则 $J=\{Ⅰ，Ⅱ，Ⅲ，Ⅳ，Ⅴ\}$。同样根据前述分析，将影响级别的基本因素统一表示成因素集合 C，则 $C=\{K_L, \mathrm{RQD}, K_w, h, \alpha\}=\{c_1, c_2, c_3, c_4, c_5\}$。因此，评价的目的就在于通过集合 C 中的因素分析，达到 J 中的某一级别，即

$$f(C=\{c_1,c_2,c_3,c_4,c_5\}) \rightarrow (J=\{\mathrm{I},\mathrm{II},\mathrm{III},\mathrm{IV},\mathrm{V}\}) \tag{3.1}$$

3.3 湘西山区地理基本概况

3.3.1 地理概况

中国西南山区是一个很大的区域，基本的地理概况是地形复杂多变，起伏蜿蜒，沟壑纵横，河谷深切，高程起伏巨大，相对高程在400m至2000m，是典型的山地，地形地貌条件极为复杂，环境条件恶劣。出露地层多为寒武系的片麻岩、片岩、板岩等变质岩，其余为侏罗系、白垩系、二叠系的红色砂岩、页岩、泥岩地层，岩性软弱，风化严重，是我国有名的易滑坡地层。在离地表不深的浅部，大小不等的溶洞星罗棋布，属于典型的喀斯特地区。湖南西部属于该地区的一部分，具有典型的西南地区特征。

广义的“湘西”行政区划上包括贵州及与广西接壤的怀化市、湘西自治州和张家界市，自然地理范围大体上包括现今湖南境内的沅水流域和澧水流域的广大地区。从地形上看，湘西地区恰好地处我国东部平原丘陵和西部云贵高原的过渡部位上，总体上属我国由西向东逐步降低之第二级阶梯的东缘。

境内山地、丘陵、岗地和平地齐全。在各类地形中，山地、丘陵所占的比例最大，所占面积绝大部分区域都超过了70%。境内山峰大多数属于不同的山脉，高度、坡度、走向变化大。在山脚、平地等区域起伏程度也很大。区域山地从形状上大体有如下几类：①石林形（塔形山地）：不同山脉的交汇地带，山势走向纵横交错，境内峰峦林立，沟谷深切，整个地貌轮廓以山体为主。②畚箕形：三面环山，一端山峰高峻横切，其他两面山峰走向大致平行，在另一端具有较为开阔的敞口。③不对称凹形：如洞口县，西北高山峻岭，中部地低平，东南丘岗棋布；再如新宁县，西南、东南地区山高岭峻，中部地势低平，西北山丘遍布，东北谷口敞开。地形上均呈不对称的凹形。④阶梯形：如隆回县，东南多丘岗，西北多山地，地势由东南向西北呈阶梯式抬升；如新邵县，地势东北部较高，向西逐渐降低，至渭水边略有回升；如邵东县，北部边境的龙山余脉，南部边陲的南岳（衡山）余脉，构成南北高峻地形向中部倾斜，形成南西—北东向的阶梯状长廊地带，永顺县也属阶梯形。⑤畚箕漏斗型。如通道侗族自治县，地势东、南、西三面较高，中部凹陷，向中倾斜；再如洪江市，溆浦县等。⑥“V”字形和“川”字形山间谷地：如慈利县，在境内分为3支东西走向的山脉。澧水沿岸有河谷平原。最低处75m。山河相间，构成三山两谷。如沅凌县，地貌轮廓呈南北高起，中间低落，形似“V”字形的两山夹一谷，朝东北、西南向开口的地貌特征。境内重峦叠障，溪河纵横。

除了在地表形态的复杂性和多样性外，另外一个特点是水系流域面积广，境内河流分属多个水系，年均降水量为1200～1600mm。溪流纵横，地表径流系统丰富复杂，过境水量大，不但有地表径流系统，还有地下动静水。溪流的绝对数量和相对密度均很大。如城步苗族自治县，境内有长江与珠江两大水系，地表切割强烈，水系呈树枝状分布。有大小溪河816条，总长达4063km，全县河网密度6.56km/km^2，径流总量达24.89亿m^3，河流多形成谷坡陡峻的“V”形河谷。新宁县境内河流分属湘江、资江和沅江水系三大水系，河网密度0.51km/km^2。河流总汇水面积4300km^2，平均径流总量37.27亿m^3。其中境外汇水面积1550km^2，年均客水总量15.94亿m^3。此外，大部分地区除地表水系复杂，而且地下水系也丰富，例如武冈市地表河流密度达到0.92km/km^2，有地下暗河55条，总长1297.8km。地下水水位高，多以岩溶泉的形式往河流方向排出，总流量为16.84m^3/s，大于0.1个流量的有21条。隆回县的地下水年动储量3.6亿～4.8亿m^3。

3.3.2　工程地质力学概况

1. 区域地质特征

在湘西地区，岩层主要为二叠系、石炭系与泥盆系，有硅化白云质灰岩、硅化灰岩、硅化炭质灰岩、泥灰岩、石英砂岩，夹少量薄层砂岩与页岩外，还夹有数量和厚度不等的泥质灰岩或碎屑岩。硅化白云质灰岩、硅化灰岩为厚～巨厚层状，质纯，少间夹层，一般方解石脉较发育，而硅化炭质灰岩或泥灰岩等岩石中方解石脉含量则较少，多间夹层。薄层泥灰岩，含泥质成分高，且多砂页岩夹层。大多属于碳酸盐类岩石，具有可溶性。同时硅化灰岩、硅化白云质灰岩中的矿物晶体颗粒较粗，孔隙间连通性较好，岩石节理裂隙较发育，地下水在其中流动顺畅，为岩溶创造了内在的便利条件。

同时湘西地区地下水较丰富，有第四纪覆盖层中的孔隙潜水及上层滞水以及基岩裂隙水和岩溶水，并且循环条件较好。丰沛的大气降水是地下水补给的主要来源，地下水在岩溶管道及碎屑岩裂隙中呈紊流及层流运动，以地下河、上升泉、下降泉三种方式排泄。可溶性岩石与具有溶解能力为岩溶创造了很好的条件。

因此在湘西地区，喀斯特地貌发育，碳酸盐岩分布广泛，岩溶景观显著，峰林峡谷、峰丛峡谷遍布，在水的长期作用下，形成大小不等的溶蚀洼地、溶丘、溶洞、漏斗、落水洞、石芽、阴河等喀斯特地形。

2. 工程地质力学特征

在湘西地区，白垩系、泥盆系、寒武系、志留系、三叠系等地层均有露头出现。其中白垩系地层和泥盆系地层分布广泛。

白垩系岩层出露段大多为软弱～半坚硬层状泥岩、砂岩综合体，风化带较深，岩石软化系数一般小于0.6，抗剪强度低，摩擦系数一般小于0.5，层间多夹泥岩，易被地下水软化泥化，常在地形条件适宜处发生滑坡、崩塌等地质灾害。

在泥盆系地层区，常常是泥盆系紫红色砂岩与志留系软硬泥页岩综合体，上部紫红色砂岩坚硬性脆，层中柱状裂隙发育，这些裂隙既构成坡体分裂的主要结构面，又形成降雨入渗通道，使雨水沿裂隙入渗至下部泥页岩中，逐渐软化泥砂岩与泥页岩接触面，从而导致滑坡等地质灾害，在地形条件适宜时还形成大规模泥石流。

除上述岩层外，从第四系（Q）风化残积物到元古界（Pt）板岩的地层、三叠系泥岩、志留纪砂岩、寒武纪页岩 、二叠系、石炭系页岩均有出露，且局部地段有印支期的花岗岩体入侵。雪峰山区则有震旦纪（Z）和元古界（Pt）的浅变质板岩、砂岩。

第四纪风化形成的残坡积层多为浅海相碎屑结构沉积岩，风化强烈，结构松散，含碎石角砾亚砂土层，抗冲蚀、风化能力弱。地层结构较疏松，保持水土能力差，水系发育，地下水常出露地表。加之，岩石自然倾向大，大气降水易于入渗并沿透水性相对较弱的基岩顶面径流，逐渐潜蚀、掏空基岩顶面松散物，软化风化层底板，使接触面形成软弱结构面，使坡体失去平衡而发生崩塌或滑坡。该类岩石软化系数一般小于0.6，抗剪强度低，摩擦系数一般小于0.5，层间多夹泥岩，易被地下水软化泥化。

3.3.3 岩溶发育基本规律

我国西南地区地层岩性、气候水文条件为岩溶的发育提供完备的条件。根据勘探和调查显示，在西南地区既有一定厚薄不均土层覆盖的地区，也可见大量的基岩裸露地区，在成因上属于侵蚀、剥蚀、溶蚀的丘陵和山地。岩溶发育的一般表现和规律为：

（1）在基岩裸露与半裸露型地段，岩溶表现为局部塌陷、土洞、落水洞、漏斗、石芽等，局部发育呈多层水平层状的溶洞，同时浅层溶沟、溶槽局部发育。

据邵怀高速公路段的地质勘探，其规模大小不均匀，最大的塌陷在平面形态上为不规则椭圆形，长约15.0m，宽约4.0m，塌陷深度为2.0m。局部落水洞洞口直径为0.8～1.0m，深度为0.8m。溶沟、溶槽及溶蚀裂隙发育深度一般位于地面以下10.0m范围内。据勘探揭露的溶洞洞口直径为0.3～5.0m，溶洞高度一般为0.3～3.0m，溶沟深度一般为0.2～4.7m。溶沟、溶洞内一般充填软-硬塑状黏土、灰岩碎屑，个别溶沟、溶洞内无充填物。

（2）受岩溶水体的溶蚀作用，在硅化灰岩与硅化炭质灰岩及硅化炭质泥灰岩接触界面处岩溶发育较强烈。

（3）因褶皱北翼形态比较宽缓完整，南翼比较紧密，且多被断裂错移，故北翼比南翼的岩溶发育。

此外，在我国西南部山区，还发育大量的软弱岩层、山区软土层等。

3.4　场地分级因素的模糊表达

3.4.1　浅层岩溶

根据国家质量技术监督局 2001 年发布的《中国地震动参数区划图》，湘西中硬场地的地震动峰值加速度为 0.05g，地震动反应谱特征周期为 0.35s，由于公路结构是带状结构，相对于研究区域来说，可以看作线状结构，因此采用线岩溶率，线岩溶率用 K_L 表示，按照下式计算：

$$K_L = \frac{L_1}{L} \tag{3.2}$$

式中：L_1 为测量线上的溶洞、溶隙累计长度；L 为测量线总长度。

根据《中国地震动参数区划图》并综合有关文献研究成果，以岩溶率作为岩溶发育的表征指标，岩溶发育与场地的工程地质稳定性建立如表 3.1 所示的关系。

表 3.1　岩溶发育分区与稳定性的关系分区

环境级别	环境条件描述	岩溶发育分区	钻孔线岩溶率/%
Ⅴ	很差	极强烈发育岩溶区	>25
Ⅳ	差	强烈发育岩溶区	15～25
Ⅲ	一般	一般发育岩溶区	10～15
Ⅱ	较好	较少发育岩溶区	3～10
Ⅰ	优良	弱发育岩溶区	<3

3.4.2　山地类型

山区公路地质的另一个条件是山地类型。地貌类型按其形态分类，可把大陆地貌分为山地、高原、盆地、丘陵、平原五种类型。人们习惯上把山地、丘陵的分布地区，连同比较崎岖的高原，都叫山区。按照《中国地貌区划》，根据山地的绝对高度和相对高度，我国将山地划分为极高山、高山、中山、低山和丘陵五大类型，如表 3.2 所示。一个地区山地相对高度越大，切割越强烈，这一地区地表起伏越显著，自然条件一般也越复杂。公路工程是一个带状工程，线路通过地方的绝对高度与工程的地质体稳定性来说，关系不是非常明显，而直接影响选线并受到施工影响的是线路所过之处各地的相对高差 H，即地形的起伏程度。山的相对高度越大，对于通过山脚处的公路的威胁就越大。对于宽为 28m 的山区高等级公路，山地类型对其工程地质稳定性程度，根据山地的相对高差按表 3.3 进行划分。

表 3.2　中国山地类型的划分

类型名称	绝对高度/m	相对高度/m	切割程度
极高山	＞5000	＞1000	极强烈切割
		＞1000	强烈切割
高山	3500～5000	500～1000	中等切割
		100～500	轻微切割
		＞1000	强烈切割
中山	1000～3500	500～1000	中等切割
		100～500	轻微切割
低山	500～1000	500～1000	中等切割
丘陵	＜500	100～500	轻微切割

表 3.3　山地类型（*H*）与稳定性的关系分区

环境类别	环境情况描述	切割程度	与路基的相对高差 H/m
Ⅰ	很差	平缓	＜15
Ⅱ	差	轻微切割	15～50
Ⅲ	一般	一般切割	50～100
Ⅳ	较好	中等切割	100～500
Ⅴ	优良	强烈切割	＞500

3.4.3　坡地特征

在山区，影响地质体稳定性的另一重要因素是地势的陡缓程度，即坡地特征。根据坡地形态、坡地组成物质和坡面过程等对坡地划分类型。坡形、坡度、坡长、坡向等，是对坡地形态的主要描述内容和主要计量指标。根据坡地的剖面形态，通常划分为直形坡、凸形坡、凹形坡和凸凹复合坡；根据与等高线相垂直的径流线的方向可划分为辐散坡、辐聚坡和平行坡。根据成因，坡地可分为内力成因坡和外力成因坡。内力成因坡指由构造运动和火山活动直接形成的斜坡；外力成因坡指由各种外力作用形成的剥蚀坡和堆积坡，有人将其划分为重力坡、冲刷坡和堆积坡。坡地上的土体或岩体主要在其自身重力作用下发生不同形式的移动，称块体运动（或重力侵蚀）。块体运动是坡地的主要地貌过程之一，其主要形式有崩落、滑坡、土体蠕动、泻溜、坡地泥流等。以重力侵蚀作用为主的坡地，通常根据块体运动的形式进行分类。坡地的分类除考虑地貌因素外，根据需要还常要考虑坡地的其他自然要素及土地利用状况等。

根据坡度对坡地类型进行划分，目前尚无统一的标准。国际地理学会地貌调查与野外制图专业委员会将坡地分为七级：0°～2°为平原至微倾斜坡，2°～5°为缓倾斜坡，5°～15°为斜坡，15°～25°为陡坡，25°～35°为急坡，35°～55°为急陡坡，大于 55°为垂直坡。中国的坡度等级划分，与国际地理学会的标准相近。以与公路走向平行或大致平行的侧坡为对象，参照国际地理学会的坡地分级，根据公路工程的实际，坡地的倾角 β 与工程地质稳定性分区关系，如表 3.4 所示。

表 3.4　坡度陡缓与稳定性的关系分区

类别	环境条件描述	陡缓情况	倾角 β/(°)
Ⅰ	优良	缓倾斜坡	＜10
Ⅱ	较好	斜坡	10～20
Ⅲ	一般	陡坡	20～30
Ⅳ	差	急坡	30～45
Ⅴ	很差	急陡坡	＞45

3.4.4　地质因素

在前面的分析中，对于常规条件下岩体的稳定性质量分类常采用的主要因素有岩芯质量指标 RQD（%）、岩石单轴抗压强度 σ_c、岩石软化系数 K_w、岩体的完整性系数 K_v 及结构面的充填情况 F。对于西南山区的公路建设，影响地质稳定性因素还有上面分析中提到的浅层岩溶发育 K_L、山地类型（相对高差 H）、坡度陡缓情况，总共 8 个因素。其中结构面的充填情况在模糊分析中通过素描体现，在隶属函数中是离散指标，照表 2.2 取值，得到山区地质稳定性分类因素及其级别划分表（表 3.5）。

表 3.5　山区地质稳定分类因素及其级别划分表

指标	类型				
	Ⅰ	Ⅱ	Ⅲ	Ⅳ	Ⅴ
RQD/%	＞90	75～90	50～75	25～50	＜25
σ_c/ MPa	＞200	100～200	50～100	25～50	＜25
K_v/%	＞90	75～90	45～75	20～45	＜20
K_w/%	＜40	40～55	55～68	68～80	＞80
K_L/%	＜3	3～10	10～15	15～25	＞25
H/m	＜15	15～50	50～100	100～500	＞500
β/（°）	＜10	10～20	20～30	30～45	＞45

在上面的研究中，已经证明按照宽域与窄域相结合构造方法确定的隶属函数形式，对于最后的分类结果而言，各类隶属函数的作用是等效的，即遵照上述规则，对于常用的岭形、正态形、梯形、三角形可以任选一种作为隶属函数。在本

分类方案中，兼顾简单和计算方便，选用比较常用的正态分布函数作为隶属函数，即前述文中的 $u(x)=\exp[-(x-x_0)/c]^2$，式中待定系数 x_0、c，按前述报告中研究的方法确定，即 x_0 为级别区间中点，c 按照式（2.2）计算，得到各级别区间段的待定系数 x_0，c 见表 3.6。

表 3.6　隶属函数在各级别区间的常系数

分类	RQD/%		σ_c/MPa		K_v/%		K_w/%	
	x_0	c	x_0	c	x_0	c	x_0	c
Ⅰ	95.0	6.024	300.0	120.112	95.0	6.024	90.0	12.048
Ⅱ	82.5	9.036	150.0	60.24	82.5	9.036	74.0	7.239
Ⅲ	62.5	15.06	75.0	30.12	60.0	18.072	61.5	7.831
Ⅳ	37.5	15.06	37.5	15.06	32.5	15.06	47.5	9.036
Ⅴ	12.5	15.06	12.5	15.06	10.0	12.048	20.0	24.096

分类	K_L/%		H /m		β/(°)	
	x_0	c	x_0	c	x_0	c
Ⅰ	1.5	1.807	7.5	9.036	5.0	6.0241
Ⅱ	6.5	4.217	32.5	21.084	15.0	6.0241
Ⅲ	12.5	3.012	75.0	30.120	25.0	6.0241
Ⅳ	20.0	6.024	300	240.964	37.5	9.0361
Ⅴ	37.5	15.014	750	300.381	67.5	27.025

确定了函数中的常数项后，即可确定各级别区间中的隶属函数的具体形式。岩溶在级别区间Ⅰ、Ⅱ、Ⅲ、Ⅳ及Ⅴ的隶属函数 $u_{(\text{Ⅰ})}$、$u_{(\text{Ⅱ})}$、$u_{(\text{Ⅲ})}$、$u_{(\text{Ⅳ})}$、$u_{(\text{Ⅴ})}$ 分别如下：

$$u_{(\text{Ⅰ})}=\begin{cases}1 & 0<x\leqslant 1.5\\ \mathrm{e}^{-\left(\frac{x-1.5}{1.807}\right)^2} & 1.5<x\leqslant 3\\ 1-\mathrm{e}^{-\left(\frac{x-6.5}{4.217}\right)^2} & 3<x\leqslant 6.5\\ 0 & x>6.5\end{cases} \tag{3.3}$$

$$u_{(\text{Ⅱ})}=\begin{cases}0 & x\leqslant 1.5,x>12.5\\ 1-\mathrm{e}^{-\left(\frac{x-1.5}{1.807}\right)^2} & 1.5<x\leqslant 3\\ \mathrm{e}^{-\left(\frac{x-6.5}{4.217}\right)^2} & 3<x\leqslant 10\\ 1-\mathrm{e}^{-\left(\frac{x-12.5}{3.012}\right)} & 10<x\leqslant 12.5\end{cases} \tag{3.4}$$

$$u_{(\text{Ⅲ})}=\begin{cases}0 & x\leqslant 6.5,x>20\\ 1-\mathrm{e}^{-\left(\frac{x-6.5}{4.217}\right)^2} & 6.5<x\leqslant 10\\ \mathrm{e}^{-\left(\frac{x-12.5}{3.012}\right)^2} & 10<x\leqslant 15\\ 1-\mathrm{e}^{-\left(\frac{x-20}{6.024}\right)} & 15<x\leqslant 20\end{cases} \tag{3.5}$$

$$u_{(\mathrm{IV})}=\begin{cases}0 & x\leqslant 12.5, x>37.5\\ 1-\mathrm{e}^{-\left(\frac{x-12.5}{3.012}\right)^2} & 12.5<x\leqslant 15\\ \mathrm{e}^{-\left(\frac{x-20}{6.024}\right)^2} & 15<x\leqslant 25\\ 1-\mathrm{e}^{-\left(\frac{x-37.5}{15.014}\right)} & 25<x\leqslant 37.5\end{cases}\tag{3.6}$$

$$u_{(\mathrm{V})}=\begin{cases}1 & x>37.5\\ \mathrm{e}^{-\left(\frac{x-37.5}{15.014}\right)} & 25<x\leqslant 37.5\\ 1-\mathrm{e}^{-\left(\frac{x-20}{6.024}\right)^2} & 20<x\leqslant 25\\ 0 & x\leqslant 20\end{cases}\tag{3.7}$$

山地类型在第一级别区间的隶属函数 $u_{(\mathrm{I})}$、在第二级别区间的隶属函数 $u_{(\mathrm{II})}$、在第三级别区间的隶属函数 $u_{(\mathrm{III})}$、在第四级别区间的隶属函数 $u_{(\mathrm{IV})}$、在第五级别区间的隶属函数 $u_{(\mathrm{V})}$ 分别如下：

$$u_{(\mathrm{I})}=\begin{cases}1 & x<7.5\\ \mathrm{e}^{-\left(\frac{x-7.5}{9.036}\right)^2} & 7.5\leqslant x<15\\ 1-\mathrm{e}^{\left(\frac{x-32.5}{21.084}\right)^2} & 15\leqslant x<32.5\\ 0 & x\geqslant 32.5\end{cases}\tag{3.8}$$

$$u_{(\mathrm{II})}=\begin{cases}1-\mathrm{e}^{-\left(\frac{x-7.5}{9.036}\right)^2} & 7.5<x\leqslant 15\\ \mathrm{e}^{-\left(\frac{x-32.5}{21.084}\right)^2} & 15<x\leqslant 50\\ 1-\mathrm{e}^{-\left(\frac{x-75}{30.120}\right)^2} & 50<x\leqslant 75\\ 0 & x\leqslant 7.5, x>75\end{cases}\tag{3.9}$$

$$u_{(\mathrm{III})}=\begin{cases}1-\mathrm{e}^{-\left(\frac{x-32.5}{21.084}\right)^2} & 32.5<x\leqslant 50\\ \mathrm{e}^{-\left(\frac{x-75}{30.120}\right)^2} & 50<x\leqslant 100\\ 1-\mathrm{e}^{-\left(\frac{x-300}{240.964}\right)^2} & 100<x\leqslant 300\\ 0 & x\leqslant 32.5, x>300\end{cases}\tag{3.10}$$

$$u_{(\mathrm{IV})}=\begin{cases}1-\mathrm{e}^{-\left(\frac{x-75}{30.120}\right)^2} & 75<x\leqslant 100\\ \mathrm{e}^{-\left(\frac{x-300}{240.964}\right)^2} & 100<x\leqslant 500\\ 1-\mathrm{e}^{-\left(\frac{x-750}{300.381}\right)^2} & 500<x\leqslant 750\\ 0 & x\leqslant 75, x>750\end{cases}\tag{3.11}$$

$$u_{(\mathrm{V})}=\begin{cases}0 & x\leqslant 300\\ 1-\mathrm{e}^{-\left(\frac{x-300}{240.964}\right)^2} & 300<x\leqslant 500\\ \mathrm{e}^{-\left(\frac{x-750}{300.381}\right)^2} & 500<x\leqslant 750\\ 1 & x>750\end{cases}\tag{3.12}$$

坡地的平缓陡急在第一级别区间的隶属函数 $u_{(\mathrm{I})}$、在第二级别区间的隶属函

数 $u_{(\text{Ⅱ})}$、在第三级别区间的隶属函数 $u_{(\text{Ⅲ})}$、在第四级别区间的隶属函数 $u_{(\text{Ⅳ})}$、在第五级别区间的隶属函数 $u_{(\text{Ⅴ})}$ 分别如下：

$$u_{(\text{Ⅰ})}=\begin{cases}1 & x<5\\ e^{-\left(\frac{x-5.0}{6.0241}\right)^2} & 5\leqslant x<10\\ 1-e^{\left(\frac{x-15.0}{6.0241}\right)^2} & 10\leqslant x<15\\ 0 & x\geqslant 15\end{cases} \tag{3.13}$$

$$u_{(\text{Ⅱ})}=\begin{cases}1-e^{-\left(\frac{x-5.0}{6.0241}\right)^2} & 5\leqslant x<10\\ e^{-\left(\frac{x-15.0}{6.0241}\right)^2} & 10\leqslant x<20\\ 1-e^{\left(\frac{x-25.0}{6.0241}\right)^2} & 20\leqslant x<25\\ 0 & x<5,x\geqslant 25\end{cases} \tag{3.14}$$

$$u_{(\text{Ⅲ})}=\begin{cases}1-e^{-\left(\frac{x-15.0}{6.0241}\right)^2} & 15\leqslant x<20\\ e^{-\left(\frac{x-25.0}{6.0241}\right)^2} & 20\leqslant x<30\\ 1-e^{\left(\frac{x-37.5}{9.0361}\right)^2} & 30\leqslant x<37.5\\ 0 & x<15,x\geqslant 37.5\end{cases} \tag{3.15}$$

$$u_{(\text{Ⅳ})}=\begin{cases}1-e^{-\left(\frac{x-25.0}{6.0241}\right)^2} & 25\leqslant x<30\\ e^{-\left(\frac{x-37.5}{9.0361}\right)^2} & 30\leqslant x<45\\ 1-e^{\left(\frac{x-67.5}{27.025}\right)^2} & 45\leqslant x<67.5\\ 0 & x<25,x\geqslant 67.5\end{cases} \tag{3.16}$$

$$u_{(\text{Ⅴ})}=\begin{cases}0 & x\leqslant 37.5\\ 1-e^{-\left(\frac{x-37.5}{9.0361}\right)^2} & 37.5\leqslant x<45\\ e^{\left(\frac{x-67.5}{27.025}\right)^2} & 45\leqslant x<67.5\\ 1 & x\geqslant 67.5\end{cases} \tag{3.17}$$

相应岩芯质量指标 RQD 隶属函数 $u_{(\text{Ⅰ})}$、$u_{(\text{Ⅱ})}$、$u_{(\text{Ⅲ})}$、$u_{(\text{Ⅳ})}$、$u_{(\text{Ⅴ})}$ 分别如下：

$$u_{(\text{Ⅰ})}=\begin{cases}1 & x\geqslant 95\\ e^{-\left(\frac{x-95.0}{6.0241}\right)^2} & 90\leqslant x<95\\ 1-e^{\left(\frac{x-82.5}{9.041}\right)^2} & 82.5\leqslant x<90\\ 0 & x\leqslant 82.5\end{cases} \tag{3.18}$$

$$u_{(\text{Ⅱ})}=\begin{cases}1-e^{-\left(\frac{x-95.0}{6.0241}\right)^2} & 90\leqslant x<95\\ e^{-\left(\frac{x-82.5}{9.041}\right)^2} & 75\leqslant x<90\\ 1-e^{\left(\frac{x-62.5}{15.06}\right)^2} & 62.5\leqslant x<75\\ 0 & x<62.5\end{cases} \tag{3.19}$$

$$u_{(\mathrm{III})}=\begin{cases}1-\mathrm{e}^{-\left(\frac{x-82.5}{9.041}\right)^2} & 75\leqslant x<82.5\\ \mathrm{e}^{-\left(\frac{x-62.5}{15.06}\right)^2} & 50\leqslant x<75\\ 1-\mathrm{e}^{\left(\frac{x-37.5}{15.06}\right)^2} & 37.5\leqslant x<50\\ 0 & x<37.5\end{cases}\tag{3.20}$$

$$u_{(\mathrm{IV})}=\begin{cases}1-\mathrm{e}^{-\left(\frac{x-62.5}{15.06}\right)^2} & 50\leqslant x<62.5\\ \mathrm{e}^{-\left(\frac{x-37.5}{15.06}\right)^2} & 25\leqslant x<50\\ 1-\mathrm{e}^{\left(\frac{x-12.5}{15.06}\right)^2} & 12.5\leqslant x<25\\ 0 & x<12.5\end{cases}\tag{3.21}$$

$$u_{(\mathrm{V})}=\begin{cases}1 & x<12.5\\ \mathrm{e}^{-\left(\frac{x-12.5}{15.06}\right)^2} & 12.5\leqslant x<25\\ 1-\mathrm{e}^{-\left(\frac{x-37.5}{15.06}\right)^2} & 25\leqslant x<37.5\\ 0 & x\geqslant 37.5\end{cases}\tag{3.22}$$

完整性系数 K_{v} 的隶属函数 $u_{(\mathrm{I})}$、$u_{(\mathrm{II})}$、$u_{(\mathrm{III})}$、$u_{(\mathrm{IV})}$、$u_{(\mathrm{V})}$ 分别如下：

$$u_{(\mathrm{I})}=\begin{cases}1 & x\geqslant 95\\ \mathrm{e}^{-\left(\frac{x-95.0}{6.0241}\right)^2} & 90\leqslant x<95\\ 1-\mathrm{e}^{\left(\frac{x-82.5}{9.036}\right)^2} & 82.5\leqslant x<90\\ 0 & x<82.5\end{cases}\tag{3.23}$$

$$u_{(\mathrm{II})}=\begin{cases}0 & x<60,x>95\\ 1-\mathrm{e}^{-\left(\frac{x-95.0}{6.0241}\right)^2} & 90\leqslant x<95\\ \mathrm{e}^{\left(\frac{x-82.5}{9.036}\right)^2} & 75\leqslant x<90\\ 1-\mathrm{e}^{-\left(\frac{x-60}{18.072}\right)^2} & 60\leqslant x<75\end{cases}\tag{3.24}$$

$$u_{(\mathrm{III})}=\begin{cases}0 & x<32.5\quad x>82.5\\ 1-\mathrm{e}^{-\left(\frac{x-82.5}{9.036}\right)^2} & 75\leqslant x\leqslant 82.5\\ \mathrm{e}^{\left(\frac{x-60}{18.072}\right)^2} & 45\leqslant x<75\\ 1-\mathrm{e}^{-\left(\frac{x-32.5}{15.06}\right)^2} & 32.5\leqslant x<45\end{cases}\tag{3.25}$$

$$u_{(\mathrm{IV})}=\begin{cases}0 & x<10\quad x\geqslant 60\\ 1-\mathrm{e}^{-\left(\frac{x-60}{18.072}\right)^2} & 45\leqslant x<60\\ \mathrm{e}^{\left(\frac{x-32.5}{15.06}\right)^2} & 20\leqslant x<45\\ 1-\mathrm{e}^{-\left(\frac{x-10}{12.048}\right)^2} & 10\leqslant x<20\end{cases}\tag{3.26}$$

$$u_{(\mathrm{V})}=\begin{cases}0 & x\geqslant 32.5\\ 1-\mathrm{e}^{-\left(\frac{x-32.5}{15.06}\right)^2} & 20\leqslant x<32.5\\ \mathrm{e}^{\left(\frac{x-10}{12.048}\right)^2} & 10\leqslant x<20\\ 1 & x<10\end{cases}\tag{3.27}$$

岩石软化特性 K_{w} 的隶属函数 $u_{(\mathrm{I})}$、$u_{(\mathrm{II})}$、$u_{(\mathrm{III})}$、$u_{(\mathrm{IV})}$、$u_{(\mathrm{V})}$ 分别如下：

$$u_{(\mathrm{I})}=\begin{cases}0 & x\geqslant 47.5\\ 1-\mathrm{e}^{-\left(\frac{x-47.5}{9.036}\right)^2} & 40\leqslant x<47.5\\ \mathrm{e}^{\left(\frac{x-20}{24.096}\right)^2} & 20\leqslant x<40\\ 1 & x<20\end{cases}\tag{3.28}$$

$$u_{(\mathrm{II})}=\begin{cases}0 & x<20,x\geqslant 61.5\\ 1-\mathrm{e}^{-\left(\frac{x-20}{24.096}\right)^2} & 20\leqslant x<40\\ \mathrm{e}^{\left(\frac{x-47.5}{9.036}\right)^2} & 40\leqslant x<55\\ 1-\mathrm{e}^{-\left(\frac{x-61.5}{7.831}\right)} & 55\leqslant x<61.5\end{cases}\tag{3.29}$$

$$u_{(\mathrm{III})}=\begin{cases}0 & x<47.5,x\geqslant 74\\ 1-\mathrm{e}^{\left(\frac{x-47.5}{9.036}\right)^2} & 47.5\leqslant x<55\\ \mathrm{e}^{\left(\frac{x-61.5}{7.831}\right)^2} & 55\leqslant x<68\\ 1-\mathrm{e}^{-\left(\frac{x-74}{7.239}\right)} & 68\leqslant x<74\end{cases}\tag{3.30}$$

$$u_{(\mathrm{IV})}=\begin{cases}0 & x<61.5,x\geqslant 90\\ 1-\mathrm{e}^{\left(\frac{x-47.5}{9.036}\right)^2} & 61.5\leqslant x<68\\ \mathrm{e}^{\left(\frac{x-74}{7.239}\right)^2} & 68\leqslant x<80\\ 1-\mathrm{e}^{-\left(\frac{x-90}{12.048}\right)} & 80\leqslant x<90\end{cases}\tag{3.31}$$

$$u_{(\mathrm{V})}=\begin{cases}0 & x<74\\ 1-\mathrm{e}^{\left(\frac{x-74}{7.239}\right)^2} & 74\leqslant x<80\\ \mathrm{e}^{\left(\frac{x-90}{12.049}\right)^2} & 80\leqslant x<90\\ 1 & x\geqslant 90\end{cases}\tag{3.32}$$

3.5　山区公路建设场地模糊分级系统

根据模糊评判方法，结合山区公路建设的特点和前面已经得到的相关结论，将山区公路工程建设场地类型按可建设性分为 5 个等级，优良、较好、一般、差和很差[101]。为了在模糊集中书写方便，分别表示为 $v_1=\mathrm{I}$、$v_2=\mathrm{II}$、$v_3=\mathrm{III}$，$v_4=\mathrm{IV}$ 和 $v_5=\mathrm{V}$。模糊分区系统的评语为 $V=\{v_1,v_2,\cdots,v_n\}=\{\mathrm{I},\mathrm{II},\mathrm{III},$

Ⅳ，Ⅴ}＝{优良，较好，一般，差和很差}。山区公路工程地质稳定性分类根据地质体类型的不同，需要考虑的影响因素也不同。地质体类型可分为两类，一类是基岩埋藏的深度较浅，表土覆盖层薄，基岩裸露或半裸露的地区，工程活动的主要对象是处于风化性的岩体。例如邵怀高速公路的隆回境内段（K0＋000～K35＋750），沿线基岩除 K0＋000～K4＋800 段埋藏较深外，其余段埋藏较浅，山坡及坡脚处常见基岩裸露。该路段的上滩江大桥、伏龙江大桥、主线隆回资江大桥等地岩溶最发育。如主线隆回资江大桥处，一般发育 3～5 个层次的溶洞，洞高一般为 0.4～9.5m，数个紧邻的溶洞揭示总高度达 24.4m，8 号墩右侧桩位处溶洞发育深度达 39.7～45.1m。为了方便区分，暂且把这一类地质条件称为甲类。另一类是基岩埋藏的深度较大，表层覆盖物比较厚，即表层具有较大厚度是矿物或岩石碎屑构成的松散集合体——土。工程活动在土体中进行，把这类工程的地质条件暂且称为乙类。

对于甲类工程地质条件的稳定性，影响因素为单轴抗压强度 σ_c、岩芯质量指标 RQD、岩体完整性系数 K_v，岩石软化系数 K_w 和岩溶发育率 K_L、山地类型 H、坡地陡缓程度 β 和弱面填充情况 F。影响因素集表达为 $\sigma_c=u_1$，RQD$=u_2$，$K_v=u_3$，$K_w=u_4$，$K_L=u_5$，$H=u_6$，$\beta=u_7$，$F=u_8$。则影响因素集为 $U=\{u_1, u_2, u_3, u_4, u_5, u_6, u_7, u_8\}$。

根据上述模糊分类原则，考虑单因素 $u_i(i=1,2,\cdots,8)$ 对模糊分区系统评语等级 $v_j(j=1,2,\cdots,5)$ 的隶属度 r_{ij}，r_{ij} 可以根据式（2.17）～式（2.21）及式（3.3）～式（3.32）中相应的式子进行计算。这样第 i 个因素 u_i 的隶属评判集 r_i 为

$$r_i=(r_{i1},r_{i2},\cdots,r_{i5}) \tag{3.33}$$

它是模糊分区系统 V 上的模糊子集。有 8 个考虑因素的评判就构成了总的评判矩阵 R。R 是考虑因素论域 U 到决策论域 V 的一个模糊关系。可表示为 $R=(r_{ij})_{8\times5}$，在所考虑的因素 $u_i(i=1,2,\cdots,8)$ 之间，各因素在决策中所起的作用不同，于是定义一个权重 $\tilde{w}'$，$\tilde{w}'$ 称为 U 的因素重要度模糊子集，可表示为

$$\tilde{w}'=(w'_1,w'_2,\cdots,w'_8) \tag{3.34}$$

当模糊子集 $\tilde{w}'$ 和模糊矩阵 R 为已知时，即可作模糊变换进行综合评判：

$$\tilde{B}=\tilde{w}'\circ R=(b_1,b_2,\cdots,b_5) \tag{3.35}$$

$\tilde{B}=(b_1,b_2,\cdots,b_5)$ 成为决策评语集上 V 的等级模糊子集。得到了模糊子集 $\tilde{B}$ 后，则可根据最大隶属原则确定岩体的质量类别。

从对甲类工程地质条件建立的模糊分类系统可以看出，在影响地质稳定性类型的因素中，关于岩体的单轴抗压强度 σ_c、岩芯质量指标 RQD、岩体完整性系数 K_v，岩石软化系数 K_w 和弱面填充情况 F 这 5 个因素表征的是本身的质量指标，是岩体的内在因素。而岩溶发育率 K_L、山地类型 H、坡地陡缓程度 β 表征

的山区场地的地理自然环境对工程的开挖和建设的稳定性影响。

对于乙类地质条件，表土层覆盖较厚，土体的力学稳定性质量因素，可以通过土体的静力触探原位测试指标 p_s、压缩模量 E_s、相对密实度（无黏性土）指标（可用标贯击数 $N_{63.5}$ 确定）或土的缩限 w_s（黏性土）等指标表示，其类别区间见表 3.7。而场地的自然地理环境则是一致的。根据同样的原则、方法和过程可以得到隶属函数，建立起模糊分类系统。

表 3.7 土体分区因素及其级别划分表

指标	类型				
	Ⅰ	Ⅱ	Ⅲ	Ⅳ	Ⅴ
p_s /MPa	>24	14～24	6.5～14	2～6.5	<2
$N_{63.5}$	>50	35～50	18～35	18～10	<10
E_s /MPa	>25	15～25	10～15	4～10	<4
K_L/%	<3	3～10	10～15	15～25	>25
H/m	<15	15～50	50～100	100～500	>500
β/(°)	<10	10～20	20～30	30～45	>45

3.6 不同可建性类别场地的力学参数

岩体或土体的力学参数是其本身物理力学性质的内在反映，主要决定于其本身的质量指标。因此对于甲类情况，首先按照上述方法，采用岩体本身的质量指标进行分类，根据分类结果，参照《工程岩体分级标准》(GB50021—94）或按 CSIR 标准确定岩体的力学参数，见表 3.8。

表 3.8 甲类地质体级别与 CSIR 原则相应的力学参数

级别	Ⅰ	Ⅱ	Ⅲ	Ⅳ	Ⅴ
黏聚力/ kPa	>400	300～400	200～300	100～200	<100
内摩擦角/(°)	>45	35～45	25～35	15～25	<15

对于乙类地质体，其力学参数的大致范围确定比甲类简单，通常可以通过一些比较容易实现的原位测试，例如标准贯入试验得到击数，通过击数与力学参数的经验关系得出相应参数。作者在大量实测结果分析和综合已有研究成果的基础上，总结了不同级别的土体其力学参数范围，制作了表 3.9。首先按照本身的质量指标，进行土体质量稳定性分级，然后参照表 3.9 确定相应土体的力学参数的基本范围[102]。

表 3.9　乙类地质体级别及相应的经验力学参数范围

级别	Ⅰ	Ⅱ	Ⅲ	Ⅳ	Ⅴ	备注
黏聚力/100kPa	>3.13	2.19～3.13	1.13～2.19	0.63～1.13	<0.63	常用于黏性土
内摩擦角/(°)	>41	36～41	30～36	28.5～30	<28.5	常用于砂土

3.7　邵怀高速公路溆浦连接线建设场地分类

3.7.1　溆浦连接线概况

邵怀高速公路溆浦连接线是湘西地区大开发的重点工程，南起洪江市的塘湾，北抵溆浦县城省道S308线，公路全长80.9km，是湖南省最长的高速公路连接线。全线按二级公路标准建设，计算行车速度40km/h，路基宽8.5m；局部路段采用计算行车速度80km/h，路基宽12m。该公路地处我国西南山区，地区地势险峻，到处是崇山峻岭，需要建筑深切路基和填方路基多处，半挖半填路基地段多。项目总投资估算约4.5亿元人民币，该项目现已被列为交通部全国山区公路建设示范路，全线将按二级公路新技术标准建设。

3.7.2　研究区域的工程地质及自然地理条件

1. *地形及地层结构*

本线路第一勘察合同段起于溆浦县城西北溆水北岸的水田垄，往南跨溆水经梁家坡、茅坪坳、莲塘坪、牛儿渡、统溪河、丫吉坳，过小横垄，终于小横垄乡治湾村，全线长约44.237km。建设场地位于湖南省西部，怀化市东北部，沅水中游，雪峰山北麓。沿线主要为丘陵地貌和河流阶地，总体地势呈北低南高，最高海拔500余米，一般标高150～400m，相对高差120～250m；山体走向受构造控制，多为北东向，植被较发育。全线地形地貌单元可划分为三个地貌单元：

(1) 溆水河阶地侵蚀堆积地貌：路线测设里程为K0+000～K6+100段，为溆水河床及一级阶地，地势平缓，相对高差小，高程为148～168m，多为农田。

(2) 二都河高级阶地侵蚀堆积～剥蚀微丘地貌：路线测设里程为K6+100～K15+760，为溆水河支流二都河的二、三级阶地，地势起伏稍大，场地相对高差较大，高程约168～220m，多为浑圆状山包，广布农田。

(3) 剥蚀残丘地貌：路线测设里程为K15+760～第一设计合同段终点，路线展布于山谷、河岸和丘岗之上，大部分依山傍河而行，地势高差大，山体较陡峻，相对高差最大超过200m，地面高程一般在190～390m之间，基岩裸露，地形切割较深，路线沿河谷相对低缓地带展布，植被较发育，地形和地层岩性对路线工程影响大。

根据工程地质调查、测绘，结合工点勘探资料，已查明沿线的主要地质层，本路线走廊按新到老顺序分述如下：

(1) 第四系全新统松散洪、冲积层（Q_4^{al+pl}）：主要为沿河、沿沟卵石土及漂石等，分布于溆水、二都河的河床一级阶地上，一般厚度达6～12m。表层分布种植土、填土等人工堆积层，局部分布薄层淤泥。

(2) 第四系全新统松散坡、残积层（Q_4^{dl+el}）：为低矮山裙表层松散堆积的碎石土层，该层主要分布于K20＋380～终点段的相对低矮的山体裙部，其成因为黄茅园—溆浦断裂形成后，山体上岩石破碎，在重力场和长期的风化、剥蚀作用下，岩石产生崩塌、剥落，堆积于相对低矮、相对较平缓的山体裙部，形成了一层碎石土夹滚石覆盖层，厚度不等，一般为1～10m厚，结构松散，黏结力差，裸露时在雨水作用下易产生滑坡、崩塌、溜坍等不良地质现象，暴雨时甚至引发泥石流。路线布线时对该地质层应减少扰动为宜，尽量避绕，尤其是不宜深挖方，以免诱发大型滑坡。

(3) 第四系更新统洪冲积层（Q_3^{al+pl}）：为黄色、褐黄色亚黏土、亚砂土、泥砾土、圆砾和卵石土层，主要分布于K6＋800～K15＋760段的二都河高级阶地上，主要地质层为亚黏土和卵石土，其中卵石土普遍分布，卵石粒径为2～200mm不等，黏性土胶结、密实，工程性质好，厚度一般3～8m，最大超过15m。

(4) 白垩系地层（K）：褐红色、紫红色泥质砂岩、泥质角砾岩、泥质砾岩等，泥砂质结构，中厚层状构造，该层构成K0～K15＋760段的基底，直接出露段有K0＋000～K2＋000和K8＋500～K11＋500段，其余地段被第四系地层所覆盖，产状330∠18°左右，按风化程度可划分为全风化层、强风化层和弱风化层，受黄茅园—溆浦大断裂挤压影响，岩石破碎，风化严重，溆水大桥钻探表明强风化泥质砂岩、泥质砾岩厚度大于30m。

(5) 寒武系地层（∈）：黑色、黑灰色中薄层状炭泥质板岩、炭泥质灰岩，受断裂影响，褶曲发育，岩石破碎。该层未分布于路线走廊范围内，分布在路线测设里程K26＋000～K30＋000段东侧300m以外。

(6) 震旦系地层（Z）：灰褐、深灰色中厚层状泥质、砂质含砾板岩，局部见石英质砂岩、石英岩，该层主要分布于路线测设里程K15＋760～第一设计合同段终点段，其中K22＋300～第一设计合同段终点段为断裂破碎带区或其强烈影响区内，岩石受挤压、扭曲严重，岩石呈叶片状，糜棱岩化、碎裂化、断层泥化程度高，工程力学性质大幅下降，而K15＋760～K22＋300段受断裂构造影响较小，岩石稍完整，板理和劈理发育，片理化严重，外观整体性较好，但外力作用下易碎裂，风化厚度大，钻探表明其强风化层厚度大于20m。其产状受地层构造控制，走向多呈东西向，倾向多呈南北向，倾角为在35°～85°之间。

2. 地质构造与地震

本路线方案基本沿区内最大的断裂：黄茅园—溆浦大断裂方向展布，路线分布于断裂破碎带及其强烈影响区内。黄茅园—溆浦大断裂规模巨大，为北北东向构造，形成于白垩纪之后。其两盘相对错动方向为顺时针扭动，属压性扭性断层，呈北 20°东走向，倾向北西，倾角 80°～85°，由溆浦县城南的茅坪坳南延，经统溪河、小横垄至黄茅园，北端震旦系江口组地层斜冲于白垩系之上，江口组板岩被挤压呈叶片状，碎裂化和糜棱化严重。统溪河、小横垄一带震旦系与寒武系地层断层接触，直立挤压带及破碎带宽达 200～400m，两侧牵引小褶曲发育，沿断层可见断层泥及靡棱岩断续出露，岩石碎裂化程度高，并有镜面、擦痕等现象存在。该断裂为压性兼扭性断层，无近期活动痕迹，属非活动性断层，对路线所经区域的场地稳定性影响较小。但断裂带及其两侧岩石受挤压扭曲破碎严重，呈叶片状、糜棱岩状，局部为断层泥，致使岩石强度大幅度降低，承载能力相对减小；作为路基、路堤，能满足公路建设要求；作为路堑边坡，其稳定性相对较差，易产生滑坡、滑塌等病害；作为大型构造物，基础相对较差，一般宜采用摩擦型桩基础，提高了公路建设的造价。

由于路线所经区域为雪峰山山脉群，山岭重丘地区，山体陡峻，地质构造发育，选线困难，若刻意避开地质构造带将带来建设成本高和施工条件很差的局面，而黄茅园—溆浦大断裂形成了一条宽 200～400m 的断裂错动带，该错动带内地势相对高差较小，为一地势较平缓的走廊，为公路建设提供了一个相对较平整的建筑场地。该断层为非活动性断层，场地稳定，适合于公路的建设。

根据 2001 年 8 月 1 日实施的《中国地震动参数区划图》（1∶400 万），溆浦县地震动峰值加速度为 0.05g，设计地震特征周期为 0.35s（相当于地震基本烈度Ⅵ度区）。据《公路工程抗震设计规范》(JTJ004—89）规定，大型构造物可考虑简易防震设施，其他可不设防。

3. 水文地质

沿线水系发育，较大的常年性地表水系为溆水及其支流，主要有溆水、二都河等河流。路线所经地域为沅水、资水水系，各河流域降雨充沛，雨季多集中于 4～7 月，此期间为汛期，河水受降水影响明显，水位陡涨陡落，一般 10 月至翌年 3 月为枯水期，为桥梁基础工程的良好施工期。

路线方案 K15＋760～第一设计合同段终点段大部分展布于二都河两岸山体的裙部，雨水季节，尤其暴雨时，山水顺山而下，将对边坡产生强烈冲刷，且山体裙部上覆较松散的碎石土夹滚石，易造成边坡失稳，产生滑坡、崩塌等不良地质现象和公路病害。

沿线地下水主要为第四系土层中的孔隙潜水和基岩中的裂隙潜水，其中K0～K15＋700段以孔隙潜水为主，主要为赋存于园砾土、卵石土层中的孔隙潜水，水量大，埋深一般为地面下3m左右。而K15＋700～终点段以板岩层中的裂隙潜水和断层破碎带潜水为主，水量较小。地表水和地下水均采取水样进行了分析，对钢筋混凝土的无侵蚀性。

4. 气候

工作区属亚热带季风湿润气候区，四季分明，气候温和，热量丰富，降水适中，雨热基本同季，立体气候明显，小气候多样。但气候地域差异显著，时空变化大，季节分配不匀，灾害天气比较频繁。

年平均气温16.9℃左右，1月最冷，平均气温4.35℃，最低气温达到－12.6℃，7月最热，平均气温28.25℃，最高气温达到40.5℃，无霜期255～323天。

年平均降水量1539mm，春、夏两季为雨季，降水量约占全年的70%，其中的春季降水量多，秋、冬两季水量最少；年蒸发量675mm，历年平均相对湿度81%，全年主导风向为偏北风。

5. 施工条件

对本线路施工有影响的主要是雨季，雨水期多集中在2～8月，占全年的70%，主要灾害及灾害性天气是春末夏初的洪涝、山洪及山洪引发的滑坡、泥石流等，路基土石方及构造物基础要做好施工计划安排，尽量避开雨季施工。

本路线方案充分利用了既有S224公路改建，施工时应做好交通组织工作，以免影响施工和引发交通事故。

沿线岩石受黄茅园—溆浦大断裂影响，岩石破碎，强度低，不能作为筑路用材。经调查，能作为石料供应的采石场有溆浦县城西的S308国道两侧的采石场和舒榕溪乡陡坡村采石场，石质均为石炭系灰岩，材质好。其中最大的采石场为溆浦县第二水泥厂采石场，现水泥厂已停产，石场矿场开阔，开采面大，开采条件好，储量大，能生产块石和碎石，可满足公路建设需要；第二水泥厂采石场距拟建公路起点2km，交通运输条件好。舒榕溪陡坡村采石场距起点和K5＋550约8km，交通方便。

沿线砂石场多分布在统溪河以北的溆水和二都河上，县城附近溆水上有多家采砂场；桐木溪有天然露天砂场：K15＋800～K20＋200段公路东侧的二都河边有四家砂石场。砂以中、粗砂为主，含泥量少，质量较好，可满足公路建设的需要。

二都河所产砾石成分主要为浅变质板岩、变质砂岩和凝灰岩，形状多为扁平状，质量较差，不宜用于公路建设；而溆水所产砾石多为石英和石英砂岩，材质较好，形状多为亚圆形，可用于公路建设。

沿线广泛分布有亚黏土、亚砂土、砂土、泥砾土、圆砾土、卵石土及碎石土，这些土料均可作为路基填料，而上路床填料则主要分布于 K5＋550～K15＋760 段，为亚黏土和含砾亚黏土。经 CBR 试验，结果表明均可作为路基填筑料。

路基填料以纵向调配为主，不足时集中设立借土场；主要借土区段为 K0＋000～K6＋100 段、K39＋100～K4.0＋800 段，通过调查，拟分别在 K6＋100 西侧 800m 处小山包和 K39＋100 处西侧山包设取土场，土料较集中，储量较好，土质好，可满足路基填料要求。

6. 不良条件区域

本路线展布于黄茅园—溆浦断裂带中，工程地质条件较差，滑坡、崩塌、泥石流等不良地质现象和地质灾害发育，严重影响到公路的建设和运营安全。

1）滑坡

路线 K24＋500～终点段展线于黄茅园—溆浦大断裂上，断裂形成后山体经过长期的风化、剥蚀和重力场作用，破碎的岩石崩塌、剥蚀，堆积于相对平缓的裙部，因此，沿线的山裙部均分布有厚度 1～10m 不等的碎石土夹滚石层，而该土层结构松散，黏结力差，当其裸露且有较高的临空面，或形成较陡的坡体时，在雨水的冲刷下很容易产生滑坡。

经调查，K24＋500～终点段走廊内已发生的滑坡多达几十处，而既有 S224 公路边坡产生滑坡者多达十多处，多为小型滑坡及边坡滑塌。

2）泥石流

调查发现 K44＋000 附近右侧较高处山坡发生了滑坡，滑坡体随山水而下形成了小型泥石流，经山沟冲向既有 S224 公路，S224 公路在该处设置了 1m×1m 盖板涵，满足不了排泄要求，泥石流堆积物堵积在涵洞入口，部分从公路上方排泄到下侧河流阶地上，毁坏了公路。而 K24＋100～终点路段山体上植被覆盖较好，滑坡多为小型，形成泥石流的可能性均较小，而只要排泄畅通，设置较大孔径涵洞，泥石流将不会对公路产生危害。

3）软土

沿线软土主要分布于冲沟、水塘及农田表层，无大面积的软土分布。主要分布地段有：K20＋910～K20＋970 段厚 1.8～2.6m、K21＋260～K21＋350 厚 0.8～1.1m、K21＋390～21＋450 段厚 2.4～3.0m、K29＋416～K29＋470 段厚 1.8～2.0m。

3.7.3 第一勘察设计合同段公路建筑条件分类

第一勘察、设计合同段内，包括 A1、A2、A3 三个施工标段。

1. 第一施工合同段分类结果

第一施工标段 A1 地处溆水河两岸，为溆水河阶地侵蚀堆积地貌，地势平缓，相对高差小，高程为 148～168m，多为农田。沿线地层从新至老主要有第四系全新统松散洪、冲积层（Q_4^{al+pl}）、白垩系地层（K)。在总体上为河流侵蚀堆积阶地，场地平整，高差小，无大规模软土分布，无滑坡、泥石流等不良地质现象影响，工程场地和地基稳定，工程地质条件和自然地理条件较好，属于Ⅰ类建设场地。

2. 第二施工合同段分类结果

第二施工合同标段的 K6＋500～K15＋760 段为二都河高级阶地侵蚀堆积～剥蚀微丘地貌，地处二都河二、三级阶地，地势起伏稍大，场地相对高差较大，高程约为 168～220m，多为浑圆状山包，广布农田和经济作物。而 K15＋760～K26＋700 段为剥蚀残丘地貌，地处山谷，河岸和丘岗之上，路线依山傍河，地势高差大，山体较陡峻，相对高差约 200m，地面高程一般在 190～390m 之间，地形切割较深，地表植被较发育。沿线主要地质层按新到老顺序有第四系全新统松散洪、冲积层（Q_4^{al+pl})、松散坡、残积层（Q_4^{al+el})，第四系全新统松散坡、残积层（Q_4^{al+el}）以及白垩系、震旦系地层。主要地质构造为黄茅园—溆浦压扭性断裂，其中 K6＋500～K20＋300 段位于其西北盘，且为第四系地层覆盖，受其影响小，而 K20＋300～K26＋700 段为该断裂带内，断层走向北 20°东，倾向西北，倾角 85°，压扭性断裂，两盘相对错动方向为顺时针扭动；岩石被挤压呈叶片状，碎裂化、糜棱化严重，岩石强度大幅度降低，承载能力相对较低。由于大部分是沿 S224 省道的改造，因此路段的大部分建设场地基本属于Ⅰ类场地，少部分属于Ⅱ类。

3. 第三施工合同段分类

第三施工合同段地处雪峰山北麓坡脚，属剥蚀残丘地貌，沿线为山谷、河岸和丘岗，地势高差大，山体陡峻，相对高差大于 200m，地面高程一般在 190～390m 之间，地形切割较深，路线沿河谷相对低缓地带展布，植被较发育，地形和地层岩性对路线工程影响大。对于第三合同段，以 K42＋500～K42＋700 为例说明分类进行的过程。

1）山地类型

相对高差按 200m，根据第 2 章建立的模糊分类系统，山地类型的模糊隶属

函数为

$$u_{(\mathrm{III})}=\begin{cases}1-\mathrm{e}^{-\left(\frac{x-32.5}{21.084}\right)^2} & 32.5<x\leqslant 50\\ \mathrm{e}^{-\left(\frac{x-75}{30.120}\right)^2} & 50<x\leqslant 100\\ 1-\mathrm{e}^{-\left(\frac{x-300}{240.964}\right)^2} & 100<x\leqslant 300\\ 0 & x\leqslant 32.5,x>300\end{cases}$$

$$u_{(\mathrm{IV})}=\begin{cases}1-\mathrm{e}^{-\left(\frac{x-75}{30.120}\right)^2} & 75<x\leqslant 100\\ \mathrm{e}^{-\left(\frac{x-300}{240.964}\right)^2} & 100<x\leqslant 500\\ 1-\mathrm{e}^{-\left(\frac{x-750}{300.381}\right)^2} & 500<x\leqslant 750\\ 0 & x\leqslant 75,x>750\end{cases}$$

则隶属度为：$u_{(\mathrm{I})}=0$，$u_{(\mathrm{II})}=0$，$u_{(\mathrm{III})}=0.15821$，$u_{(\mathrm{IV})}=0.84179$，$u_{(\mathrm{V})}=0$。

2）坡地类型

山势陡峭，根据现场的观察和量测，山地坡度在 35°以上，平均按 35°计算，其相应的隶属函数为

$$u_{(\mathrm{III})}=\begin{cases}1-\mathrm{e}^{-\left(\frac{x-15.0}{6.0241}\right)^2} & 15\leqslant x<20\\ \mathrm{e}^{-\left(\frac{x-25.0}{6.0241}\right)^2} & 20\leqslant x<30\\ 1-\mathrm{e}^{\left(\frac{x-37.5}{9.0361}\right)^2} & 30\leqslant x<37.5\\ 0 & x<15,x\geqslant 37.5\end{cases}$$

$$u_{(\mathrm{IV})}=\begin{cases}1-\mathrm{e}^{-\left(\frac{x-25.0}{6.0241}\right)^2} & 25\leqslant x<30\\ \mathrm{e}^{-\left(\frac{x-37.5}{9.0361}\right)^2} & 30\leqslant x<45\\ 1-\mathrm{e}^{\left(\frac{x-67.5}{27.025}\right)^2} & 45\leqslant x<67.5\\ 0 & x<25,x\geqslant 67.5\end{cases}$$

则隶属度为：$u_{(\mathrm{I})}=0$，$u_{(\mathrm{II})}=0$，$u_{(\mathrm{III})}=0.07369$，$u_{(\mathrm{IV})}=0.92631$，$u_{(\mathrm{V})}=0$。

3）岩溶

勘察中未见岩溶，所以自然地理分析中未考虑岩溶对建设场地类型的影响。

4）岩芯

根据 K42＋500～K42＋700 的钻探岩芯分析，其岩芯采取率在 60％左右，根据相关文献方法，可近似以岩芯的采取率代替 RQD（没有相应的资料记录，重新进行钻探不可能，也没有必要），则相应的隶属函数形式为

$$u_{(\mathrm{III})}=\begin{cases}1-\mathrm{e}^{-\left(\frac{x-82.5}{9.041}\right)^2} & 75\leqslant x<82.5\\ \mathrm{e}^{-\left(\frac{x-62.5}{15.06}\right)^2} & 50\leqslant x<75\\ 1-\mathrm{e}^{\left(\frac{x-37.5}{15.06}\right)^2} & 37.5\leqslant x<50\\ 0 & x<37.5\end{cases}$$

$$u_{(\mathrm{IV})}=\begin{cases}1-e^{-\left(\frac{x-62.5}{15.06}\right)^2} & 50<x\leqslant 62.5\\ e^{-\left(\frac{x-37.5}{15.06}\right)^2} & 25<x\leqslant 50\\ 1-e^{\left(\frac{x-12.5}{15.06}\right)^2} & 12.5\leqslant x<25\\ 0 & x<12.5\end{cases}$$

则隶属度为：$u_{(\mathrm{I})}=0$，$u_{(\mathrm{II})}=0$，$u_{(\mathrm{III})}=0.97282$，$u_{(\mathrm{IV})}=0.02718$，$u_{(\mathrm{V})}=0$。

5）岩体完整性

由于黄茅园—溆浦断裂形成后，山体上岩石破碎。其中 K26＋700～第一设计合同段终点段为断裂破碎带区或其强烈影响区内，岩石受挤压、扭曲严重，岩石呈叶片状，糜棱岩化、碎裂化、断层泥化程度高，工程力学性质大幅下降，外力作用下易碎裂，风化厚度大，钻探表明强风化层厚度大于 20m，地层完整性系数在 0.4 左右，相应的隶属函数形式为

$$u_{(\mathrm{III})}=\begin{cases}0 & x\leqslant 32.5,x\geqslant 82.5\\ 1-e^{-\left(\frac{x-82.5}{9.036}\right)^2} & 75\leqslant x<82.5\\ e^{\left(\frac{x-60}{18.072}\right)^2} & 45\leqslant x<75\\ 1-e^{-\left(\frac{x-32.5}{15.06}\right)^2} & 32.5<x<45\end{cases}$$

$$u_{(\mathrm{IV})}=\begin{cases}0 & x<10,x\geqslant 60\\ 1-e^{-\left(\frac{x-60}{18.072}\right)^2} & 45\leqslant x<60\\ e^{\left(\frac{x-32.5}{15.06}\right)^2} & 20\leqslant x<45\\ 1-e^{-\left(\frac{x-10}{12.048}\right)^2} & 10\leqslant x<20\end{cases}$$

则隶属度为：$u_{(\mathrm{I})}=0$，$u_{(\mathrm{II})}=0$，$u_{(\mathrm{III})}=0.21965$，$u_{(\mathrm{IV})}=0.78035$，$u_{(\mathrm{V})}=0$。

6）岩体软化特性

根据 K42＋500～K42＋700 的钻孔勘探结果，岩性主要为风化和强风化的砂质板岩，由于受黄茅园—溆浦压扭性断裂影响，具泥化现象。根据有关资料显示，其软化系数为 0.45 左右，相应的隶属函数形式为

$$u_{(\mathrm{I})}=\begin{cases}0 & x\geqslant 47.5\\ 1-e^{-\left(\frac{x-47.5}{9.036}\right)^2} & 40\leqslant x<47.5\\ e^{-\left(\frac{x-20}{24.096}\right)^2} & 20\leqslant x<40\\ 1 & x<20\end{cases}$$

$$u_{(\mathrm{II})}=\begin{cases}0 & x<20,x\geqslant 61.5\\ 1-e^{-\left(\frac{x-20}{24.096}\right)^2} & 20\leqslant x<40\\ e^{-\left(\frac{x-47.5}{9.036}\right)^2} & 40\leqslant x<55\\ 1-e^{-\left(\frac{x-61.5}{7.831}\right)^2} & 55\leqslant x<61.5\end{cases}$$

则隶属度为：$u_{(\mathrm{I})}=0$，$u_{(\mathrm{II})}=0.92631$，$u_{(\mathrm{III})}=0.07369$，$u_{(\mathrm{IV})}=0$，$u_{(\mathrm{V})}=0$。

7）岩石强度

根据试验结果，岩块单轴抗压强度为 5MPa，因此相应的隶属函数为

$$u_{(\mathrm{V})}=\begin{cases}0 & x\geqslant 37.5\\ 1-\mathrm{e}^{-\left(\frac{x-37.5}{15.06}\right)^2} & 25\leqslant x<37.5\\ \mathrm{e}^{\left(\frac{x-25}{15.06}\right)^2} & 12.5\leqslant x<25\\ 1 & x<12.5\end{cases}$$

相应的隶属度为 $u_{(\mathrm{I})}=0$，$u_{(\mathrm{II})}=0$，$u_{(\mathrm{III})}=0$，$u_{(\mathrm{IV})}=0$，$u_{(\mathrm{V})}=1$。

8）分类结果

由上述分析结果可以得到隶属度矩阵 $R=(r_{ij})_{6\times5}$ 为

$$R=(r_{ij})_{6\times5}=[r_\sigma,r_{RQD},r_{K_v},r_{K_w},r_H,r_\beta]^{\mathrm{T}}=\begin{bmatrix}0&0&0&0&1\\0&0&0.97282&0.02718&0\\0&0&0.21965&0.78035&0\\0&0.92631&0.07369&0&0\\0&0&0.15821&0.84179&0\\0&0&0.07369&0.92631&0\end{bmatrix}$$

根据现场调查，对于邵怀高速公路溆浦连接线工程，在 6 类因素中，各类的重要度模糊子集为

$$\tilde{w}'=(w_1',w_2',\cdots,w_m')=(0.08,0.08,0.12,0.18,0.27,0.27)$$

$$\tilde{B}=\tilde{w}'\circ R=(b_1,b_2,\cdots,b_n)$$

$$=(0.08,0.08,0.12,0.18,0.27,0.27)\circ\begin{bmatrix}0&0&0&0&1\\0&0&0.97282&0.02718&0\\0&0&0.21965&0.78035&0\\0&0.92631&0.07369&0&0\\0&0&0.15821&0.84179&0\\0&0&0.07369&0.92631&0\end{bmatrix}$$

$$=[0,\quad 0.16674,\quad 0.18006,\quad 0.57320,\quad 0.08]$$

因此，对于第三合同段来说，其建设场地属于第Ⅳ类。但由于邵怀高速公路溆浦连接线属于二级公路，同时大部分是对 S224 省道的改造，标准和条件可适当放宽，在建筑过程中可按Ⅲ类场地要求进行。

第 4 章　路基边坡稳定可靠度数值求解方法

4.1　岩体工程结构的特点

从本质上看，岩体工程的非确定性分析是确定性分析的深化和延伸，同时非确定性是建立在确定性分析基础之上的。岩质边坡工程和岩石地下工程是岩体工程中两个典型的领域，从事岩土工程设计和研究的人们都清楚，在许多情况下边坡、隧道结构的稳定性系数与它本身的物理力学参数之间不存在显式解析关系。例如，可靠度中关于功能函数的构建就是基于确定性分析时结构性能的相关方程或函数。由于岩体赋存条件及其本身的复杂性，岩体中边坡工程和隧道工程性能函数的表达式只有在少数情况下存在显式形式，在大多数情况下往往是高度非线性的。这种高度非线性有时表现为隐函数，有时不存在明晰的解析表达式，或无法通过目前的函数表达出来，造成了地下结构、边坡工程可靠度分析时的困难。其中最主要的问题是结构可靠度计算过程是一个迭代过程，其功能函数必须是并不复杂的显式函数。而基于概率的绝大多数可靠度计算方法是建立在显式解析方程基础上的，同时以显式方程为基础的计算方法准确性高，过程简单。对于性能函数不能表达为显式关系的复杂结构，对其进行可靠度分析时，需要引进特殊的思路和技巧。

针对岩土工程结构性能函数的上述特点，目前的发展方向可以分为两类。一类是以曾经长期发展成熟的确定性分析模型为基础，结合最新的统计分析和数理逼近理论，研究推导近似分析方法，具有很好的继承性。这一类方法物理意义明确，计算结果唯一，且误差范围易于对比和验证，计算过程透明，计算效率高。另一类是抛开既有的计算模式，走纯粹数值模拟分析的道路，以随机有限元方法为代表。在本书中，主要研究第一类方法，即基于既有确定性模型的边坡结构稳定可靠度分析方法。

4.2　边坡工程稳定可靠度差分求解

4.2.1　边坡功能函数

极限平衡下的边坡稳定性分析模式很多，其中常用的有瑞典圆弧法（Sweden arc method）、毕肖普法（Bishop）、郎畏勒法、摩根斯坦-陈祖煜法、斯宾塞（Spencer）法、陆军工程师团法、萨尔玛法等多种[103]。先以斯宾塞法为例，探讨基于极限平衡理论的边坡稳定性条分模式下的可靠度分析在计算上存在的麻烦，说明差分求导数和泰勒级数展开方法的解决方法。

图 4.1 是斯宾塞法模式下的条块受力图，斯宾塞（Spencer）假定相邻土条之间的法向条间力 E 与切向条间力 X 之间有一固定的常数关系：

$$\frac{X_i}{E_i} = \frac{X_{i+1}}{E_{i+1}} = \tan\theta \tag{4.1}$$

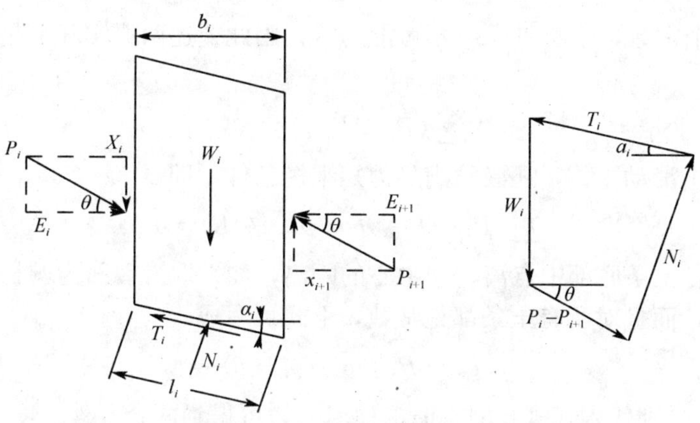

图 4.1　斯宾塞法条块受力图

因此各条间力合力 P 的方向是互相平行的。如图 4.1 所示，取垂直土条底部方向力的平衡，则

$$N_i + (P_i - P_{i+1})\sin(\alpha_i - \theta) - W_i\cos\alpha_i = 0 \tag{4.2}$$

再取平行土条底部方向力的平衡，则

$$T_i + (P_i - P_{i+1})\cos(\alpha_i - \theta) - W_i\sin\alpha_i = 0 \tag{4.3}$$

在式（4.1）～式（4.3）中，P_i、P_{i+1}分别为条块 i 两侧的合力；X_i、E_i、X_i、X_{i+1}分别为条块 i 两侧合力的水平分量和垂直分量；θ 为合力与水平方向的夹角；b_i、l_i 分别为分条顶底面长度和水平宽度；T_i、N_i 分别为分底滑面的切向力和法向力；α_i 为分条底滑面与水平面的夹角；W_i 为分条本身的重量。

同时根据安全系数的定义及摩尔-库仑准则，可得

$$T_i = \frac{c'_i l_i}{F_s} + (N_i - u_i l_i)\frac{\tan\varphi'_i}{F_s} \tag{4.4}$$

又 $l_i = b_i\sec\alpha_i$，综合上述各式，可求出土条两侧条间力合力之差：

$$P_i - P_{i+1} = \frac{\dfrac{c'_i b_i}{F_s}\sec\alpha_i + m - W_i\sin\alpha_i}{\cos(\alpha_i - \theta)\left[1 + \dfrac{\tan\varphi'_i}{F_s}\tan(\alpha_i - \theta)\right]} \tag{4.5}$$

式中：

$$m = \frac{\tan\varphi_i'}{F_s}(W_i\cos\alpha_i - u_i b_i \sec\alpha_i)$$

对整个滑动土体来说，为了要维持力的平衡，必须满足水平和铅直方向的平衡条件：

$$\sum (P_i - P_{i+1})\cos\theta = 0 \tag{4.6}$$

$$\sum (P_i - P_{i+1})\sin\theta = 0 \tag{4.7}$$

因为 θ 是一个常数，$\sin\theta$ 和 $\cos\theta$ 不可能为零，因此上述两式实际上是同一个平衡条件，即

$$\sum (P_i - P_{i+1}) = 0 \tag{4.8}$$

同样，对整个滑动土体，还必须满足力矩平衡条件，即

$$\sum (P_i - P_{i+1})\cos(\alpha_i - \theta)R = 0 \tag{4.9}$$

式中：R 为各土条底部中点离转动中心的距离，如果取滑裂面为圆柱面，R 就是圆弧的半径，而且对所有土条都是常数，上式可写成

$$\sum (P_i - P_{i+1})\cos(\alpha_i - \theta) = 0 \tag{4.10}$$

将式（4.5）分别代入式（4.8）和式（4.10），可得到两个方程：

$$\sum \frac{\dfrac{c_i' b_i}{F_s}\sec\alpha_i + m - W_i\sin\alpha_i}{\cos(\alpha_i - \theta)\left[1 + \dfrac{\tan\varphi_i'}{F_s}\tan(\alpha_i - \theta)\right]} = 0 \tag{4.11}$$

$$\sum \frac{\dfrac{c_i' b_i}{F_s}\sec\alpha_i + m - W_i\sin\alpha_i}{\left[1 + \dfrac{\tan\varphi_i'}{F_s}\tan(\alpha_i - \theta)\right]} = 0 \tag{4.12}$$

而土坡的几何形状及滑裂面已定，同时土质指标又已知时，只有 θ 及 F_s 两个未知数，问题因而得解。

斯宾塞法的具体解题步骤如下：

(1) 任意选择一圆弧滑动面，划分垂直土条，宽度相同，在图上量出土条中心高 h 及底坡 α_i。

(2) 选定若干个 θ 值，对于每一个 θ 都可求出不同的 F_s 值，用力的平衡方程式（4.11）得到的 F_s 值以 F_{sf} 表示，而以力矩平衡方程式（4.12）求得的为 F_{sm}。

(3) 作出 F_{sm}-θ 及 F_{sf}-θ 关系曲线，绘于同一张图上，如图 4.2 所示，两条曲线的交点就给出了同时满足式（4.11）及式（4.12）的安全系数 F_s 及条间力的坡度 θ。

从式（4.11）和式（4.12）可以看出，在理论上稳定性系数 F_s 是 c_i'、φ_i'、θ

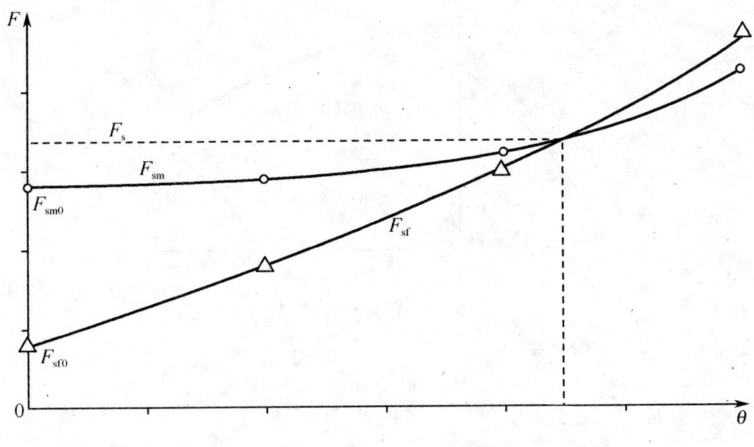

图 4.2　F_s-θ 关系曲线

的函数，即 $F_s = F_s(c'_i, \varphi'_i, \theta)$。但是 $F_s(c'_i, \varphi'_i, \theta)$ 的显式表达式无法从式（4.11）、式（4.12）中解出来。根据可靠度基本原理，其极限状态方程可以表示为 $g(X)=F_s(X)-1=0$。所以 $F_s(X)-1=0$ 无法表现为 c'_i、φ'_i、θ 的显式函数。从式（4.11）和式（4.12）是无法建立明确的结构功能函数的。

下面分析经典可靠度 JCSS 精确方法的运算过程。

4.2.2　可靠度几何指标精确算法

设 $X=(X_1, X_2, \cdots, X_n)$ 为相互独立的正态随机变量，极限状态方程式 $g(X)$ 为坐标系 $OX_1X_2\cdots X_n$ 中的一个曲面，把 n 维空间划分为安全和失效两个区域。引入标准化正态随机变量，令

$$\overline{X}_i = \frac{X_i - \mu_{X_i}}{\sigma_{X_i}} \quad (i = 1,2,\cdots,n) \tag{4.13}$$

可靠度指标 β 是标准正态坐标系 $\overline{O}\overline{X}_1\overline{X}_2\cdots\overline{X}_n$ 中原点 $\overline{O}$ 到极限状态曲面的最短距离 $\overline{O}P^*$，即 P^* 点沿其极限状态曲面的切平面的发现方向至原点 $\overline{O}$ 长度，法线的垂足 P^* 成为验算点，图 4.3 为三个正态随机变量的情况。极限状态曲面 P^* 的法线 $\overline{O}P^*$ 对坐标向量的方向余弦为

$$\alpha_i = \cos\theta_{X_i} = \cos\theta_{X_i} = \frac{-\left.\dfrac{\partial \overline{g}}{\partial X_i}\right|_{P^*}\sigma_i}{\left[\sum\limits_{i=1}^{n}\left(\left.\dfrac{\partial \overline{g}}{\partial X_i}\right|_{P^*}\sigma_i\right)^2\right]^{\frac{1}{2}}} \tag{4.14}$$

由方向余弦有

$$\overline{x_i^*} = \overline{OP^*}\cos\theta_{X_i} = \alpha_i\beta$$

$$x_i^* = \mu_i + \beta\sigma_{X_i}\cos\theta_{X_i} = \mu_i + \alpha_i\beta\sigma_i \tag{4.15}$$

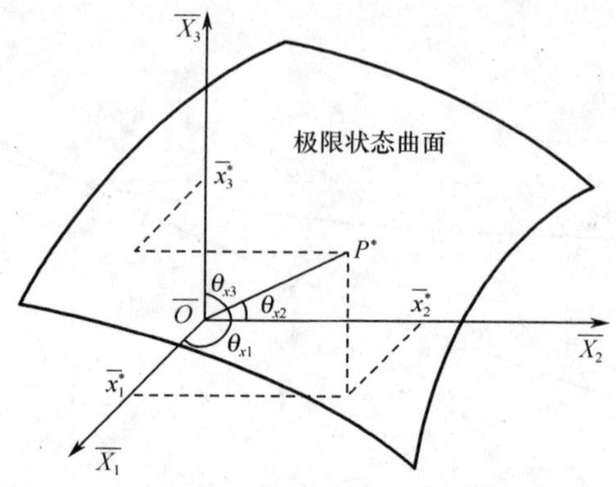

图 4.3　三维正态空间及验算点

因为 P^* 是极限状态曲面上的一点，故：

$$\overline{g}(X^*) = \overline{g}(x_1^*, x_2^*, \cdots, x_n^*) = 0 \tag{4.16}$$

上述式中：μ_{X_i}、σ_{X_i} 为随机变量 X_i 的均值和方差，在不混淆的情况下，分别用 μ_i、σ_i 表示。式中 $\left.\frac{\partial g}{\partial X_i}\right|_{P^*}$ 表示极限状态函数在设计验算点 P^* 的偏导数的值。

在已知 μ_{X_i}、σ_{X_i} 后，由式（4.14）～式（4.16）联立可求解 β 和 x_i^* $(i = 1, 2, \cdots, n)$。

但设计点 P^* 是未知的，因此在展开成 Taylor 级数时，必须先假定一个点，例如基本随机变量的均值点，计算过程中用迭代法逐步逼近真正的设计点，修正所得到的 β 值，直到得到满意的结果。具体计算步骤如下：

（1）假设的初值 x_i^*，一般取为均值点 $x_i^* = \mu_i$。

（2）计算值 $\left.\frac{\partial g}{\partial x_i}\right|_{x_i^*}$。

（3）利用的 x_i^* 初值，代入式（4.15），计算 α_i。

（4）代入式（4.16），得出关于 β 值的方程。

（5）解所得的方程，求出 β 值。

（6）将所得的 β 值代入式（4.16），求出新的 x_i^* 值。

（7）重复（2）～（6）的步骤，直到前后两次求得的 β 值相差小于要求的精度为止。

可靠度几何指标精确算法是国际结构安全委员推荐的算法，在目前各类解析算法中，该方法计算结果的准确性能够满足各类不同级别的精度要求。从该算法的规范流程中可以看出，可靠度指标的得出需要通过不断的迭代收敛判断运算，其中需要进行大量的偏导数分析，而偏导数分析需要有明确的、不能过于复杂的显式功能函数。边坡的功能函数是一个隐式的非线性程度很高的复杂函数。因此无法采用 JCSS 法直接进行计算。其中需要解决的关键问题之一是偏导数的计算问题。

4.2.3 差分求导

设函数 $f(x)$ 以及自变量的一系列互不相等的值 x_1，x_2，…，x_n，称

$$\frac{f(x_j)-f(x_i)}{x_j-x_i} \tag{4.17}$$

称为 $f(x)$ 在点 x_i，x_j 处的商，记为 $f(x_i,x_j)$。

一般称

$$f[x_0,x_1,x_2,\cdots,x_n]=\frac{f[x_1,x_2,\cdots,x_n]-f[x_0,x_2,\cdots,x_{n-1}]}{x_n-x_0} \tag{4.18}$$

为 $f(x)$ 在点 x_0，x_2，…，x_{n-1}，x_n 处的 n 阶差商。

导数与差商之间存在如下关系：

$$f[x_0,x_1,x_2,\cdots,x_n]=\frac{y^{(n)}(\xi)}{n!} \tag{4.19}$$

式中：ξ 为 x_0，x_2，…，x_{n-1}，x_n 之间的某一个数。

在式（4.17）中，如果基点 x_0，x_2，…，x_{m-1}，x_m 等距，且相邻两点的步长为 h，记 $y=f(x)$，$f(x)$ 在 x_0，x_2，…，x_{m-1}，x_m 处的值分别为 y_0，y_1，…，y_m，记 $\Delta y_i=y_{i+1}-y_i$ 为一阶差分，则其 m 阶差分记为

$$f[x_0,x_1,x_2,\cdots,x_m]=\frac{\Delta^m y_0}{m!h^m} \tag{4.20}$$

由式（4.19）和式（4.20）可以得到差分与导数的关系为

$$\frac{y^{(n)}(\xi)}{n!}=\frac{\Delta^n y_0}{n!h^n} \tag{4.21}$$

即

$$y^{(n)}(\xi)=\frac{\Delta^n y_0}{h^n} \tag{4.22}$$

如果采用差分近似计算，则在 x_0 处函数的一阶和二阶导数分别为

$$y^{(1)}(x_0)\cong\frac{y(x_0+h)-y(x_0)}{h} \tag{4.23}$$

$$y^{(2)}(x_0)\cong\frac{y(x_0+2h)-2y(x_0+h)+y(x_0)}{h^2} \tag{4.24}$$

通过差分近似求导数，不必得到函数的显式表达式，为隐式功能函数的导数及偏导数近似求解提供了方便。

4.2.4 基于泰勒级数展开的可靠度计算

如果 $f(x)$ 在点 x_0 的某个邻域内具有各阶导数 $f'(x)$，$f''(x)$，…，$f^{(n)}(x)$，

…，则 $f(x)$ 在点 x_0 附近可以展开成泰勒级数，即

$$f(x)=f(x_0)+f'(x_0)(x-x_0)+\frac{f''(x_0)}{2!}(x-x_0)^2+\cdots+\frac{f^{(n)}(x_0)}{n!}(x-x_0)^2+\cdots \tag{4.25}$$

将式（4.15）代入式（4.16）有

$$\begin{aligned}g(X^*)&=g(x_1^*,x_2^*,\cdots,x_n^*)=g(u_1+\beta\sigma_1\cos\theta_1,u_2+\beta\sigma_2\cos\theta_2,\cdots,u_n+\beta\sigma_n\cos\theta_n)\\&=g(u_1+\alpha_1\beta\sigma_1,u_2+\alpha_2\beta\sigma_2,\cdots,u_n+\alpha_n\beta\sigma_n)=g(\beta)=0\end{aligned} \tag{4.26}$$

假设 $g(\beta)$ 在 $\beta=\beta_0$ 具有各阶导数，利用泰勒级数展开方法，则有

$$g(\beta)=g(\beta_0)+g'(\beta_0)(\beta-\beta_0)+\frac{g''(\beta_0)}{2!}(\beta-\beta_0)^2+\cdots+\frac{g^{(n)}(\beta_0)}{n!}(\beta-\beta_0)^2+\cdots \tag{4.27}$$

取其中前三项并根据式（4.26）有

$$g(\beta)=g(\beta_0)+g'(\beta_0)(\beta-\beta_0)+\frac{g''(\beta_0)}{2!}(\beta-\beta_0)^2=0 \tag{4.28}$$

解上述一元二次方程，首先需要确定常数项 $g(\beta_0)$、系数项 $g'(\beta_0)$ 及 $g''(\beta_0)$。根据JCSS方法，首次计算基本随机变量取均值点 $x_i^*=\mu_i$，对于一般的边坡工程，如公路边坡、矿山边坡等，β_0 可取 1.30 左右，所以

$$\begin{aligned}g(\beta_0)&=g(X^*)=g(x_1^*,x_2^*,\cdots,x_n^*)\\&=g(u_1+\alpha_1\beta_0\sigma_1,u_2+\alpha_2\beta_0\sigma_2,\cdots,u_n+\alpha_n\beta_0\sigma_n)\end{aligned} \tag{4.29}$$

式中：α_i 可以按照（4.14）式计算，在式（4.14）中 $\left.\frac{\partial g}{\partial x_i^*}\right|_{P^*}$ 中的 P^* 点，对于首次取均值点，即 $x_i=u_i$。

对于 $g'(\beta)$，根据复合导数法则和式（4.14），有

$$g'(\beta)=\frac{\partial g}{\partial\beta}=\frac{\partial g}{\partial x_1}\frac{\partial x_1}{\partial\beta}+\frac{\partial g}{\partial x_2}\frac{\partial x_2}{\partial\beta}+\cdots+\frac{\partial g}{\partial x_n}\frac{\partial x_n}{\partial\beta} \tag{4.30}$$

根据式（4.15）有

$$x_i^*=\mu_i+\alpha_i\beta\sigma_i \tag{4.31}$$

$$\frac{\partial g}{\partial x_i}\frac{\partial x_i}{\partial\beta}=\frac{\partial g}{\partial x_i}\frac{\partial(u_i+\alpha_i\beta\sigma_i)}{\partial\beta}=\alpha_i\sigma_i\frac{\partial g}{\partial x_i} \tag{4.32}$$

所以

$$g'(\beta)=\frac{\partial g}{\partial\beta}=\frac{\partial g}{\partial x_1}\frac{\partial x_1}{\partial\beta}+\frac{\partial g}{\partial x_2}\frac{\partial x_2}{\partial\beta}+\cdots+\frac{\partial g}{\partial x_n}\frac{\partial x_n}{\partial\beta}=\sum_{i=1}^{n}\frac{\partial g}{\partial x_i}\alpha_i\sigma_i \tag{4.33}$$

$$g''(\beta)=\partial\frac{\left(\frac{\partial g}{\partial\beta}\right)}{\partial\beta}=\partial\frac{\left(\frac{\partial g}{\partial x_1}\frac{\partial x_1}{\partial\beta}+\frac{\partial g}{\partial x_2}\frac{\partial x_2}{\partial\beta}+\cdots+\frac{\partial g}{\partial x_n}\frac{\partial x_n}{\partial\beta}\right)}{\partial\beta}$$

$$= \partial \frac{\left(\frac{\partial g}{\partial x_1}\frac{\partial x_1}{\partial \beta}+\frac{\partial g}{\partial x_2}\frac{\partial x_2}{\partial \beta}+\cdots+\frac{\partial g}{\partial x_n}\frac{\partial x_n}{\partial \beta}\right)}{\partial \beta}$$

$$= \partial \frac{\left(\alpha_1\sigma_1\frac{\partial g}{\partial x_1}+\alpha_2\sigma_2\frac{\partial g}{\partial x_2}+\cdots+\alpha_n\sigma_n\frac{\partial g}{\partial x_n}\right)}{\partial \beta} \tag{4.34}$$

而同样采用复合函数求导法则，有

$$\partial \frac{\left(\alpha_i\sigma_i\frac{\partial g}{\partial x_i}\right)}{\partial \beta} = \frac{\partial\left(\alpha_i\sigma_i\frac{\partial g}{\partial x_i}\right)}{\partial x_i}\cdot\frac{\partial x_i}{\partial \beta} = (\alpha_i\sigma_i)^2\frac{\partial^2 g}{\partial x_i^2} \tag{4.35}$$

因此

$$g''(\beta) = \partial \frac{\left(\frac{\partial g}{\partial \beta}\right)}{\partial \beta} = (\alpha_1\sigma_1)^2\frac{\partial^2 g}{\partial x_1^2}+(\alpha_2\sigma_2)^2\frac{\partial^2 g}{\partial x_2^2}+\cdots+(\alpha_n\sigma_n)^2\frac{\partial^2 g}{\partial x_n^2} = \sum_{i=1}^{n}(\alpha_i\sigma_i)^2\frac{\partial^2 g}{\partial x_i^2} \tag{4.36}$$

根据同样的原理，如果对计算精度有特殊要求，则在式（4.27）中可以截取前 k 项，在计算分析中需要用前 k 阶导数 $g^{(k)}(\beta)$。根据同样的方法，可以得到 $g^{(k)}(\beta)$ 的表达式为

$$g^{(k)}(\beta) = \partial^{(k-1)} \frac{\left(\frac{\partial g}{\partial \beta}\right)}{\partial \beta} = (\alpha_1\sigma_1)^k\frac{\partial^k g}{\partial x_1^k}+(\alpha_2\sigma_2)^k\frac{\partial^k g}{\partial x_2^k}+\cdots+(\alpha_n\sigma_n)^k\frac{\partial^k g}{\partial x_n^k} = \sum_{i=1}^{n}(\alpha_i\sigma_i)^k\frac{\partial^k g}{\partial x_i^k} \tag{4.37}$$

在具体工程计算分析中，一般取前级数的前三项即可满足要求。如果级数项取得过多，造成一元高次方程的求解麻烦，给可靠度指标计算带来新的困难；同时高阶导数$\frac{\partial^k g}{\partial x_i^k}$的差分计算结果精确性难于保证，造成方程系数本身的可靠性差，形成累计误差，导致分析结果不理想。

而$\frac{\partial g}{\partial x_i}$、$\frac{\partial^2 g}{\partial x_i^2}$按照式（4.23）、式（4.24）原理，可以如下计算：

$$g'(x_{i0}) \cong \frac{g(x_{i0}+h)-g(x_{i0})}{h} \tag{4.38}$$

$$g''(x_{i0}) \cong \frac{g(x_{i0}+2h)-2g(x_{i0}+h)+g(x_{i0})}{h^2} \tag{4.39}$$

式中：$g(\cdot)$ 表示边坡在相应物理力学参数处的稳定性系数，按照斯宾塞法的具体解题步骤进行求算；h 表示计算差分时的步长，在理论上步长 h 是一个微量，越小相应的计算结果越精确。在一般的边坡计算中，可按相应变量的 3%，即 $h=$

$3\%x_{i0}$。

这样就完全确定了一元二次方程式（4.28）的常数项和系数项就完全确定，通过解方程，并舍去相应的不合理值，就可以得出 β，为了方便，首次求解的 β 记为 β_1，第 j 次求解记为 β_j。设可靠度指标 β 的收敛控制差异 ε，将基于泰勒级数展开的可靠度指标计算过程归纳如下：

（1）根据 β_j（初次计算可靠度指标 $\beta_0=1.3$）和按下式基本随机变量 $x_i^{(j)}$（初次灵敏度计算导数取值点 P^* 为均值点）：

$$x_i^{(j)} = x_i^{(j-1)} + \alpha_i^{(j-1)}\beta_{j-1}\sigma_i \tag{4.40}$$

（2）分别按式（4.29）、式（4.37）、式（4.38）计算 $g(x)$、$g'(x)$、$g''(x)$。

（3）按式（4.33）、式（4.36）计算 $g'(\beta)$、$g''(\beta)$。

（4）解一元二次方程（4.28），确定 β_j。

（5）如果 β_j、β_{j-1} 满足收敛条件：$|\beta_j-\beta_{j-1}|\leqslant\varepsilon$

则得到验算点 x^* 和可靠度指标 β，计算过程结束。否则返回（1）继续迭代。

4.2.5　计算实例

在某高速公路的连接线上的一个岩质边坡，由三层地质体组成。根据地质钻孔勘探，存在一折线形的地质弱面，如图 4.4 所示，该弱面是潜在的滑面。各滑面的物理、力学参数及变异性见表 4.1。

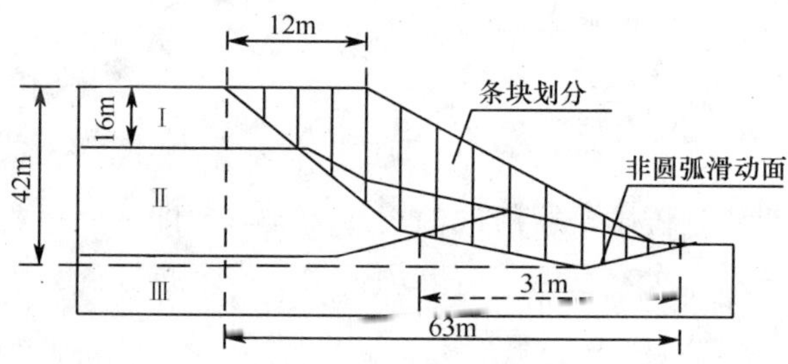

图 4.4　边坡剖面图

表 4.1　某高速公路岩质边坡物理力学参数统计特征

层号	c/kPa		$f=\tan\varphi$		$\gamma/(\mathrm{kN\cdot m^{-3}})$	
	μ_c	σ_c	μ_f / μ_φ	σ_f / σ_φ	u_γ	σ_γ
Ⅰ	78.67	8.19	0.424 / 22.98°	0.051 / 2.92°	26.4	0.93
Ⅱ	94.76	7.37	0.364 / 20.00°	0.043 / 2.46°	27.5	0.76
Ⅲ	56.11	6.14	0.343 / 18.93°	0.035 / 2.00°	25.4	1.1

根据岩层的物理力学参数表 4.1 可知，在岩层的力学参数中，黏结力 c 和摩擦系数 f 的变异系数达到10%左右，而容重的变异系数则不到4%。为了尽可能简化，在分析中不考虑容重 γ 的变异性，当作定量参数分析，而把 c_1、c_2、c_3、f_1、f_2、f_3 作为随机参数。为了方便，将其写为随机向量的形式（c_1，c_2，c_3，f_1，f_2，f_3）$=\boldsymbol{X}=$（X_1，X_2，X_3，X_4，X_5，X_6）。极限状态方程为

$$Z=g(f_1,f_2,f_3,c_1,c_2,c_3)=F(X_1,X_2,X_3,X_4,X_5,X_6)-1=0 \tag{4.41}$$

式中：F(X_1，X_2，X_3，X_4，X_5，X_6）为用 Spencer 分析模式求解的安全系数表达式，将整个潜在的滑体划为 14 个分条。F 与各随机变量间的关系式不能明确表示，F 根据 Spencer 计算模式的原理编程求解。

首先的第一步迭代从均值点开始，初始点为 $X_1^0=$（78.67，94.76，56.11，0.424，0.364，0.343）$=$（x_1^0，x_2^0，x_3^0，x_4^0，x_5^0，x_6^0），按 Spencer 模式迭代计算，得其稳定性系数 $F_s=F(X)=1.21$。采用差分方法，在求偏导数时，取步长系数 $\alpha=0.03$，即 $\Delta x_i=0.03x_i$，同时按 Spencer 模式分别可求得 $F_{si}=F$（x_1^0，…，$x_i^0+\Delta x_i^0$，…，x_6^0），同时根据 Spencer 模式、式（4.27）和式（4.21）可求得 g_i、g_i^* 及$\dfrac{\partial g}{\partial x_1^*}\sim\dfrac{\partial g}{\partial x_6^*}$在均值点的偏导数值：

$$\frac{\partial g}{\partial x_1^*}=0.01258,\quad \frac{\partial g}{\partial x_2^*}=1.3365,\quad \frac{\partial g}{\partial x_3^*}=1.8315,$$

$$\frac{\partial g}{\partial x_4^*}=0.02315,\quad \frac{\partial g}{\partial x_5^*}=0.1678,\quad \frac{\partial g}{\partial x_6^*}=2.705$$

通过差分方法求得了偏导数后，根据式（4.20）可求得各方向余弦 $\cos\theta_i$，根据式（4.25）求得$\dfrac{\partial g}{\partial \beta}$。

采用式（4.26）迭代求可靠度迭代指标 β，设迭代收敛精度误差 $\varepsilon\leqslant 0.05$。取初始 $\beta_1^0=2.0$，则 $g(2.0)=0.262$，$\partial g/\partial\beta_1^0=-0.5333$，求得非线性方程第一次近似时的解为 $\beta_1^{(1)}=2.4916$；再将方程在 $\beta_1^1=2.4916$ 处展开，求得

$$g(2.4916)=0.174,\quad \partial g/\partial\beta=0.8319,\quad \beta_1^{(2)}=2.701,$$

$$g(2.701)=0.0527,\quad \left.\frac{\partial g}{\partial\beta}\right|_{2.701}=1.732,\quad \beta_1^{(3)}=2.7314,\quad |\beta_1^{(3)}-\beta_1^{(2)}|=0.030$$

故第一次迭代可靠度指标为 $\beta_1^*=2.7314$，相应的验算点为（84.157，103.958，47.446，0.3617，0.3216，0.3056）。

第二次迭代：采用上述同样的过程，可求得此步的可靠度指标为

$$\beta_2^*=2.417,\quad |\beta_1^*-\beta_2^*|=|2.731-2.417|=0.314>0.05$$

由于不满足精度，继续进行迭代。

第三次迭代：采用上述同样的过程，可求得此步的可靠度指标为

$$\beta_3^* = 2.4227, \quad |\beta_3^* - \beta_2^*| = |2.4227 - 2.417| = 0.006 < 0.05$$

此步迭代所得的可靠指标与上一步迭代时求得的可靠指标之间的差别小于0.05，满足精度要求，计算停止。故边坡的稳定性指标为$\beta=2.423$，相应的验算点为$X^{(*)}=$（71.543，98.236，59.256，0.401，0.386，0.308）。

4.3 可靠度响应面法的优化

经典的响应面方法以数值计算为虚拟试验手段，以不带交叉项的二次式为近似函数的可靠度计算方法，是一种适用广泛的方法，目前在各种复杂情况下的可靠度分析均可见这种方法的应用。但在理论上一直存在一些问题没有得到很好的研究和解决。其一，近似函数的内涵是什么？其二，在各种不同情况下，其解与精确解的误差范围是什么？其三，数值试验中的样本对总体的代表性如何？

对于结构可靠度分析方法中的上述理论问题，虽然没有系统的研究报告，但也有许多学者对此进行改进，取得了不少成果。对于近似函数，目前大体上有两种思路，一种是利用该函数近似结构本身真实的响应函数，从数理上来说，二次函数对复杂函数的近似程度是有限的，不可能按照某一精确程度近似一个函数，即近似达到某一限度后，再提高就不可能了。基于这种思路，有关研究者提出了多种改进方法，如采用有理多项式或神经网络代替二次多项式，以提高近似程度，这种方法的出发点是全局近似。另外一种思路是把二次函数作为可靠度指标计算的过渡工具，该思路认为近似函数的目的不是近似结构的整体功能函数，其目的是近似最大可能失效点（验算点）的性态，这种方法的出发点是局部近似[104]。

4.3.1 局部近似原则

如图 4.5 所示，可靠度指标β是标准正态空间中原点$\bar{O}$到极限状态面验算点P的距离，即点P到极限状态曲面的最短距离。为了计算可靠度指标β，实际极限状态曲面的具体形式无须过多关注，关键问题是能找到一个比较简单的过P点的曲面（如图中划阴影的曲面），在该曲面上距原点最短距离β'的点与P点重合，或在P点附近（离P点的距离满足误差容许要求），如图 4.5 中的P'点。

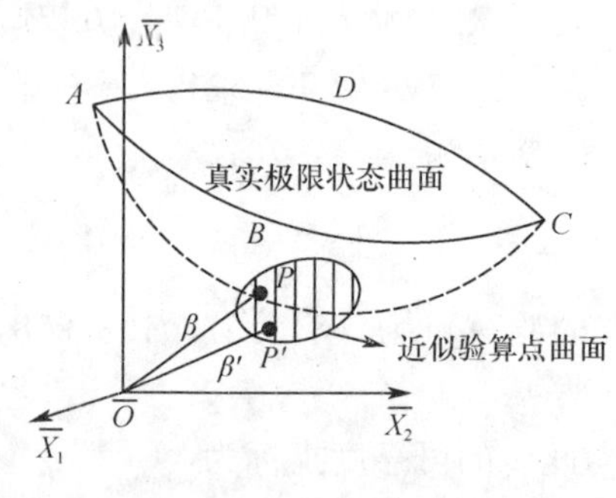

图 4.5 可靠度指标的几何表达

APCBD 为实际的极限状态曲面；○为最大可能失效点附近的替代曲面

设验算点P的坐标为（x_1^*，x_2^*，…，x_n^*），P'点坐标为（x_1'，x_2'，…，x_n'），如果

P'点坐标满足式（4.42）或式（4.43），则 P'点就是所要求的点

$$\max_{1\leqslant i\leqslant n}|x_i^* - x'_i| \leqslant \varepsilon_1 (i=1,2,\cdots,n) \tag{4.42}$$

$$|\beta - \beta'| \leqslant \varepsilon_2 \tag{4.43}$$

在式（4.42）、式（4.43）中，ε_1、ε_2 分别为预先设定的允许误差极限。

4.3.2 全局近似方法

在经典数学方法上，对于高阶复杂函数的近似一般通过投影和降阶的方法，降低函数的阶次和复杂性。这是基于经验风险最小化原理的近似方法。为了克服这种方法的缺陷，有学者提出了基于结构风险最小化原理的统计学习理论。Vapnik 等在 20 世纪 90 年代，在结构风险最小化原则的基础上提出的支持向量机（SVM）理论将最大间隔分类器思想和基于核的方法结合在一起，具有简洁的数学形式和直观的几何解释，能较好地解决小样本、非线性、高维数和局部极小点等实际问题，是目前解决小样本问题的一种优异的统计方法，具有较好的泛化能力。SVM 理论具有很好的全局近似和预测能力，因此有学者提出了采用 SVM 作为响应面函数的方法，有需要了解该方法的读者可参看相关文献。对于复杂隐式功能函数的显式化，也可采用支持向量机近似。

1. 支持向量机基本算法

支持向量机方法的基本思想是：基于 1909 年 Mercer 核展开定理，通过非线性映射 Φ，把样本空间映射到一个高维乃至无穷维的特征空间，使在特征空间中可以用线性学习机的方法解决样本空间中的高度非线性分类和回归等问题[105]。

SVM 最初是针对模式识别的两类线性可分问题，方法中最简单也是最早提出的模型是最大间隔分类器，其基本思想可用图 4.6 所示的二维情况说明。平面内能正确地将两类可分样本分开的直线函数很多，且都能保证使经验风险最小化，但只有一个线性函数离两类样本的间距最大，这样的分类线称为最优分类线。按照 SRM 原则，最优分类线的置信范围最小。同样对于空间的两类样本，也存在一个最优分类面。为此，SVM 的任务就是寻找这一最优分类线性函数。

分类线方程为

$$\boldsymbol{w} \cdot \boldsymbol{x} + b = 0 \tag{4.44}$$

我们可以对它进行归一化，使得对线性可分的样本集（$\boldsymbol{x}_i$，y_i），$i=1$，$\cdots$，l，$x \in R^d$，$y \in \{+1,-1\}$，满足

$$y_i(\boldsymbol{w} \cdot \boldsymbol{w} + b) \geqslant 1 \quad (i=1,\cdots,l) \tag{4.45}$$

式中：$\boldsymbol{w}$ 为 n 维权向量；b 为阈值项。

样本点到超平面的距离为

$$d = |\ \boldsymbol{w} \cdot \boldsymbol{w} + b\ | / \|\boldsymbol{w}\| \tag{4.46}$$

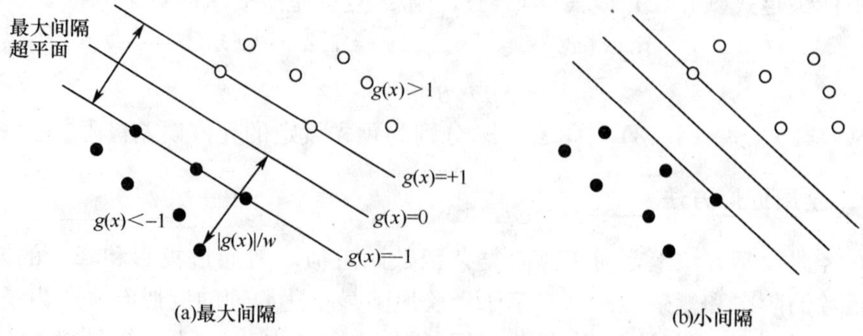

图 4.6　最大间隔分类器示意图

两类中分别过离超平面最近的样本且平行超平面的直线的距离为

$$d_{12}=\min_{\{x_i:y_i=1\}}\left\{\frac{|\boldsymbol{w}\cdot\boldsymbol{w}+b|}{\|\boldsymbol{w}\|}\right\}+\min_{\{x_i:y_i=-1\}}\left\{\frac{|\boldsymbol{w}\cdot\boldsymbol{w}+b|}{\|\boldsymbol{w}\|}\right\} \tag{4.47}$$

由式（4.45）的限制条件，则分类间隔等于 $2/\|\boldsymbol{w}\|$，这里将寻找或选择超平面转化为使分类间隔最大的问题，而使间隔最大等价于使 $\|\boldsymbol{w}\|^2$ 最小，满足条件（4.45）且使 $\|\boldsymbol{w}\|^2/2$ 最小的分类面就叫做最优分类面，H_1、H_2 上的训练样本称作支持向量。

1）线性可分决策函数

利用 Lagrange 优化方法，把上述求 $\|\boldsymbol{w}\|^2$ 最小的问题转化为其对偶问题，其原始的 Lagrange 函数为

$$L_{\mathrm{p}}=\frac{1}{2}\boldsymbol{w}\cdot\boldsymbol{w}-\sum_{i=1}^{l}\alpha_i[y_i(\boldsymbol{w}\cdot\boldsymbol{x}_i+b)-1] \tag{4.48}$$

式中：L_{p} 是关于 $\boldsymbol{w}$ 和 b 的最小化以及关于 α 的最大化，$\alpha_i\geqslant 0$ 是 Lagrange 乘子，通过对 $\boldsymbol{w}$ 和 b 求偏导，得到两个优化条件

$$\frac{\partial L_{\mathrm{p}}}{\partial \boldsymbol{w}}=\boldsymbol{w}-\sum_{i=1}^{l}\alpha_i y_i \boldsymbol{x}_i=0 \tag{4.49}$$

$$\frac{\partial L_{\mathrm{p}}}{\partial b}=\sum_{i=1}^{l}\alpha_i y_i=0 \tag{4.50}$$

将式（4.49）和式（4.50）代入式（4.48）

$$\begin{aligned}L_{\mathrm{p}}&=\frac{1}{2}\Big(\sum_{i=1}^{n}\alpha_i y_i x_i\Big)\cdot\Big(\sum_{j=1}^{n}\alpha_j y_j x_j\Big)-\sum_{i=1}^{n}\alpha_i y_i\Big[\Big(\sum_{j=1}^{n}\alpha_j y_j x_j\Big)\cdot x_i-b\Big]+\sum_{i=1}^{n}\alpha_i\\&=\frac{1}{2}\sum_{i,j=1}^{n}y_i y_j\alpha_i\alpha_j(\boldsymbol{x}_i\cdot\boldsymbol{x}_j)-\sum_{i,j=1}^{n}y_i y_j\alpha_i\alpha_j(\boldsymbol{x}_i\cdot\boldsymbol{x}_j)+\overbrace{\sum_{i=1}^{n}\alpha_i y_i b}^{0}+\sum_{i=1}^{n}\alpha_i\end{aligned} \tag{4.51}$$

上述问题的简化形式如下：

$$\max W(\alpha) = \sum_{i=1}^{n} \alpha_i - \frac{1}{2}\sum_{i,j=1}^{n} y_i y_j \alpha_i \alpha_j (\boldsymbol{x}_i \cdot \boldsymbol{x}_j) \tag{4.52}$$

约束条件为

$$\begin{cases} \alpha_i \geqslant 0, i = 1, \cdots, l \\ \sum_{i=1}^{l} a_i y_i = 0 \end{cases} \tag{4.53}$$

式（4.52）中不再有原问题的两个变量，而仅仅是输入以点积的形式出现在方程中。解上述二次优化问题，将得到最优 Lagrange 乘子 α_i^*，$i=1$，…，l，得到最优权向量

$$\boldsymbol{w}^* = \sum_{i=1}^{l} \alpha_i^* y_i \boldsymbol{x}_i \tag{4.54}$$

b 的值虽然没有出现在对偶问题中，但可以利用原问题的约束条件求得

$$b^* = -\frac{\max_{y_i=-1}(\boldsymbol{w}^* \cdot \boldsymbol{x}_i) + \min_{y_i=1}(\boldsymbol{w}^* \cdot \boldsymbol{x}_i)}{2} \tag{4.55}$$

将 w^* 和 b^* 代入式（4.45），可得分类超平面方程

$$g(x) = \boldsymbol{w}^* \cdot \boldsymbol{x} + b^* = 0 \tag{4.56}$$

分类决策函数为

$$f(x) = \operatorname{sgn}\{(\boldsymbol{w} \cdot \boldsymbol{x}) + b\} = \operatorname{sgn}\left\{ \sum_{i=1}^{l} \alpha_i^* y_i (\boldsymbol{x}_i \cdot \boldsymbol{x}) + b^* \right\} \tag{4.57}$$

从式（4.57）看出，决策函数是训练样本的线性组合加上阈值，与样本维数无关。

2）线性不可分决策函数

线性可分情况下得到的判别函数（分类器）又叫做最大间隔分类器，它是一个十分重要的概念，是分析和构造更加复杂的支持向量机的起点，但是它在许多现实世界的问题中不能使用：如果数据有噪声，特征空间一般不能线性分开。最大间隔分类器的主要问题是它总是完美地产生一个没有训练误差的一致假设。

在真实数据中，噪声总是存在的，这会导致算法出现问题。进一步说，数据在特征空间中都不能线性分开的情况下，原问题的可行区域是空的，而对偶问题是无界的目标函数，这样的优化问题不能得到解决。这些问题促使使用软间隔（即允许部分分类间隔为负）这种更稳健的度量。这样的度量能够容忍噪声和离群点，并能顾及更多的训练点，而不是只靠近边界的那些点。

在上面介绍了线性可分问题的基础上，下面介绍线性不可分问题的一般解法。对于线性不可分的情况，也就是某些训练样本不能满足式（4.56）的条件，因此可以在条件中增加一个松弛项 $\xi_i \geqslant 0$，则原问题变为最小化：

$$(\boldsymbol{w},\boldsymbol{\xi}) = \frac{1}{2}\|\boldsymbol{w}\|^2 + C(\sum_{i=1}^{l}\xi_i) \tag{4.58}$$

约束：

$$y_i[(\boldsymbol{w} \cdot \boldsymbol{x}_i) + b] - 1 + \xi_i \geqslant 0, \quad i = 1,\cdots,l \tag{4.59}$$

即折中考虑最少错分样本和最大分类间隔，就得到广义最优分类面的对偶问题与线性可分情况下几乎完全相同，只是条件式（4.57）变为

$$0 \leqslant \alpha_i \leqslant C, \quad i = 1,\cdots,l \tag{4.60}$$

式中：$C>0$ 是对错分样本的惩罚程度，用来控制样本偏差与机器泛化能力之间的平衡。

用与线性可分情况下求解最优分类面时同样的方法求解这一优化问题，同样得到一个二次函数在约束条件下求极值的规划问题，即在约束条件：

$$\begin{cases} \sum_{i=1}^{l}\alpha_i y_i = 0 \\ 0 \leqslant \alpha_i \leqslant C, \quad i = 1,\cdots,l \end{cases} \tag{4.61}$$

求解下列函数的最大值：

$$W(\alpha) = \sum_{i=1}^{n}\alpha_i - \frac{1}{2}\sum_{i,j=1}^{n} y_i y_j \alpha_i \alpha_j (\boldsymbol{x}_i \cdot \boldsymbol{x}_j) \tag{4.62}$$

以上为在线性不可分情况下支持向量机的求解形式。

3）非线性支持向量机

对于非线性问题，通过非线性映射 Φ：$R^d \rightarrow H$，将输入空间的样本映射到高维（可能是无穷维）的特征空间 H 中（如图 4.7 所示）。当在特征空间 H 中构造最优平面时，我们只考虑高维特征空间中的点积运算 $K(\boldsymbol{x}_i \cdot \boldsymbol{y}_i) = \Phi(\boldsymbol{x}_i) \cdot \Phi(\boldsymbol{x}_j)$，而不必要知道变换 Φ 的形式。根据统计学习理论，满足 Mercer 条件的核函数 $K(\boldsymbol{x}_i \cdot \boldsymbol{y}_i)$，都可以作为内积函数使用。因此，在最优分类面中采用适当的内积函数 $K(\boldsymbol{x}_i \cdot \boldsymbol{y}_i)$ 就可以实现某一非线性变换后的线性分类，而计算复杂度却没有增加，相应的优化问题为

$$\max W(\alpha) = \sum_{i=1}^{n}\alpha_i - \frac{1}{2}\sum_{i,j=1}^{n}\alpha_i \alpha_j y_i y_i K(\boldsymbol{x}_i \cdot \boldsymbol{x}_j) \tag{4.63}$$

约束条件为

$$\begin{cases} \sum_{i=1}^{l}\alpha_i y_i = 0 \\ 0 \leqslant \alpha_i \leqslant C, \quad i = 1,\cdots,l \end{cases} \tag{4.64}$$

而相应的分类函数也变为

$$f(x) = \mathrm{sgn}\left\{\sum_{i=1}^{n}\alpha_i^* y_i K(\boldsymbol{x}_i \cdot \boldsymbol{x}) + b^*\right\} \tag{4.65}$$

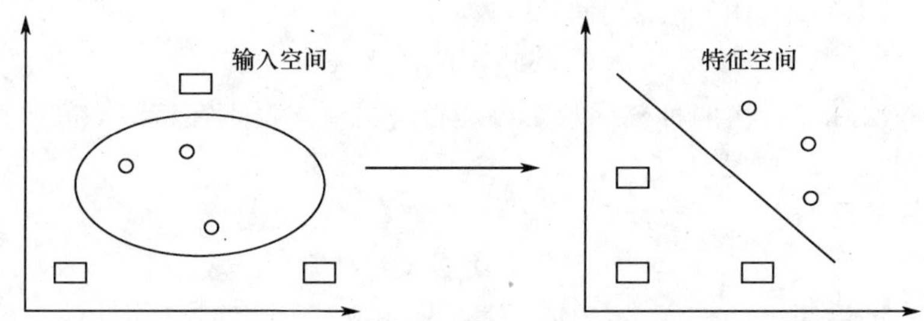

图 4.7　输入空间和特征空间所对应的样本和分界面示意图

4）核函数的基本类型

核函数方法是支持向量机的关键技术，该方法将输入空间的数据嵌入或映射到一个可以发现线性关系的高维特征空间，为算法解决了许多在原样本空间用线性方法难以解决的问题。

通过巧妙地构造核函数，我们可以避免直接在高维空间中对映射后的样本进行操作，从而减少了计算量。并且在高维特征空间中得到的线性分界面却对应着输入空间中较复杂的非线性分界面，即我们以线性的代价获得非线性的优良特性。

根据核函数 K 的不同，可生成不同的支持向量机，常用的核函数有：

（1）平移不变核：平移不变核是一类重要的核函数，又可称为静态核或者距离核，这里的不变是指坐标系的任何转变都不会改变核函数的内积矩阵。可以简单的表示为

$$K(x,y)=K_{\mathrm{s}}(x-y) \tag{4.66}$$

这类核不依赖于个体输入向量 x 和 y 的绝对位置，而是向量间的差 $x-y$。同时，考虑向量间位置差异的方向性，这类核又有各向同性和各向异性之分。

各向同性静态核满足：

$$K(x,y)=K_{\mathrm{I}}(\|x-y\|_2) \tag{4.67}$$

常见的非线性静态核如下所示：

①高斯径向基核函数：

$$K(x,y)=\exp(-\gamma|x-y|^2) \tag{4.68}$$

②指数径向基核函数：

$$K(x,y)=\exp(-\gamma|x-y|) \tag{4.69}$$

③B_n 样条核函数：

$$K(x,y)=\prod_{p=1}^{d}B_{2n+1}(x_p-y_p) \tag{4.70}$$

上述式中：$n\in N$，x_p 与 y_p 为 d 维向量 x 和 y 的 p 次元素。

（2）点积核：点积核的表示如下：

$$K(x,y)=K_D(\boldsymbol{x}\cdot\boldsymbol{y}) \tag{4.71}$$

点积包括齐次和非齐次两种核函数。该类核考虑输入样本在特征空间内所有点积的内部作用。

①线性核函数：

$$K(x,y)=\boldsymbol{x}\cdot\boldsymbol{y} \tag{4.72}$$

线性核是一种最简单的核函数，应用线性核建立学习模型与统计的自回归模型类似。

②余弦矩阵核：

$$K(x,y)=\frac{\boldsymbol{x}\cdot\boldsymbol{y}}{\|\boldsymbol{x}\|_2\|\boldsymbol{y}\|_2} \tag{4.73}$$

③多项式核函数：

$$K(x,y)=(\boldsymbol{x}\cdot\boldsymbol{y})^d,K(x,y)=(\boldsymbol{x}\cdot\boldsymbol{y}+1)^d\text{ 或 }K(x,y)=\left(\frac{\boldsymbol{x}\cdot\boldsymbol{y}}{\|\boldsymbol{x}\|_2\|\boldsymbol{y}\|_2}+1\right)^d \tag{4.74}$$

④多层感知机核函数：

$$K(x,y)=\tanh[v(\boldsymbol{x}\cdot\boldsymbol{y}+c)]\quad v>0,c<0 \tag{4.75}$$

2. 基于支持向量机的近似算法

已知若干数据对（x_1，y_1），…，（x_n，y_n），$x_i\in R^d$，$y_n\in R$，对于这些数据对采用函数：

$$f(x)=\boldsymbol{\omega}\cdot\boldsymbol{x}+b \tag{4.76}$$

对其之间存在的解析关系进行模拟和逼近。

首先考虑线性问题，设式（4.76）中 $f(x)$ 为线性关系，ω、b 为权值向量和偏差，是需要求解的量。

样本对满足精度为 ε 的线性逼近，有

$$\begin{cases}y_i-f(x_i)\leqslant\varepsilon+\xi_i\\ f(x_i)-y_i\leqslant\varepsilon+\xi_i^* \quad i=1,2,\cdots,n\\ \xi_i,\xi_i^*\geqslant 0\end{cases} \tag{4.77}$$

式中：ξ_i、ξ_i^* 是考虑到逼近误差而引入的松弛因子。根据结构风险最小化理论，Vapnik 等推出对于 ω、b 最佳值的求解，可转化为在式（4.78）约束下的极值求解问题：

$$R(\omega,\xi,\xi^*)=\frac{1}{2}\boldsymbol{\omega}\cdot\boldsymbol{\omega}+C\sum_{i=1}^{n}(\xi_i+\xi_i^*) \tag{4.78}$$

式中：$C>0$ 表示对超出误差 ε 的样本的惩罚程度。

根据约束条件下的非线性二次凸规划理论，Lagrange 条件及对偶原理，可以解得

$$\begin{cases} \omega = \sum_{i=1}^{n} (\alpha_i - \alpha_i^*) x_i \\ \lambda_i = C - \alpha_i \\ \lambda_i^* = C - \alpha_i^* \end{cases} \tag{4.79}$$

同时问题（4.78）的求解转化为如下函数的最大化：

$$W(\alpha,\alpha^*) = -\frac{1}{2}\sum_{i=1,j=1}^{n} (\alpha_i - \alpha_i^*)(\alpha_j - \alpha_j^*)(x_i \cdot x_j) + \sum_{i=1}^{n} (\alpha_i - \alpha_i^*) y_i - \sum_{i=1}^{n} (\alpha_i + \alpha_i^*)\varepsilon \tag{4.80}$$

其约束条件为

$$\begin{cases} \sum_{i=1}^{n} (\alpha_i - \alpha_i^*) = 0 \\ 0 \leqslant \alpha_i, \alpha_i^* \leqslant C \end{cases} \tag{4.81}$$

式中：α_i、$\alpha_i^* \geqslant 0$，λ_i、$\lambda_i^* \geqslant 0$，为约束条件中相应各式的 Lagrange 乘数，$i=1$，2，…，n。

式（4.81）的求解也是一个凸二次规划，根据最优化鞍点问题的 K-K-T 条件有

$$\alpha_i[\xi_i + \varepsilon - y_i + f(x_i)] = 0 \tag{4.82}$$

$$\alpha_i^*[\xi_i^* + \varepsilon + y_i - f(x_i)] = 0 \tag{4.83}$$

$$(C - \alpha_i)\xi_i = 0 \tag{4.84}$$

$$(C - \alpha_i^*)\xi_i^* = 0 \tag{4.85}$$

得出 $\alpha_i \cdot \alpha_i^* = 0$，表明 α_i、α_i^* 不能同时为非零，同时当 $\alpha_i = C$，或 $\alpha_i^* = C$ 时，$|f(x_i) - y_i|$ 可能大于 ε；当 $\alpha_i \in (0,C)$ 或 $\alpha_i^* \in (0,C)$ 时，$|f(x_i) - y_i| = \varepsilon$，即 $\xi_i = 0$，$\xi_i^* = 0$，据此求出 b。由样本点（x_i，y_i）就可以确定线性函数 $f(x) = \boldsymbol{\omega} \cdot \boldsymbol{x} + b$ 中的 ω 和 b，则线性逼近函数为

$$f(x) = \boldsymbol{\omega} \cdot \boldsymbol{x} + b = \sum_{i=1}^{n} (\alpha_i - \alpha_i^*) \boldsymbol{x}_i \cdot \boldsymbol{x} + b \tag{4.86}$$

非线性的逼近函数则是首先将样本数据对（x，y）中的输入量 x 通过映射 Φ：$R^n \to H$ 映射到高维特征空间 H 中，利用函数 $f(x) = \boldsymbol{\omega} \cdot \Phi(x) + b$ 逼近数据（x_i，y_i），$i=1$，2，…，n。

在非线性条件下，二次凸规划优化目标函数式（4.80）表示为

$$\max W(\alpha,\alpha^*) = -\frac{1}{2}\sum_{i=1,j=1}^{n} (\alpha_i - \alpha_i^*)(\alpha_j - \alpha_j^*) \times [\Phi(x_i) \cdot \Phi(x_j)]$$

$$+\sum_{i=1}^{n}(\alpha_i-\alpha_i^*)y_i-\sum_{i=1}^{n}(\alpha_i+\alpha_i^*)\varepsilon \tag{4.87}$$

式中：$\Phi(x_i)\cdot\Phi(x_j)$ 是高维特征空间中的点积运算，在这里只考虑点积运算 $\Phi(x_i)\cdot\Phi(x_j)$ 的效能，而不直接使用函数 $\Phi(x)$，把 $\Phi(x_i)\cdot\Phi(x_j)$ 的效能函数 $K(x_i,x_j)$ 称为核函数。核函数的选取应使其成为高维特征空间的一个点积。

因此，式（4.85）变为

$$\max W(\alpha,\alpha^*)=-\frac{1}{2}\sum_{i=1,j=1}^{n}(\alpha_i-\alpha_i^*)(\alpha_j-\alpha_j^*)\times K(x_i,x_j)$$

$$+\sum_{i=1}^{n}(\alpha_i-\alpha_i^*)y_i-\sum_{i=1}^{n}(\alpha_i+\alpha_i^*)\varepsilon \tag{4.88}$$

按线性逼近函数类似的求法，可以得到非线性逼近函数的表达式为

$$f(x)=\boldsymbol{\omega}\cdot\Phi(x)+b=\sum_{i=1}^{n}(\alpha_i-\alpha_i^*)K(x,x_i)+b \tag{4.89}$$

在本文中采用径向基核函数，则上式变为

$$f(x)=\boldsymbol{\omega}\cdot\Phi(x)+b=\sum_{i=1}^{n}(\alpha_i-\alpha_i^*)K(x,x_i)+b$$

$$=\sum_{i=1}^{n}(\alpha_i-\alpha_i^*)\exp(-\gamma_i|x-x_i|^2)+b \tag{4.90}$$

式中：γ_i 为常数，决定函数围绕中心点的宽度，其他符号意义同前[106]。

4.3.3 边坡极限平衡模式的近似显式化

边坡稳定性分析极限平衡模式的共同特征是条分。不同研究者从不同的条件和假设出发，针对不同情况，推出了不同的计算公式。下面介绍简布（Janbu）模式，该模式适用于任意形状滑动面边坡稳定性系数计算。

1. 边坡稳定性系数模式特征

已知岩质边坡中存在一个不规则的软弱面 $ABCD$，该软弱面是该边坡潜在的最可能滑面。在该滑动面上各点的曲率半径不同［见图 4.8（a)］。按照极限平衡分析模式，将该滑面以上的滑体划分为若干条块［见图 4.8（a)］和条块受力分析［见图 4.8（b)］。

简布法认为，滑动面上的切向力 T_i 等于滑动面所发挥的抗剪强度 τ_i。同时，通常假定分条两侧法向力 E 的作用点位置位于分条底面以上 1/3 高度处。

按照极限平衡条件，简布模式下的边坡整体稳定性系数 F_s 计算公式如下：

$$\Delta E=(W_i+\Delta X_i)\tan\alpha_i-\frac{1}{F_s}[(W_i+\Delta X_i)\tan\varphi_i+c_ib_i]\frac{1}{m_{\alpha_i}\cos\alpha_i} \tag{4.91}$$

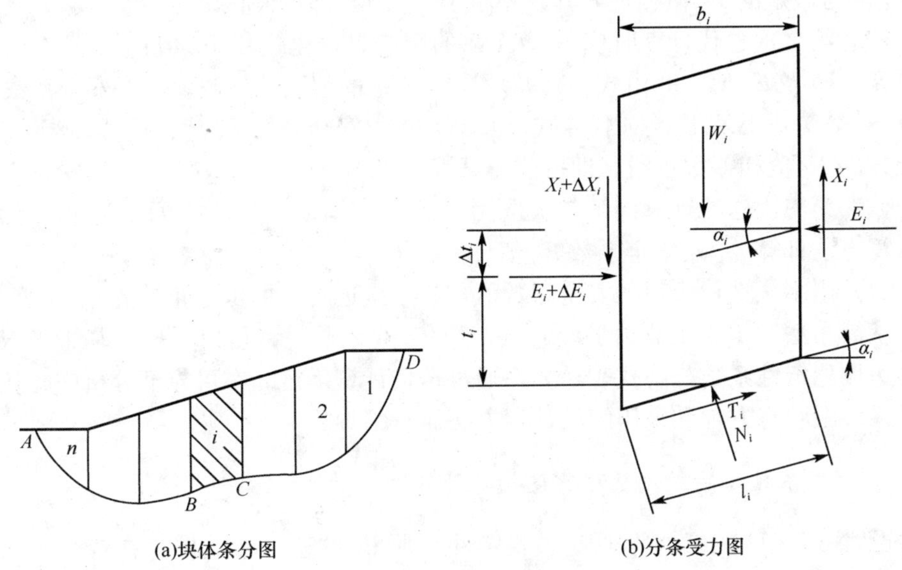

图 4.8　非圆弧滑动面计算图

$$F_s=\frac{\sum\left\{\left[(W_i+\Delta X_i)\tan\varphi_i+c_ib_i\right]\frac{1}{m_{\alpha_i}\cos\alpha_i}\right\}}{\sum\left[(W_i+\Delta X_i)\tan\alpha_i\right]} \tag{4.92}$$

式中：

$$\begin{cases} m_{\alpha_i}=\cos\alpha_i+\dfrac{1}{F_s}\tan\varphi_i\sin\alpha_i \\ X_i=\Delta E_i\dfrac{t_i}{b_i}-E_i\tan\alpha_i \\ \Delta X_i=X_{i+1}-X_i \end{cases} \tag{4.93}$$

其中：E_i、ΔE_i 分别为分条侧面水平作用力及增量；α_i 为 E_i 与 $E_i+\Delta E_i$ 作用点连线倾角；b_i 为分条水平宽度；l_i 为分条底滑面长度；φ_i 为分条底滑面摩擦角；c_i 为分条底滑面黏聚力；X_i、ΔX_i 分别为分条侧面切向力及其增量；T_i、N_i 分别为分条底滑面切向力与法向力；W_i 为分条的重力。

从上面分析可以看出，稳定性系数 F_s 为高度复杂的隐式函数，在求解时只能采用如下迭代方法：

(1) 第一次迭代时，先假定 $\Delta X_i=0$，按式 (4.92) 计算 F_s 值。但计算 F_s 值时要先知道 m_{α_i} 值，但它是 F_s 的函数，故要先假定一个 F_s 值进行试算。为了节省试算时间，开始时可先假定 $\dfrac{1}{m_{\alpha_i}\cos\alpha_i}=1$，按式 (4.92) 求得试算的安全系数 F_{s0} 值。然后参考 F_{s0} 值假定一个新的 F_s 值计算 m_{α_i} 值，并求得安全系数 F_{s1} 值。

若 F_{s1} 值与假定的 F_s 值相近，其误差小于5%时，即可停止试算。

(2) 第二次迭代计算时应考虑 ΔX_i 的影响。这是先用 F_{s1} 值代入式 (4.91) 计算及 ΔE_i 及 E_i 值，并由式 (4.93) 计算 ΔX_i 的值。然后假设一个安全系数 F_s 计算 m_{α_i}，考虑 ΔX_i 影响，代入式 (4.92) 求得安全系数 F_{s2} 值。同样，当 F_{s2} 值与假定的 F_s 值相差很小时，即可停止试算。

(3) 第三次迭代计算同第二次迭代，用 F_{s2} 值计算 ΔE_i、E_i 及 ΔX_i 值，然后用试算方法计算 m_{α_i} 及安全系数 F_{s3} 值。

(4) 当多次迭代求得的安全系数值，趋于接近时，即可停止计算。

从简布法及4.2.1节关于Spencer法的安全系数过程可以看出，基于极限平衡的边坡稳定性系数是隐式表达式，通过迭代计算确定。在可靠度分析中直接建立显式极限状态方程和采用解析计算方法比较困难。

2. 隐式系数的显式化及可靠度指标计算

设式 (4.91) 中影响岩质边坡稳定性系数 F_s 的基本参数中存在较大不确定性的参数 x^1，x^2，…，x^d 表示为 $\boldsymbol{x}=\{x^1, x^2, \cdots, x^d\}$，即组成基本随机变量向量 $x\in R^d$。不失一般性，假设它们服从正态分布（其他分布可当量化为正态分布），相应均值为 $\mu=\{\mu^1, \mu^2, \cdots, \mu^d\}$，均方差 $\sigma=\{\sigma^1, \sigma^2, \cdots, \sigma^d\}$（这里，变量右上角的数字是上标，不是幂的次方）。

根据正交试验设计方法和统计学理论的“3σ”原则，对基本随机变量抽样，首先是基准点，对于初次抽样，基准点取 $x_0=\{\mu^1, \mu^2, \cdots, \mu^d\}$，然后按照 $x_i=(\mu^1, \mu^2, \cdots, \mu^i+3\sigma^i, \cdots, \mu^d)\cdots$，$x_{i+d+1}=\{\mu^1, \mu^2, \cdots, \mu^i, \cdots, \mu^d+3\sigma^d\}$，$x_{i+d+2}=\{\mu^1-3\sigma^1, \cdots, \mu^d\}$，$x_{2d+1}=\{\mu^1, \cdots, \mu^d-3\sigma^d\}$ 进行抽样，因此抽得 $2d+1$ 组随机样本。将每一组随机变量样本 $x_i\in \boldsymbol{R}^d$ 按上述步骤进行迭代计算，可以求得相应该组随机变量的边坡稳定性系数 F_{si}，令 $F_{si}=y_i$ ($i=1, 2, \cdots, 2d+1$)，则一共形成 $2d+1$ 组样本数据对 (x_i, y_i)。

将 $2d+1$ 组样本数据对 (x_i, y_i)，按照前述支持向量机近似算法，在本文中采用非线性等代函数拟合，可以确定式 (4.90) 中的有关系数 α_i、α_i^*、b ($i=1, 2, \cdots, n$)。根据可靠度关于功能函数定义和构造方法，非线性的等代显式功能函数为[106]

$$\bar{g}_{(0)}(\boldsymbol{x})=\sum_{i=1}^{2d+1}(\alpha_i-\alpha_i^*)\exp(-\gamma_i\mid x-x_i\mid^2)+b-1 \tag{4.94}$$

式中：下标 (0) 表示初次拟合，第0次修正。

在获得了式 (4.94) 所示的显式形式后，可采用验算点法计算相应的可靠度指标和最大可能概率失效点，然后按上述同样的原理进行抽样修正。抽样基准点的确定式为

$$\boldsymbol{x}_{m+1} = \boldsymbol{x}_m + (x_m - x_m^{(*)}) \times \frac{F_s(x_m) - 1}{F_s(x_m) - F_s(x_m^{(*)})} \tag{4.95}$$

式中：x_m、x_{m+1}分别为第 m 次、$m+1$ 次修正时的抽样基点；$x_m^{(*)}$ 为第 m 次计算时得出的验算点；$F_s(\cdot)$ 为按照式（4.92）迭代计算得出的稳定性系数。

在抽样基准点确定后，按照抽样方式抽得 $2d+1$ 组随机样本（但抽样时均方差 σ^i 前的系数取 1），并拟合出相应的非线性显式功能函数，即得到修正的等代显式功能函数 $\bar{g}_{(m+1)}(x)$。

根据 $\bar{g}_{(m+1)}(x)$ 求得 β_{m+1} 和相应的验算点 $x_{m+1}^{(*)} = \{x_{m+1}^{(1)*}, x_{m+1}^{(2)*}, \cdots, x_{m+1}^{(2d+1)*}\}$。设可靠度指标误差限为 ε，如果满足：

$$|\beta_{m+1} - \beta_m| \leqslant \varepsilon \tag{4.96}$$

则说明显式功能函数 $\bar{g}_{(m+1)}(x)$ 的准确度已经满足要求。否则继续进行修正，直到满足式（4.96）。

3. 工程分析过程示例

示例一：已知土坡坡度比为 1∶1.5，高度 $H=12$m，土坡包含四个土层。采用中蒙特卡洛法对应的圆弧滑裂面进行计算。各层的物理力学指标及统计特征如表 4.2 所示，边坡几何特征如图 4.9 所示，计算结果如表 4.3 所示。

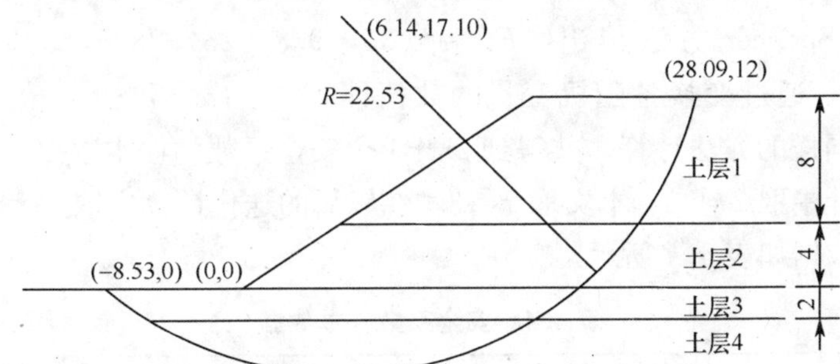

图 4.9　边坡外形及土层分布情况（单位：m）

表 4.2　各土层物理力学指标及统计特征

土层号	土类	c/kPa		φ/(°)		γ/(kN/m³)	
		均值	标准差	均值	标准差	均值	标准差
1	杂填土	9.8	1.96	35	5.25	20.4	1.63
2	黏土	28.8	5.76	25	3.75	19.0	1.52
3	粉质黏土	19.8	3.96	30	4.5	21.5	1.72
4	黏土	9.8	1.96	16	2.40	19.0	1.52

表 4.3　计算结果比较

计算方法		滑弧圆心坐标 x/m	滑弧圆心坐标 y/m	滑弧半径 R/m	安全系数
作者采用不同力学模式编程计算稳定性系数	蒙特卡洛法	6.14	17.10	22.53	1.301
	瑞典法				1.262
	Bishop 法				1.278
	Janbu 法				1.286
	不平衡推力法				1.297
	Spencer 法				1.290

边坡有四个土层，影响因素较多，且黏聚力 c 和内摩擦角 φ 的变异性相对较大，而容重的变异则较小。因此，为了简化计算，取每层土体的黏聚力 c 和内摩擦角 φ 为随机参数，将容重视为定量进行分析计算。于是，写成随机变量的形式有 $F_s=Z=\{\varphi_1, c_1, \varphi_2, c_2, \varphi_3, c_3, \varphi_4, c_4\}=\{x_1, x_2, x_3, x_4, x_5, x_6, x_7, x_8\}$，其支持向量机拟合过程如下：

（1）首先假定边坡安全系数影响因素的迭代点 $Z^{(0)}=(x_1^{(0)}, \cdots, x_i^{(0)}, \cdots, x_8^{(0)})$，第一次取为变量的均值点，即 $F_s^{(0)}=Z^{(0)}=(x_1^{(0)}, \cdots, x_i^{(0)}, \cdots, x_8^{(0)})$。

（2）由 Spencer 方法得出：$F_s^{(0)}=(35, 9.8, 25, 28.8, 30, 19.8, 16, 9.8)=1.290$，通过变换各随机变量的数值即 $F_s^{(i)}=(x_1^{(0)}, \cdots, x_i^{(0)}\pm f\sigma_i, \cdots, x_n^{(0)})$，采用同样的方法计算，共得到 $2n+1$ 个安全系数的样本数据，其中系数 f 在第一轮估计中取 2 或 3，本文取 $f=3$，在以后的迭代计算中取 1；σ_i 为 x_i 的标准差，样本数据如表 4.4 所示。

表 4.4　安全系数样本数据

安全系数	φ_1/(°)	c_1/kPa	φ_2/(°)	c_2/kPa	φ_3/(°)	c_3/kPa	φ_4/(°)	c_4/kPa
1.290	35	9.8	25	28.8	30	19.8	16	9.8
1.335	50.75	9.8	25	28.8	30	19.8	16	9.8
1.317	35	15.68	25	28.8	30	19.8	16	9.8
1.358	35	9.8	36.25	28.8	30	19.8	16	9.8
1.339	35	9.8	25	46.08	30	19.8	16	9.8
1.392	35	9.8	25	28.8	43.5	19.8	16	9.8
1.332	35	9.8	25	28.8	30	31.68	16	9.8
1.519	35	9.8	25	28.8	30	19.8	23.2	9.8
1.369	35	9.8	25	28.8	30	19.8	16	15.68
1.212	19.25	9.8	25	28.8	30	19.8	16	9.8
1.261	35	3.92	25	28.8	30	19.8	16	9.8
1.231	35	9.8	13.75	28.8	30	19.8	16	9.8

续表

安全系数	$\varphi_1/(°)$	c_1/kPa	$\varphi_2/(°)$	c_2/kPa	$\varphi_3/(°)$	c_3/kPa	$\varphi_4/(°)$	c_4/kPa
1.239	35	9.8	25	11.52	30	19.8	16	9.8
1.211	35	9.8	25	28.8	16.5	19.8	16	9.8
1.246	35	9.8	25	28.8	30	7.92	16	9.8
1.075	35	9.8	25	28.8	30	19.8	8.8	9.8
1.21	35	9.8	25	28.8	30	19.8	16	3.92

（3）将产生的 17 个样本数据进行归一化处理，统一到（−1，1），采用网格搜索的方法确定样本的最优参数，搜索结果为：$C=64.0$，$\gamma=0.0009765625$，$\varepsilon=0.0009765625$。

（4）式（4.91）改写成矩阵形式（构建核矩阵），并代入归一化的数据，得到下面的核函数［kerner(rbf，x_i，x_j)］矩阵：

$$K=\sum_{i=1}^{l}\sum_{j=1}^{l}\text{kerner}(rbf,x_i,x_j)$$

$$=\begin{bmatrix} rbf(\gamma),x_1,x_1 & rbf(\gamma),x_1,x_2 & \cdots & rbf(\gamma),x_1,x_{17} \\ rbf(\gamma),x_2,x_1 & & & \\ \vdots & & & \\ rbf(\gamma),x_{17},x_1 & & \cdots & rbf(\gamma),x_{17},x_{17} \end{bmatrix}$$

$$=\begin{bmatrix} \exp(-\gamma\|x_1-x_1\|^2) & \exp(-\gamma\|x_1-x_2\|^2) & \cdots & \exp(-\gamma\|x_1-x_{17}\|^2) \\ \exp(-\gamma\|x_2-x_1\|^2) & \ddots & & \vdots \\ \vdots & & & \\ \exp(-\gamma\|x_{17}-x_1\|^2) & & \cdots & \exp(-\gamma\|x_{17}-x_{17}\|^2) \end{bmatrix}$$

（5）根据搜索的最优参数，采用二次规划优化方法求解支持向量机中的 Lagrange 参数 α 和 α^*：

$$\alpha=\{0,0,0,64,0,64,0,64,1.45,0,0,33.36,0,23.10,0,0,0\}^{\mathrm{T}}$$

$$\alpha^*=\{0,40,0,0,0,0,0,0,0,64,14.14,0,25.42,0,21.83,45.59,38.84\}^{\mathrm{T}}$$

代入 $\sum_{i=1}^{l}(\alpha_i^*-\alpha_i)=0$，满足约束条件。

（6）根据求得的最优 α 值和函数矩阵，可以得到最优权向量 $\boldsymbol{w}^*$：

$$\boldsymbol{w}^*=\sqrt{(\boldsymbol{w}^*)^2}=\sqrt{(\alpha-\alpha^*)^{\mathrm{T}}\cdot K(\alpha-\alpha^*)}=\sqrt{36.2769}=6.02$$

$$b^*=-\frac{\max_{y_i=-1}(w^*\cdot x_i)+\min_{y_i=1}(w^*\cdot x_i)}{2}=-1.2898$$

（7）由支持向量机的基本原理，支持向量是（$\alpha-\alpha^*$）不为零所对应的向量，由（6）可得到支持向量在样本中的对应编号 sv 为（2 4 6 8 9 10 11 12 13 14 15 16 17）。这些支持向量是原训练样本的特征点，包含了原训练样本集的大部分信息，在回归建模过程中起着决定性作用。

（8）根据上述求出的 Lagrange 参数 α、α^* 和 b^*，可以求得支持向量机决策函数的表达式，即安全系数 F_s 的显式表达式[107]：

$$F_s = \sum_{i=1}^{l}(\alpha_i - \alpha_i^*)K(x_i \cdot x) + b = \sum_{j=1}^{8}\sum_{i=1}^{17}(\alpha_i - \alpha_i^*)\exp(-\gamma(x_j - x)^2) + b$$

$$= \begin{bmatrix} 0\\ -40\\ 0\\ 64\\ 0\\ 64\\ 0\\ 64\\ 1.45\\ -64\\ -14.14\\ 33.36\\ -25.42\\ 23.11\\ -21.83\\ -45.59\\ -38.84 \end{bmatrix}^{T} \cdot \begin{bmatrix} \exp(-\gamma(x_1-35)^2) & \cdots & \exp(-\gamma(x_8-9.8)^2)\\ \exp(-\gamma(x_1-50.75)^2) & \cdots & \exp(-\gamma(x_8-9.8)^2)\\ \vdots\ \exp(-\gamma(x_2-15.68)^2) & \cdots & \exp(-\gamma(x_8-9.8)^2)\\ \vdots\quad \exp(-\gamma(x_3-36.25)^2) & \cdots & \exp(-\gamma(x_8-9.8)^2)\\ \vdots\quad \exp(-\gamma(x_4-46.08)^2) & \cdots & \exp(-\gamma(x_8-9.8)^2)\\ \vdots\quad \exp(-\gamma(x_5-43.5)^2) & \cdots & \exp(-\gamma(x_8-9.8)^2)\\ \vdots\quad \exp(-\gamma(x_6-31.68)^2) & \cdots & \exp(-\gamma(x_8-9.8)^2)\\ \vdots\quad \exp(-\gamma(x_7-23.2)^2) & & \exp(-\gamma(x_8-9.8)^2)\\ \vdots & & \exp(-\gamma(x_8-3.92)^2)\\ \exp(-\gamma(x_1-19.25)^2) & \cdots & \exp(-\gamma(x_8-9.8)^2)\\ \vdots\ \exp(-\gamma(x_2-3.92)^2) & \cdots & \exp(-\gamma(x_8-9.8)^2)\\ \vdots\quad \exp(-\gamma(x_3-13.75)^2) & \cdots & \exp(-\gamma(x_8-9.8)^2)\\ \vdots\quad \exp(-\gamma(x_4-11.52)^2) & \cdots & \exp(-\gamma(x_8-9.8)^2)\\ \vdots\quad \exp(-\gamma(x_5-16.5)^2) & \cdots & \exp(-\gamma(x_8-9.8)^2)\\ \vdots\quad \exp(-\gamma(x_6-7.92)^2) & \cdots & \exp(-\gamma(x_8-9.8)^2)\\ \vdots\quad \exp(-\gamma(x_7-8.8)^2) & & \exp(-\gamma(x_8-9.8)^2)\\ \vdots & & \exp(-\gamma(x_8-3.92)^2) \end{bmatrix}$$

利用上述支持向量机模型计算出的 F_s 显式表达式，采用 JC 法求解可靠度指标，JC 法求解可靠度指标的极限状态表达式为

$$Z = g(x) = F_s - 1 = F_s(x_1, x_2, x_3, x_4, x_5, x_6, x_7, x_8) - 1$$

$$= \sum_{j=1}^{8}\sum_{i=1}^{17}(\alpha_i - \alpha_i^*)\exp(-\gamma(x_j - x)^2) + b - 1 = 0$$

具体的计算步骤为：

（1）选取 x_i^* 的初值为均值，$x_1=35$，$x_2=9.8$，$x_3=25$，$x_4=28.8$，$x_5=30$，$x_6=19.8$，$x_7=16$，$x_8=9.8$。

（2）计算：$\left(\dfrac{\partial g}{\partial x_i}\right)_*$，（$i$=1，2，3，4，5，6，7，8）：

$$\left(\frac{\partial g}{\partial x_1}\right)_* = 0.2337, \left(\frac{\partial g}{\partial x_2}\right)_* = 0.4865, \left(\frac{\partial g}{\partial x_3}\right)_* = 0.685,$$

$$\left(\frac{\partial g}{\partial x_4}\right)_* = 0.1175, \left(\frac{\partial g}{\partial x_5}\right)_* = 0.1525, \left(\frac{\partial g}{\partial x_6}\right)_* = 0.284,$$

$$\left(\frac{\partial g}{\partial x_7}\right)_* = 1.0275, \left(\frac{\partial g}{\partial x_8}\right)_* = 0.3282$$

（3）计算：

$$\alpha_i^* = \frac{\left(\frac{\partial g}{\partial x_i}\right)_*}{\sqrt{\sum_{i=1}^{n}\left(\frac{\partial g}{\partial x_i}\right)_*^2}} = \frac{\left(\frac{\partial g}{\partial X_i}\right)_* \sigma_{X_i}}{\sqrt{\sum_{i=1}^{n}\left(\frac{\partial g}{\partial X_i}\right)_*^2 \sigma_{X_i}^2}}$$

$$\alpha_{x_1}^* = 0.16045, \alpha_{x_2}^* = 0.51303, \alpha_{x_3}^* = 0.65835, \alpha_{x_4}^* = 0.042171, \alpha_{x_5}^* = 0.1256,$$
$$\alpha_{x_2}^* = 0.20586, \alpha_{x_3}^* = 0.45148, \alpha_{x_4}^* = 0.11776$$

（4）将步骤（1）中的 x_i^* 值构成 β 方程，解得 $\beta=2.3784$。

（5）将步骤（4）求得的 β 计算新的 x_i^* 值：

$$X_i^* = \mu_{X_i} - \alpha_i \beta \sigma_{X_i}$$

$$x_1^* = 30.78, x_2^* = 9.76, x_3^* = 24.67, x_4^* = 27.73, x_5^* = 29.37,$$
$$x_6^* = 19.43, x_7^* = 15.54, x_8^* = 9.70$$

（6）利用新得到的 x_i^* 值作为下一次迭代的均值，建立新的安全系数样本数据，开始新一轮的计算。

（7）重复上述步骤，直到第 12 次迭代，得到的最终验算点为 $x_1^*=32.64$，$x_2^*=9.74$，$x_3^*=24.59$，$x_4^*=26.78$，$x_5^*=29.61$，$x_6^*=19.24$，$x_7^*=15.26$，$x_8^*=9.64$。求得的 $\beta_{12}=2.2435$，与第 11 次迭代解得的 $\beta_{11}=2.2351$ 相比：

$$|\beta_{12} - \beta_{11}| = 0.0084 \leqslant 0.01$$

0.01 为预先给定的误差，故可靠度指标 $\beta=2.2435$。

（8）根据 $P_f = 1 - \Phi(\beta)$，求得破坏概率 $P_f=1-0.9876=0.0124=1.24\%$。同时，对应的中值安全系数 $F_s=1.290$。

上述算例采用蒙特卡洛法计算的可靠度指标为 $\beta_{蒙}=2.3055$，将支持向量机拟合计算出的可靠度指标与蒙特卡洛法计算出的可靠度指标进行对比，两者的绝对误差为

$$|\beta_{蒙} - \beta_{支}| = |2.3055 - 2.2435| = 0.062$$

两者的相对误差为

$$\left|\frac{2.3055 - 2.2435}{2.3055}\right| = 0.0268 = 2.7\%$$

可以看出，计算值与精确值的绝对误差为 0.062，相对误差仅为 2.7%，与精确值已相当接近，而只进行了 12 次迭代，而蒙特卡洛方法通常需要数万次的迭代，故本文方法节省了大量运算时间。

示例二：陈祖煜编著的《土质边坡稳定分析——原理、方法、程序》[103]中给出某边坡的滑面（如图 4.10 所示）及其基本资料（如表 4.5 所示），不同方法计算所得安全系数如表 4.6 所示。支持向量机的近似过程如下：

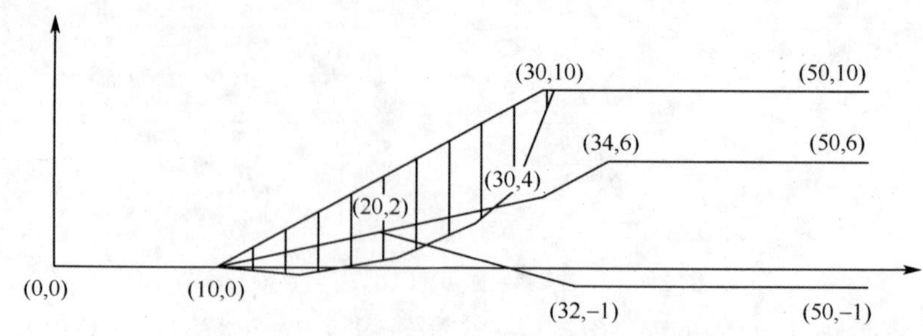

图 4.10　边坡外形及土层分布情况

表 4.5　各土层物理力学指标及统计特征

土层号	c/kPa		φ/(°)		γ/(kN·m^{-3})	
	均值	标准差	均值	标准差	均值	标准差
1	0	0	38	6	19.5	0.5
2	5.3	0.7	23	3	19.5	0.5
3	7.2	0.2	20	3	19.5	0.5

表 4.6　中值安全系数计算结果

计算方法	计算者	安全系数	计算方法	计算者	安全系数	备注
Janbu 法	STAB 程序	1.40	Janbu 法	自编程序	1.393	STAB 程序为陈祖煜研制的软件
瑞典法	自编程序	1.379	不平衡推力法	自编程序	1.414	
Bishop 法	自编程序	1.385	Spencer 法	自编程序	1.406	

(1) 由 Janbu 法得出：$F_s^{(0)}=(38, 0, 23, 5.3, 20, 7.2)$，通过变换各随机变量的数值，即 $F_s^{(i)}=(x_1^{(0)}, \cdots, x_i^{(0)}\pm f\sigma_i, \cdots, x_n^{(0)})$，共得到 $2n+1$ 个安全系数的样本数据，其中系数 f 在第一轮取 3，在以后的迭代计算中取 1；样本数据如表 4.7 所示。

表 4.7　稳定性系数样本数据

稳定性系数	φ_1/(°)	c_1/kPa	φ_2/(°)	c_2/kPa	φ_3/(°)	c_3/kPa
1.393	38	0	23	5.3	20	7.2
1.514	56	0	23	5.3	20	7.2
1.496	38	0	32	5.3	20	7.2
1.415	38	0	23	7.4	20	7.2
1.554	38	0	23	5.3	29	7.2
1.40	38	0	23	5.3	20	7.8
1.322	20	0	23	5.3	20	7.2
1.303	38	0	14	5.3	20	7.2

续表

稳定性系数	$\varphi_1/(°)$	c_1/kPa	$\varphi_2/(°)$	c_2/kPa	$\varphi_3/(°)$	c_3/kPa
1.372	38	0	23	3.2	20	7.2
1.249	38	0	23	5.3	11	7.2
1.385	38	0	23	5.3	20	6.6

(2) 采用网格搜索的方法在 $(2^{-15},\ 2^{15})$ 的范围内搜索参数 C、γ 和 ε 的最优值，根据搜索结果，本例的最优参数为：$C=512$，$\gamma=0.00390625$，$\varepsilon=0.001953125$。

(3) 根据搜索的最优参数，采用二次规划求解支持向量机中的 Lagrange 参数 α 和 α^*：

$$\alpha=\{0,277.72,4.12,0,19.57,0,256.38,0,0,0,0\}^{\mathrm{T}}$$

$$\alpha^*=\{283.29,0,0,59.19,0,76.62,0,8.1,61.99,0,77.61\}^{\mathrm{T}}$$

(4) 根据求得的最优 α 值和函数矩阵，可以得到最优权向量 $\boldsymbol{w}^*$：

$$\boldsymbol{w}^*=\sqrt{(\boldsymbol{w}^*)^2}=\sqrt{(\alpha-\alpha^*)^{\mathrm{T}}\cdot K(\alpha-\alpha^*)}=\sqrt{270.4907}=16.45$$

$$b^*=-\frac{\max\limits_{y_i=-1}(\boldsymbol{w}^*\cdot\boldsymbol{x}_i)+\min\limits_{y_i=1}(\boldsymbol{w}^*\cdot\boldsymbol{x}_i)}{2}=-2.4995$$

(5) 根据上述求出的 Lagrange 参数 α、α^* 和 b^*，可以求得支持向量机决策函数的表达式，即安全系数 F_s 的显式表达式：

$$\begin{aligned}F_s=&\sum_{i=1}^{l}(\alpha_i-\alpha_i^*)K(\boldsymbol{x}_i\cdot\boldsymbol{x})+b\\=&-283.29\times\exp\{-0.00390625\times[(x_1-38)^2+(x_2-23)^2+(x_3-5.3)^2\\&+(x_4-20)^2+(x_5-7.2)^2]\}+277.72\times\exp\{-0.00390625\times[(x_1-56)^2\\&+(x_2-23)^2+(x_3-5.3)^2+(x_4-20)^2+(x_5-7.2)^2]\}+4.12\times\\&\exp\{-0.00390625\times[(x_1-38)^2+(x_2-32)^2+(x_3-5.3)^2+(x_4-20)^2\\&+(x_5-7.2)^2]\}-59.19\times\exp\{-0.00390625\times[(x_1-38)^2+(x_2-23)^2\\&+(x_3-7.4)^2+(x_4-20)^2+(x_5-7.2)^2]\}+19.57\times\exp\{-0.00390625\\&\times[(x_1-38)^2+(x_2-23)^2+(x_3-5.3)^2+(x_4-29)^2+(x_5-7.2)^2]\}\\&-76.62\times\exp\{-0.00390625\times[(x_1-38)^2+(x_2-23)^2+(x_3-5.3)^2+(x_4\\&-20)^2+(x_5-7.8)^2]\}+256.38\times\exp\{-0.00390625\times[(x_1-20)^2+(x_2\\&-23)^2+(x_3-5.3)^2+(x_4-20)^2+(x_5-7.2)^2]\}-8.10\times\\&\exp\{-0.00390625\times[(x_1-38)^2+(x_2-14)^2+(x_3-5.3)^2+(x_4-20)^2\\&+(x_5-7.2)^2]\}-61.99\times\exp\{-0.00390625\times[(x_1-38)^2+(x_2-23)^2\\&+(x_3-3.2)^2+(x_4-20)^2+(x_5-7.2)^2]\}-0\times\exp\{-0.00390625\times[(x_1\\&-38)^2+(x_2-23)^2+(x_3-5.3)^2+(x_4-11)^2+(x_5-7.2)^2]\}-77.61\end{aligned}$$

$$\times \exp\{-0.00390625\times[(x_1-38)^2+(x_2-23)^2+(x_3-5.3)^2+(x_4-20)^2+(x_5-6.6)^2]\}-2.4995$$

(6) 利用上述支持向量机模型计算出的 F_s 显式表达式，采用JC法求解可靠度指标。

JC法求解可靠度指标的极限状态表达式为

$$Z=g(x)=F_s-1=F_s(x_1,x_2,x_3,x_4,x_5)-1$$
$$=\sum_{j=1}^{5}\sum_{i=1}^{11}(\alpha_i-\alpha_i^*)\exp[-\gamma(x_j-x)^2]+b-1=0$$

经过22次迭代，求得最终的验算点为 $x_1^*=27.2084$，$x_2^*=23.7299$，$x_3^*=5.3015$，$x_4^*=23.2203$，$x_5^*=7.200$，可靠度指标 $\beta_{22}=3.1768$，与第21次迭代解得的 $\beta_{21}=3.1689$ 相比，$|\beta_{22}-\beta_{21}|=0.0079\leqslant 0.01$（0.01为预先给定的误差），故可靠度指标 $\beta=3.1768$。

(7) 根据 $P_f=1-\Phi(\beta)$，求得破坏概率 $P_f=1-0.9992=0.0008=0.08\%$。同时，对应的安全系数 $F_s=1.393$。

以蒙特卡洛法求得的解为精确解，$\beta_{蒙}=3.1786$，将支持向量机拟合计算出的可靠度指标与蒙特卡洛法计算出的可靠度指标进行对比，两者的绝对误差为

$$|\beta_{蒙}-\beta_{支}|=|3.299-3.1768|=0.1223$$

两者的相对误差为

$$\left|\frac{3.299-3.1768}{3.299}\right|=0.037=3.70\%$$

通过以上的算例可以得出，本文采用Spencer法和Janbu法来计算安全系数，再利用支持向量机方法对安全系数的隐式表达式进行显式化拟合，并结合JC法求解可靠度指标，其计算结果与蒙特卡洛法计算的精确值相当接近。而且其迭代次数远远少于蒙特卡洛方法的迭代次数，节省了运算时间。

示例三：上瑞高速公路湘中某连接线上的石埠塘斜坡由3层地质体组成，根据地质钻孔勘探，存在一折线形的地质弱面，如图4.11所示，该弱面是潜在的滑面。各滑面的物理力学参数及变异性见表4.8。

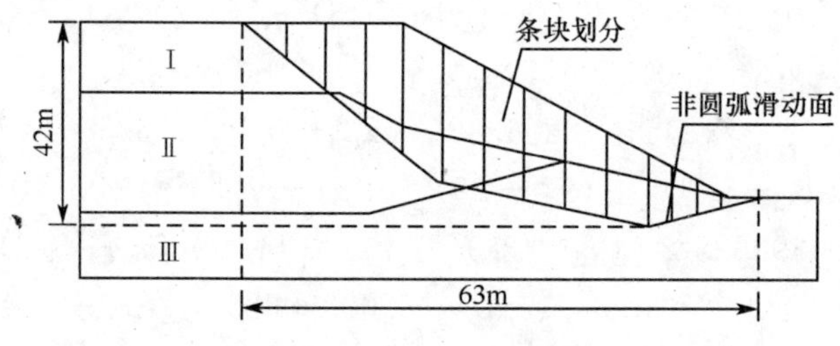

图4.11　边坡剖面图

表 4.8　岩体物理力学参数及变异性

层号	c/kPa		$f=\tan\varphi$		γ/(kN · m^{-3})	
	μ_c	σ_c	μ_f	σ_f	μ_γ	σ_γ
Ⅰ	78.67	8.19	0.424	0.051	26.4	0.93
Ⅱ	94.76	7.37	0.364	0.043	27.5	0.76
Ⅲ	56.11	6.14	0.343	0.035	25.4	1.1

根据岩层的物理力学参数表可知，在岩层的力学参数中，黏聚力 c 和摩擦因数 f 的变异系数达到 10%左右，而容重的变异系数则不到 4%。故在分析中不考虑容重 γ 的变异性，当作定量参数分析，而把 c_1、c_2、c_3、f_1、f_2、f_3 作为随机参数。为了方便，将其写为随机向量的形式（c_1，c_2，c_3，f_1，f_2，f_3）$=\boldsymbol{X}=$（X_1，X_2，X_3，X_4，X_5，X_6），该功能函数为

$$Z=g(f_1,f_2,f_3,c_1,c_2,c_3)=F_s(X_1,X_2,X_3,X_4,X_5,X_6)-1=0$$

式中：F_s（X_1，X_2，X_3，X_4，X_5，X_6）为用简布分析模式求解的安全系数表达式。将整个潜在的滑体划为 14 个分条。F_s 与各随机变量间的关系式不能明确表示，F_s 根据简布计算模式的原理编程求解。

采用支持向量机拟合算法，得到边坡的可靠度指标为 $\beta=2.387$，边坡相应稳定概率 P_{s0} 为 97.706%，通过蒙特卡洛法模拟计算得到边坡的稳定概率 P_{s1} 精确解为 97.727%。因此，支持向量机拟合算法的绝对误差为

$$|P_{s1}-P_{s0}|=|97.727\%-97.706\%|=0.021\%$$

相对误差为

$$|P_{s1}-P_{s0}|/P_{s1}\times100\%=|97.727\%-97.706\%|/97.727\%=0.0215\%。$$

示例四：黄龙公路土福界山垭口段通过切挖山脚而成。在山体中有一条贯通的、厚 0.5～1.0 m 的软弱带。整个软弱带从山体顶端开始，山体及软弱带的发育情况见图 4.12。山体岩石容重 γ 及软弱带各段抗剪力学参数黏聚力 c 和内摩擦因数 f 见表 4.9。

设山体岩石容重 γ，软弱带的 ABC、CDE 和 EF 段的摩擦因数、黏聚力分别为 f_1、f_2、f_3、c_1、c_2、c_3。根据表 4.9 计算得出，山体岩石容重 γ，软弱带的 ABC、CDE 和 EF 段的摩擦因数分别为 f_1、f_2、f_3；黏聚力 c_1、c_2、c_3 的变异性分别为 13.0%、9.4%、8.7%、8.9%、11.9%、11.0%、10.7%，最小为 8.7%，其中山体岩石容重的变异系数最大，达 13%。故上述参数的随机性对滑体稳定概率的影响不可忽略，它们是基本随机变量，表达成向量形式为 $\boldsymbol{X}=$（γ，f_1，f_2，f_3，c_1，c_2，c_3），将其表达为支持向量机拟合算法中关于基本变量的一般形式 $\boldsymbol{X}=$（X_1，X_2，X_3，X_4，X_5，X_6，X_7），其中 X_1、X_2、X_3、X_4、X_5、X_6、X_7 分别与 γ、f_1、f_2、f_3、c_1、c_2、c_3 对应。

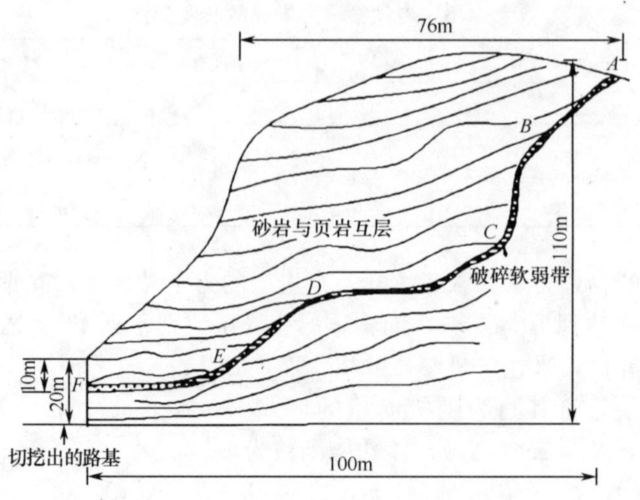

图 4.12　山体边坡及软弱带示意图

表 4.9　山体岩石容重 γ 及软弱带各段抗剪力学参数黏聚力 c 和内摩擦因数 f

ABC 段				*CDE* 段			
参数				参数			
黏聚力 c_1/MPa		内摩擦系数 f_1		黏聚力 c_2/MPa		内摩擦系数 f_2	
均值 μ	标准差 σ	均值 μ	标准差 σ	均值 μ	标准差 σ	均值 μ	标准差 σ
0.27	0.032	0.466	0.044	0.74	0.081	0.601	0.052
EF 段				山体岩石			
参数				参数			
黏聚力 c_3/MPa		内摩擦系数 f_3		容重 γ/(kN·m^{-3})			
均值 μ	标准差 σ	均值 μ	标准差 μ	均值 σ	标准差 μ		
0.15	0.016	0.649	0.0577	26.2	3.403		

由图 4.12 可知，边坡滑面为不规则形，稳定性系数计算采用简布法，将滑体划分为 50 个条块。

采用简布模式下的基于支持向量机拟合算法，通过 5 轮迭代 80 次稳定性系数计算，得到山体沿弱面的稳定可靠度指标为 $\beta_3=1.004$，相应的滑动破坏概率为 15.81%。采用蒙特卡洛法，通过 13500 次计算，得到滑动破坏概率精确解为 $P_f=15.615\%$。基于支持向量机的拟合方法在稳定性计算方面的工作量，计算结果与精确解的绝对误差，相对误差（计算方法同前例）的差别如下：相对工作量为 80/13500＝0.59%；绝对差值为 15.81%－15.615%＝0.195%；相对差值为|15.81%－15.615%|/15.615%＝1.25%。

第 5 章　基于交接面的挖填路基边坡分析

在岩土工程中，一般将边坡分为岩质边坡和土质边坡两类。对于岩质边坡的破坏，通常有折断、倾倒、滑动等模式。对于滑动模式，通常是在岩体中存在地质软弱面（结构面），研究的对象是地质弱面以上岩体的稳定性，而地质弱面通常是折线形的。对于天然土质边坡，大多数情况下，明显的弱面不存在，在稳定性分析时，先要进行最小稳定性系数滑面的搜索，采用稳定性系数最小面作为滑面。岩土工程中，学者们对这两种典型的形式已经研究非常透彻。

在山区公路建设中，为了环境保护，减少大填大挖，少占或不占农田和林地，许多修建在山坡上的路基，通常采用半填半挖形式，即在山坡中切挖一部分路基，将切挖下来的土石就近粘贴在山坡上，填筑出另一部分路基。在填筑路基和切挖路基之间存在交接面。这种具有交接面路基边坡的稳定性问题，不同于天然的岩质或土质边坡。首先在交接面两侧地质材料，切出部分是天然状态岩土体，粘贴填筑部分是通过机械开挖或爆破后的松散体，在人工密实基础上的构筑体。两者在生成方式上有差异，差异的分界面就是两种材料的交接面。差异面两侧的稳定性问题则是经典的岩质或土质边坡的稳定性问题，所以挖填路基的稳定性特征问题在很大程度上是交接面的处理和施工问题。

5.1　主要影响因素

半填半挖路基边坡交接面上的岩土体是不连续的，其交接面结构由各种不同时期或不同成因的堆积面、地层层面、风化界面或原生结构面等不连续面控制。交接面的坡度与填挖路基的宽度及其组合在半填半挖路基边坡变形和破坏过程中常起控制性作用。一般而言，当交接面较缓时，不稳岩土体的下滑力较小，路基边坡较为稳定。随着交接面坡度的变陡填挖规模的增大，路基边坡越容易失稳。在分析中，如果忽视交接面结构的非均匀性和不连续性的影响，很可能将计算建立在与实际情况相差甚远的不切实际的假定之上，其分析计算结果将失去客观性和可靠性。

5.1.1　交接面岩土性质

岩土的成因类型、矿物成分、岩土结构和强度等是决定边坡稳定性的重要因素。岩土的力学性质，主要包括黏聚力、摩擦角、弹性模量和泊松比等，是影响边坡工程稳定性的主要作用因素。岩土的黏聚力和摩擦角是控制岩土抗剪强度的重要指标，直接控制边坡稳定性状及变形破坏行为。弹性模量对边坡的变形位移量大小有直接影响，同时弹性模量值差异巨大的岩土材料之间存在变形不易协调的问题，常成为变形发生、发展的依附界面。泊松比的大小对竖向重力在坡体中的引起的水平应力效应具有一定的影响。若填料中混入了种植土、腐殖土或泥沼土等劣质土，或土中含有未经打碎的大土块或冻土块等；填石路堤石料规格不一、性质不匀或就地爆破堆积，乱石中空隙很大。这样，在一定时间内可能会产生局部显著下沉。

5.1.2　地下水或大气降水

当气候炎热干燥，使岩土产生龟裂，雨季时，降水深入地下，使岩土软化，岩土的抗剪强度降低，当地表水下渗引起岩土体的饱和，降低了破裂面上的有效法向应力，即在总应力不变的情况下，有效应力降低使滑体自重所产生的岩土抗滑摩阻力下降。同时，水的渗入在坡体内产生较高的孔隙水压力和动水压力，加大了坡体临空面下滑的能力。西南地区全年可以分为干湿两季，每年的 5～10 月为雨季，持续时间长，雨量集中，由于雨水渗入岩土体，使岩土体易发生滑坡。

5.1.3　外荷载及工程活动

影响边坡稳定的外荷载主要有汽车荷载、爆破荷载及地震荷载等。外荷载对边坡破坏的影响主要表现在以下两个方面：①外荷载的增大增加了坡体的下滑力，加大了坡顶的张应力和坡脚的剪应力，抗剪强度降低，因而造成边坡稳定性降低；②促使坡体裂隙发展，边坡岩土体因振动而松动，同时引起孔隙水压力急剧增高，使松动饱和砂土或敏感黏土震动液化而导致边坡破坏。

5.2　交接面类型

按交接面结构特征（填土高度、交接面坡角）把半填半挖路基边坡分成高陡交接面路基边坡和普通交接面路基边坡等几种类型，其分类汇总列于图 5.1。

5.2.1　按几何特征

《公路路基设计规范》(JTGD30—2004)[108]结合填料的种类，进行了如下划分：填料为黏质土、粉土及砂类土并且高度大于 20m 的路堤边坡认定为高填方边坡；填料为砂、烁并且填方高度大于 12m 的路堤边坡为高填方边坡；填料为漂（块）石土、卵石土、砾类土以及碎石土并且填方高度大于 20m 的路堤边坡认定为高填方边坡；填料为不易风化的石块并且填方高度大于 20m 的路堤边坡

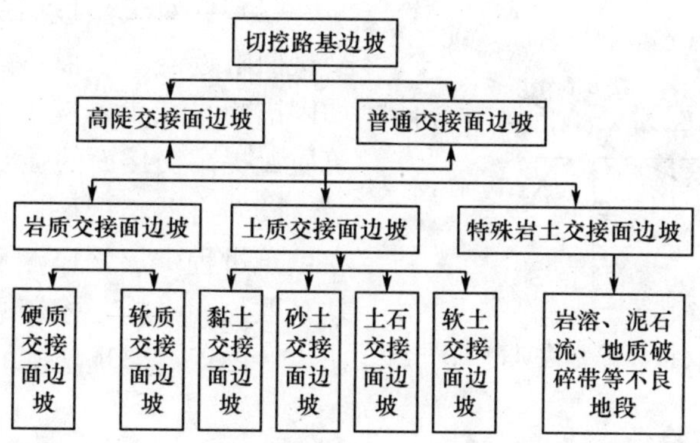

图 5.1　切挖路基边坡分类简表

认定为高填方边坡，斜面坡率陡于 1∶2.5 的路堤属于陡边坡路堤。《公路路基施工技术规范》(JTJ033—95) 将在水稻田、常年积水地带用细粒土填筑的路堤边坡高度大于 6m 的边坡认定为高填方边坡；在其他地带填筑的填土或填石边坡高度超过 20m 的路堤边坡认定为高填方路堤边坡。参照《公路路基设计规范》(JTG 30—2004) 的定义，将坡度陡于1∶2.5且高度大于 20m 挖填路基边坡统称为高陡交接面路基边坡（如图 5.2 所示），其他统称为普通

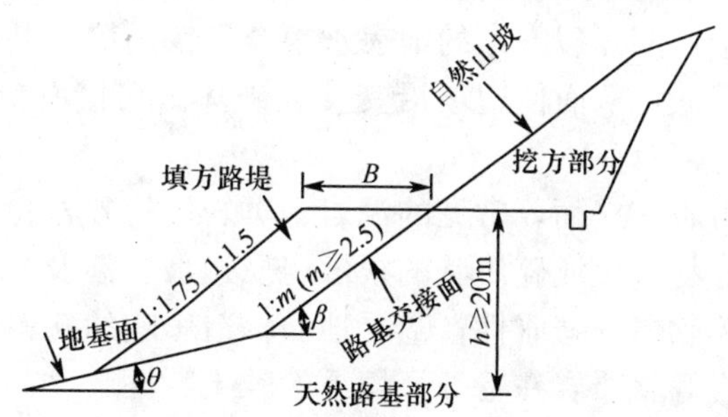

图 5.2　高陡交接面路基边坡断面图

交接面路基边坡（如图 5.3 所示）。根据现行《公路路基设计规范》(JTG 30—2004)，与普通交接面路基边坡比较，高陡交接面路基边坡具有以下几个特点：

(1) 交接面两侧地质体的粘合是路基稳定的关键之一，需要对路堤边坡进行稳定性验算，要求填方路堤与天然路堤具有足够的整体强度和边坡稳定性。

(2) 交接面两侧地质体性质存在差异，而且填筑高度大。处在自然平衡状态的天然路基和由碎石（土）等通过碾压而形成的填筑路基之间可能产生沉降差异，破坏路面的平整度，甚至开裂。

(3) 需要详细的地质勘察，采取有效的防水和排水措施，防止地下水和地表水浸蚀交接面，导致填方路基沿交接面整体滑动。

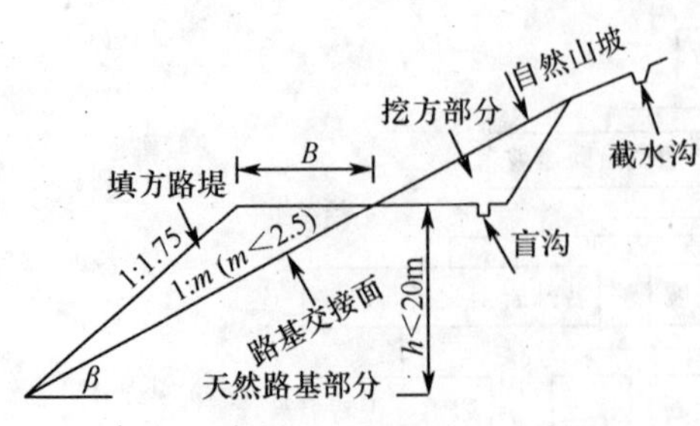

图 5.3　普通交接面路基边坡断面图

(4) 针对天然坡面的地质条件，在交接面附近需要采取特殊的施工工艺和加固措施，减少路堤填筑缺陷，保证填筑质量提高交接面的强度。

(5) 有些情况下，地基沉降大，需在填筑过程中加强监测和监控，并对地基采取加固措施，控制总沉降量和沉降速率，确保高路堤地基的稳定。

5.2.2　按地质体特征

对于岩质交接面路基边坡稳定来说，起控制作用的是交接面岩体的强度。岩质交接面可分为硬质交接结构面与软弱交接结构面。水的介入对于硬质结构面的强度并无多大影响，而软弱结构面遇水后，特别是在原来充填介质含水量很少，降雨后却显著加大时，充填的软弱物进一步软化，其抗剪强度则显著降低。

对于硬质岩交接面，影响边坡稳定的主要因素是交接面的倾角大小、交接面上填料的抗剪强度，水的作用。硬质岩石交接面就像一张不透水的膜，由降雨引起的地下水或者由于上部开裂入渗的地表水很容易在交接面上产生渗流，引起交接面上岩土性质的降低，从而使边坡沿交接面破坏。交接面较陡时会出现崩塌，较缓时会出现滑动。

对于软弱松散岩质交接面，常见的泥岩、页岩、粉砂岩和泥质砂岩等软岩以及玄武岩、白云岩等易风化成碎块状的松散岩质边坡。涉及的特殊地质现象有 3 种：①第三系泥岩等软岩的膨胀性；②受地质构造影响的软弱松散岩质边坡的稳定问题；③炭质页岩等软质岩在特殊环境下的软土特性。

工程软岩是指在工程力作用下能产生显著塑性变形的工程岩体。强调软岩所承受的工程力荷载的大小，强调了研究的对象包含了边坡开挖扰动影响范围之内的岩体，即岩块、结构面及其空间组合特征，强调从软岩的强度和工程力荷载的对立统一关系中分析、把握软岩的相对性实质。按照工程软岩的定义，将软岩分为泥质胶结型软岩和膨胀性软岩。对于膨胀型软岩，根据膨胀性大小可以分为强膨胀性软岩（自由膨胀变形大于 15%）、中膨胀性软岩（自由膨胀变形 10%～15%）和弱膨胀性软岩（自由膨胀变形小于 10%）。

通常软岩具有膨胀性（吸水后体积增大、压力升高、失水后体积缩小、干裂）和崩解性（吸水后导致完整岩体解体）。因此，交接面上软质岩石在雨水作用下，产生膨胀和崩解，强度迅速降低，临空面下的软质岩石在侧压力的作用下产生很大的变形，从而导致边坡发生深层的滑动破坏。软岩、含膨胀性矿物的岩土其水活性特别强，按照常规的强夯措施，保证不了路基的强度和变形要求，需要采用路基加固、填方坡体支挡措施。

土质交接面路基边坡，基岩上覆土体较厚，其基岩埋藏较深，基本对边坡变形稳定不产生控制作用。它主要分为普通土质路基边坡和软弱土质路基边坡两类。

普通土质交接面要求坡面土质本身具有较低的压缩性和较好的力学稳定性能和水理性能。通常情况下，普通土的压缩模量 $E_s>10$MPa，准贯入击数 $N_{63.5}$ 大于 15。因此，普通土质交接面路基边坡的主体基本是黏性土、砂类土、砾石类土以及土石混合物。

根据黏土的不同，又可分为一般黏土边坡、红土边坡、裂隙性硬黏土边坡等等。其主要特征是其颗粒成分皆以细密的黏土颗粒为主，常含亲水性较强的黏土矿物，结构为水胶连接和团聚结构。因含水量的不同而呈固态、塑态和流态等不同稠度状态，压缩速度小而压缩量大。各类黏性土的组织结构和物理力学特性差别也较大，一般是干燥时坚硬开裂，遇水后膨胀分散呈软塑状。

黏性土的工程地质性质主要取决于黏粒含量、稠度和孔隙比。黏粒含量增多，黏性土的塑性、胀缩性、透水性、压缩性和抗剪强度等发生明显变化。从亚砂土到黏土，其塑性指数、胀缩量和黏聚力渐大，而渗透系数和内摩擦角变小。稠度对黏性土性质的影响较大，近流态和软塑态的土，有较高压缩性和较低的抗剪强度；而固态或硬塑态的土则相反，即压缩性较低，抗剪强度较高。

砂性土组成的边坡，以其结构较疏松、黏聚力低为主要特点。地下水活动有时导致管涌和流砂。为了预防边坡主体砂性土出现液化滑动，可以进行振冲加密。

由滑动、崩塌、塌陷、坡积等形成的堆积型碎石土边坡，皆可以呈土石叠置结构的岩土混合边坡。此时下伏基岩面的产状和特性直接影响边坡的稳定性。当下伏基岩面与边坡同向，且表部抗剪强度较低时，在基岩面（交接面）因湿水抗剪强度降低或在振动条件下，都可能引起土石体沿基岩面（交接面）滑动。

对残积形成的碎石土边坡，其稳定性主要决定于基岩风化状态，残积细颗粒的物理力学特性，及其含水状况；其主要变形形式是当含水量变化，且细黏土层抗剪强度降低时，出现局部滑坡。在花岗岩及其他岩石严重风化地区较常见。

5.3　交接面路基破坏形态

半填半挖路基边坡岩、土体以何种模式变形，最终以何种方式破坏，受半填半挖路基边坡交接面结构类型和岩性条件控制。根据边坡的坡体岩土组成和交接面的结构特征，经过总结归纳和抽象，半填半挖路基边坡工程地质模式主要有：

蠕滑-拉裂、滑移-拉裂。

（1）蠕滑-拉裂：坡体向临空方向蠕滑和它后缘自地表向深部发展的拉裂，两者所构成的组合形式。拉裂不仅使水沿交接面进入坡体之中，同时还使坡脚和坡体中部应力集中程度增高，从而促使了蠕滑。两者相互联系，相互促进。

（2）滑移-拉裂：滑移主要沿已有软弱面产生，或多组结构面和坡面形成的楔形体。当滑移面向临空方向的倾角已足以使上覆坡体的下滑力超过该面的实际抗剪强度时，坡体或楔形体沿软弱面发生位移，坡体后缘被拉裂。在成坡过程中该面一经揭露即迅速导致破坏，发展为崩塌性滑坡，变形过程短暂。

半填半挖边坡的变形破坏类型通常包括滑坡、坍塌、流坍以及冲刷破坏。依据变形破坏特征、变形破坏机制和破坏面形态，把边坡变形破坏类型归纳为表 5.1。

表 5.1 路基边坡沿交接面破坏模式表

类型		变形破坏特征	变形破坏机制	破坏面形态
滑坡	平面型	边坡岩体沿交接面整体向下滑移	滑移-压裂。交接结构面强度过低，顺层滑移	见图 5.3
	圆弧型	土质及散体结构的边坡，沿圆弧形滑动面滑移，坡脚隆起	蠕滑-拉裂。内摩擦角偏低，坡高、坡角偏大	见图 5.4
	复合型	一个切穿岩土体的圆弧面与一个或者数个直线型结构面的组合	滑移-拉裂。结构面临空	见图 5.5
崩塌		边坡上局部岩体松动、脱落，主要运动形式为自由坠落或滚动	滑移-拉裂。岩土体存在临空面，在结合力小于重力时，发生崩塌	见图 5.6
流坍		碎屑类填料在重力作用下，向坡脚或峡谷流动，形成碎屑流滑坡。	流动。碎屑体饱水后在重力作用下，产生流动	碎屑体内流动无明显滑动面
冲刷		受洪水、潮水、风浪的侵袭淘空路基产生滑动，或者在坡面流的作用下破坏流失	下滑、坍塌。洪水不断冲刷沿河路基，冲蚀作用淘空路基导致边坡下滑、坍塌	沿交接面滑动或者表层破坏流失

（1）滑坡：在一定自然条件下，边坡大量岩土体在重力作用下，沿着一定的软弱面（带）向下滑动的现象称为滑坡，规模较大的滑坡一般长期缓慢地下滑，滑动过程可以持续十几年甚至更长。在降雨和地下水的作用下，填挖交接面的岩土力学性质减弱，坡角比较缓的路基边坡（一般缓于 30°），在重力作用下就会出现沿交接软弱面向下前方整体滑动。不少滑坡由于河流冲刷或人工切割了前缘部分，也有由于上部超载地下水富集有效应力减少，以及岩土中交接面或软弱带抗剪强度降低等原因造成了滑动。按照滑面的形态可分为平面型滑坡、圆弧型滑

坡和复合型滑坡。具体见图 5.4～图 5.6。

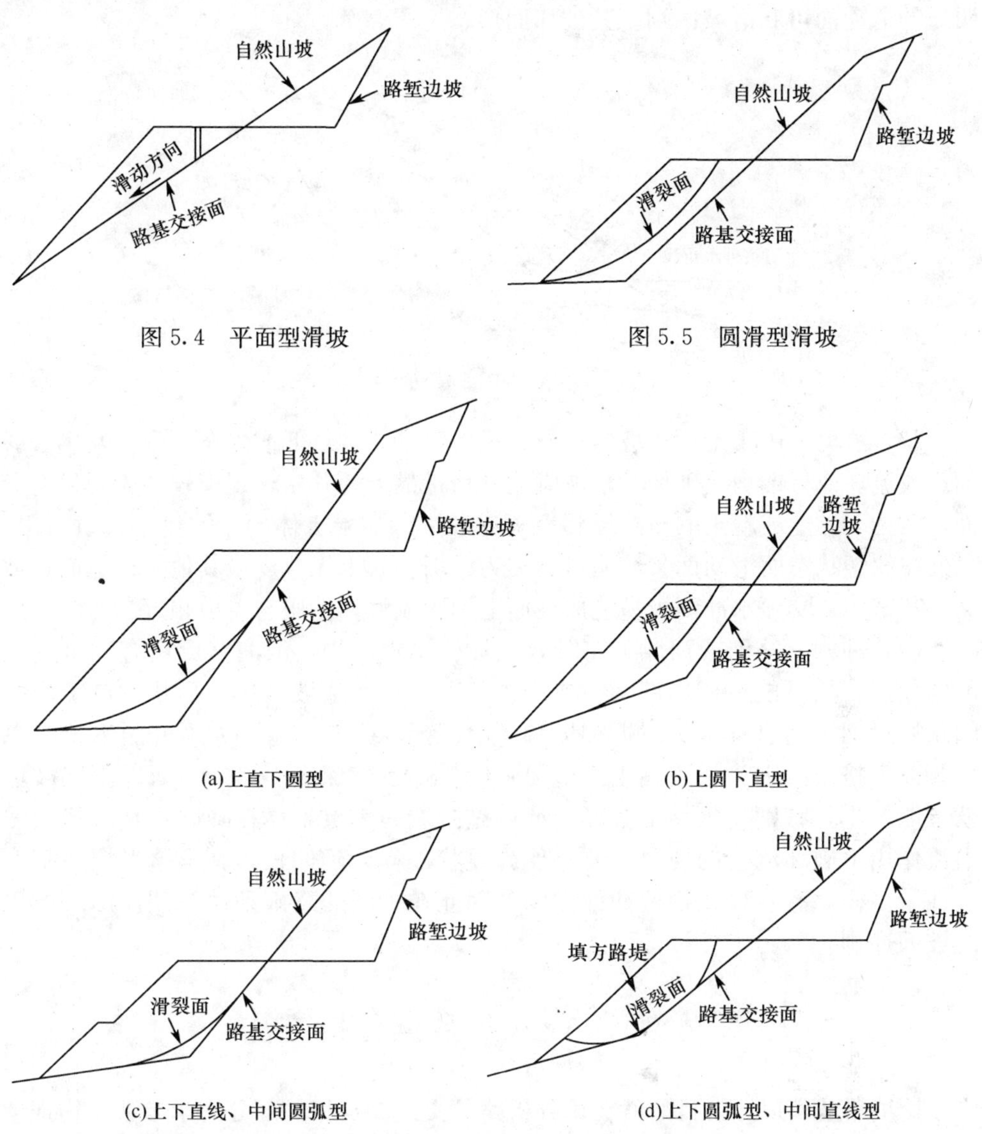

图 5.4　平面型滑坡

图 5.5　圆滑型滑坡

图 5.6　复合型滑坡

(2) 崩塌：崩塌是指陡峻斜坡上的岩、土体在重力的作用下突然脱离坡体向下崩落的现象。崩塌是破裂岩块倾倒、翻滚、跳跃、撞击，最后坠落堆积在坡脚。经常出现在山区的陡峭山坡上或交接面很陡的填筑路堤边坡上。崩塌的发生是突然、猛烈的，具有强烈的冲击破坏力，常使坡脚下的建筑物和道路工程遭到破坏甚至被掩埋，造成巨大的伤亡和损失。崩塌的垂直变位大于水平变位，并且运动速度较快，崩塌体散落于坡脚下，不能保持原来岩土的结构和整体性，亦无明显的滑动面可和滑坡区别。其破坏面形态见图 5.7。

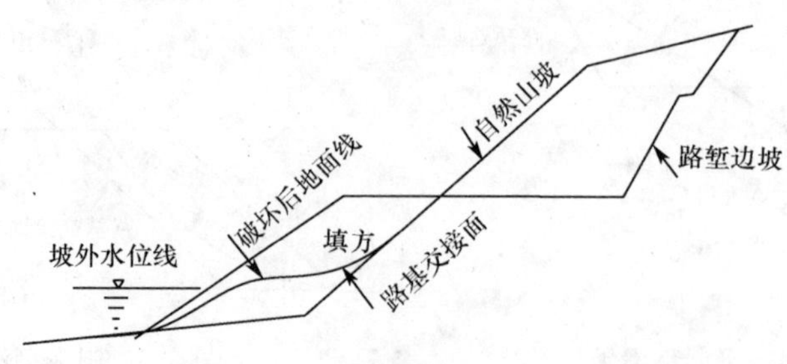

图 5.7　崩塌破坏形态

（3）流坍：由于土质边坡饱水导致抗剪强度非常之低或先全消失，发生表层的边坡流坍或称馏坍。破坏常自坡脚或含水量最大处开始，规模较小无明显的滑面，多见于黏土或粉土的新路堤和大雨后发生。如果土体的含水量未超过液限，只处在软塑状态而滑动面又较明显者称为滑坍。如果无草皮或其他防护，而边坡又不甚密实，受雨水冲刷极易造成坡面上细沟流泥，性质与流坍相近。

（4）冲刷：滨河或河滩上路基，边坡受洪水冲刷，滨海路堤还有潮水、风浪的侵袭，均可能造成局部淘空或成段冲毁。至于边坡破坏的形状，对于均质的路堤近似于通过枕木头附近和坡脚下的圆弧。亦有自道心左右开裂下错，自坡脚前方挤出。因为均质黏土的抗剪强度，并不随深度而增加，所以深层破坏就可能发生，特别是软黏土。坡面冲刷是指坡面表层土体在降雨及其形式的坡面流作用下破坏流失的现象。公路作为线状工程，延伸长，其半填半挖路基边坡性质多样，有些风化物抗冲蚀性弱，因此在不利的降雨条件下往往形成严重的坡面冲刷。

5.4　计算模式与数据分析方法

挖填路基模拟计算目的就在于分析路基交接面及相关部分力学参数、物理参数、几何参数的不同搭配组合对路基稳定性的影响，为半填半挖路基施工工艺设计、监测及加固方案提供指导。

5.4.1　计算模式

对边坡的稳定性分析目前已经形成了许多方法，而极限平衡分析方法技术成熟且能满足实际工程问题的精度要求，是目前规范中的评价边坡的稳定的主要方法。在我国铁路、建筑及公路部门的有关规范中，对于圆弧形滑面推荐使用

Bishop 法。在半填半挖路基中，填方部分一般顺山势填筑，山坡面即为交接面，山坡剖面通常为折线形。而对于折线形滑面的斜坡推荐使用不平衡推力法。考虑到不平衡推力法在计算会产生很大的误差，选用 Sarma 法，该法可考虑地下水、地震作用及加锚作用，其计算模型如图 5.8 所示。

假设分条为斜条的，分条的编号自下而上递加。首先确定 K_0，取 $\sum X = 0$,则有

$$\begin{aligned} &T_i\cos\alpha_i - N_i\sin\alpha_i - P_{xi} - R_{xi} \\ &= K_c W_i + X_{i+1}\sin\delta_{i+1} - X_i\sin\delta_i + E_{i+1}\cos\delta_{i+1} - E_i\cos\delta_i \end{aligned} \tag{5.1}$$

取 $\sum Y = 0$,则有

$$\begin{aligned} &N_i\cos\alpha_i + T_i\sin\alpha_i - P_{yi} - R_{yi} \\ &= W_i + X_{i+1}\cos\delta_{i+1} - X_i\cos\delta_i - E_{i+1}\sin\delta_{i+1} + E_i\sin\delta_i \end{aligned} \tag{5.2}$$

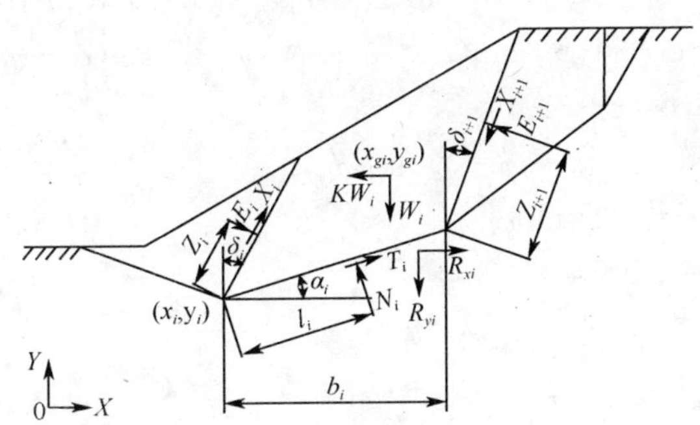

图 5.8　边坡的计算模型

按 Mohr-Coulomb 准则，底滑面应有

$$T_i - (N_i - U_i)\tan\varphi_i - c_i b_i \sec\alpha_i = 0 \tag{5.3}$$

假设分条斜截面上也有极限平衡，则按 Mohr-Coulomb 准则，应有 $n-1$ 个 X_i 与 E_i 的关系式：

$$X_i = (E_i - PW_i)\tan\varphi'_i + c'_i d_i \tag{5.4a}$$

$$X_{i+1} = (E_{i+1} - PW_{i+1})\tan\varphi'_{i+1} + c'_{i+1} d_{i+1} \tag{5.4b}$$

式中：c_i、φ_i 为第 i 单元底滑面上的单位黏聚力及摩擦角；c'_i、φ'_i 为第 i 单元左侧斜界面上的单位黏聚力及摩擦角；PW_i 为第 i 单元左侧斜截面上的水压力（图 5.9）。

消除式（5.1）～式（5.4）中 T_i、N_i、U_i、X_i 和 X_{i+1}，可得

$$E_{i+1} = a_i - p_i K_c + E_i e_i \tag{5.5}$$

$$K_c = \frac{a_n + a_{n-1}e_n + a_{n-2}e_n e_{n-1} + \cdots + a_1 e_n e_{n-1}\cdots e_3 e_2}{p_n + p_{n-1}e_n + p_{n-2}e_n e_{n-1} + \cdots + p_1 e_n e_{n-1}\cdots e_3 e_2}$$

式中：

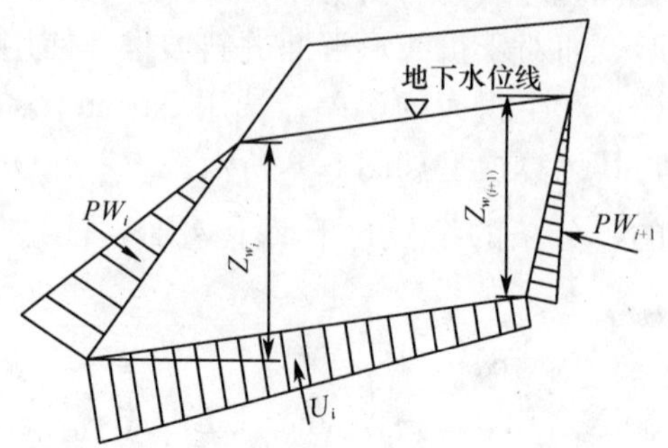

图 5.9　滑体单元 i 裂隙水压力示意图

$$
\begin{aligned}
Q_i &= \cos(\varphi_i - a_i + \varphi'_{i+1} - \delta_{i+1})\sec\varphi'_{i+1} \\
a_i &= Q_i[(W_i + P_{yi} + R_{yi})\sin(\varphi_i - \alpha_i) - (P_{xi} + R_{xi})\cos(\varphi_i - \alpha_i) \\
&\quad + R_i\cos\varphi_i + S_{i+1}\sin(\varphi_i - \alpha_i - \delta_{i+1}) - S_i\sin(\varphi_i - a_i - \delta_i)] \\
p_i &= Q_i W_i\cos(\varphi_i - \alpha_i) \qquad (5.6) \\
e_i &= Q_i\cos(\varphi_i - a_i + \varphi'_i - \delta_i)\sec\varphi'_i \\
R_i &= c_i b_i\sec\alpha_i - U_i\tan\varphi_i \\
S_i &= c'_i d_i - PW_i\tan\varphi_i
\end{aligned}
$$

边界条件：

$$\varphi'_1 = \delta_1 = \varphi'_{n+1} = \delta_{n+1} = 0 \qquad (5.7)$$

计算安全系数时，假定安全系数为某个值 K，以 $\frac{c_i}{K}$ 代替 c_i，$\frac{\tan\varphi_i}{K}$ 代替 $\tan\varphi_i$，$\frac{c'_i}{K}$ 代替 c'_i，$\frac{\tan\varphi'_i}{K}$ 代替 $\tan\varphi'_i$，根据上述公式采用迭代的计算 K_c 和所有的未知数。

当 $K_c=0$ 时，对应的 K 值为求得的无地震力作用的边坡安全系数；当 K_c 等地震加速度系数时，对应的 K 值为求得的有地震力作用的边坡安全系数。

其中，对于第 i 单元斜截面上的左侧水压力 PW_i、右侧水压力 PW_{i+1}、底滑面水压力 U_i 如图 5.10 所示，具体计算如下：

$$
\begin{cases}
PW_i = 0.5\gamma_w z_{wi} d_{wi} \\
PW_{i+1} = 0.5\gamma_w z_{w(i+1)} d_{w(i+1)} \\
U_i = 0.5\gamma_w (z_{wi} + z_{w(i+1)}) b_i\sec\alpha_i
\end{cases} \qquad (5.8)
$$

水平锚固力 R_{xi} 和竖直锚固力 R_{yi} 的计算如下：

$$\begin{cases} R_{xi} = \sum R_{mi}\cos\theta_i \\ R_{yi} = \sum R_{mi}\sin\theta_i \\ R_{mi} = \min\{R_{mi1}, R_{mi2}\} \\ R_{mi1} = \dfrac{n_i \pi d_i^2}{4\gamma_s s_{ix}} f_{yi} \\ R_{mi2} = \dfrac{\pi D_i \sum q_{sik} L_{ia}}{s_{ix}} \end{cases} \tag{5.9}$$

式中：n_i 为第 i 道锚杆中的钢筋根数；γ_s 为荷载分项系数；s_{ix} 为第 i 道锚杆的水平间距；f_{yi} 为第 i 道锚杆中钢筋抗拉强度设计值；θ_i 为第 i 道锚杆倾角；D_i 为第 i 道锚杆的锚固段直径；q_{sik} 为第 i 道锚杆和岩石的摩阻力；L_{ia} 为第 i 道锚杆在结构面以外的有效锚固段长度；R_{mi} 为第 i 道锚杆在每延米范围内提供的锚固力；R_{mi1} 为第 i 道锚杆在每延米范围内由钢筋提供的抗拉承载力；R_{mi2} 为第 i 道锚杆在每延米范围内抗拔承载力。

5.4.2　试验设计及数据分析方法

在诸多试验设计方法中，正交试验设计是一种比较有效的方法。在切挖路基模拟计算分析中，采用该方法，其基本原理在有关文献中已经有详细的介绍，有兴趣读者可参考相关文献。对于正交试验结果处理分析方法，正交试验结果的数据处理方法有直观分析方法、方差分析方法、回归分析方法。在此次试验中采用直观分析方法。直观分析方法又称为极差法，极差是指因素在不同水平下的指标值的最大值与最小值之间的差值。极差的大小反映试验中各个因素影响的大小，极差大表明该因素影响大，是主要因素；反之，极差小表明该因素对试验结果的影响小，使次要因素或是不重要因素。直观分析方法首先要计算出每一个水平的试验指标值的总和与平均值，然后求出极差，根据极差的大小，分析各个因素对试验指标值得影响程度，确定哪些因素是主要因素，哪些因素是次要因素，从而找出主要因素的最好水平。

设 A，B，…表示不同的因素；r 为各因素水平数；A_i 表示因素 A 的第 i 水平（$i=1$，2，…，r）；X_{ij} 表示因素 j 的第 i 水平的值（$i=1$，2，…，r；$j=A$，B，…）。

在 X_{ij} 下进行试验得到因素 j 的第 i 水平的试验结果指标 Y_{ij}，Y_{ij} 是服从正态分布的随机变量。在 X_{ij} 下做了 n 次试验得到 n 个试验结果，分别为 Y_{ijk}（$k=1$，2，…，N），计算参数如下：

$$K_{ij} = \sum_{i=1}^{n} Y_{ijk} \tag{5.10}$$

式中：K_{ij}为因素 j 的第 i 水平下的统计参数的均值；n 为因素 j 的第 i 水平下的试验次数；Y_{ijk}为因素 j 的第 i 水平下的第 k 个试验结果指标值。

评价因素显著性的参数为极差 R_j，其计算公式如下：

$$R_j = \max\{K_{1j}, K_{2j}, \cdots, K_{rj}\} - \min\{K_{1j}, K_{2j}, \cdots, K_{rj}\} \tag{5.11}$$

极差越大说明该因素的水平改变对试验结果影响也越大。极差最大的因素也就是最主要的因素，即我们要寻找的因素。极差越小的因素，虽然不能说是不重要的因素，但至少可以判断当该因素在所选用的范围内变化时，对该指标的影响相对不显著。

5.4.3 基本参数组合工况

按照前述研究，根据填挖规模，山区半填半挖路基边坡分为普通交接面路基边坡和高陡交接面路基边坡两类（见图 5.2、图 5.3）。在参数选择中主要考虑岩土的力学参数（如填土的黏聚力 c_1、填土内摩擦角 φ_1、重度 γ、软弱层黏聚力 c_2、软弱层内摩擦角 φ_2）、填土几何参数（填土宽度 B、交接面坡度 β、地基倾角 θ）、地下水参数（h 为地下水位离路基表面的高度）、地震参数 Q 以及加筋作用参数（土工格栅的长度 L、间距 d、筋土剪切力 τ、加筋层数 N），将各参数分为高、中、低三因素水平。

在半填半挖普通交接面地质模式中，如果存在软弱层时，路基边坡的稳定性由软弱层的力学性质决定。由于填土的力学性质对路基边坡的稳定性也很重要，因此，将填土的力学性质和软弱层的力学性质分开考虑。同时，由于交接面坡角与填土宽度同时变化时，使问题变得复杂化，在模拟计算分析中将它们分开考虑。按如下三种组合设计进行模拟计算。

模拟计算组合设计 1：不考虑软弱层，固定宽度 B=12m，坡比为 1∶1.75，地基的力学参数 c=100kPa，φ=35°，其他因素及其水平见具体计算分析。

模拟计算组合设计 2：不考虑软弱层，固定交接面坡角 β=19°，坡比为 1∶1.75，地基的力学参数 c=100kPa，φ=35°，其他因素及其水平见具体计算分析。

模拟计算组合设计 3：存在软弱层，加土工格栅，固定宽度 B=12m，坡度 β=19°，坡比为 1∶1.75，地基的力学参数 c=100kPa，φ=35°，填土的力学参数为 c=38kPa，φ=25°，其他因素及其水平见具体计算分析。

类似地，对高陡交接面路基边坡，按如下三种组合设计进行模拟计算：

模拟计算组合设计 4：不考虑软弱层，固定高度 H=20m，地基倾角 θ=10°，坡比为 1∶1.75，地基的力学参数 c=100kPa，φ=35°，其他因素及其水平见具体计算分析。

模拟计算组合设计 5：不考虑软弱层，固定高度 H=20m，交面倾角 β=

35°，坡比为 1∶1.75，填土宽度 B=12m，地基的力学参数 c=100kPa，φ=35°，其他因素及其水平见具体计算分析。

模拟计算组合设计 6：存在软弱层，加土工格栅，地基倾角 θ=10°和交接面倾角 β=35°，填土宽度 B=12m，坡比为 1∶1.75，地基的力学参数 c=100kPa，φ=35°，填土的力学参数为 c=38kPa，φ=25°，其他因素及其水平见具体计算分析。

5.5　普通交接面组合设计参数影响排序

5.5.1　组合设计 1

组合设计 1 考虑填土的黏聚力 c_1、填土内摩擦角 φ_1、重度 γ、交接面坡度 β、地下水参数（h 为地下水位离路基表面的高度）、地震参数 Q 等 7 个因素，基本参数组合见表 5.2，以安全系数 F_s 为指标进行多因素显著性计算分析。

参数的取值范围依照邵怀高速公路溆浦连接线确定，并将其概化为高、中、低三个因素水平，因素位级表见表 5.2。安全系数 F_s 采用 Sarma 法计算，计算结果见表 5.3。各参数的极差分析见表 5.4。可见在组合设计 1 中，影响边坡稳定的 7 个计算参数中，参数敏感性由大到小依次为：填土的黏聚力 c_1、填土内摩擦角 φ_1、交接面倾角 β、地震参数 Q、地下水 h、坡外荷载 q、重度 γ。

表 5.2　组合设计 1 各参数值范围及水平

水平	参数						
	黏聚力 c_1/kPa	内摩擦角 φ_1/(°)	地下水 h/m	坡外荷载 q/kN	交面倾角 β/(°)	地震烈度 Q	填土重度 γ/(kN·m^{-3})
1	5	5	2	0	15	无	15
2	35	20	4	20	21	Ⅶ	20
3	70	35	6	40	18	Ⅺ	25
参数范围	5～70	5～35	2～6	坡顶～坡底	15～21	无震～强震	15～25

表 5.3　组合设计 1 正交试验结果表

试验号	γ/(kN·m^{-3})	c_1/kPa	φ_1/(°)	Q	q/kN	β/(°)	h/m	F_s
1	15	5	5	0	0	15	2	0.393
2	15	35	20	Ⅶ	20	21	4	1.408
3	15	70	35	Ⅺ	40	18	6	2.794
4	20	5	5	Ⅶ	20	18	6	0.330
5	20	35	20	Ⅺ	40	15	2	1.410
6	20	70	35	0	0	21	4	2.918

续表

试验号	$\gamma/(kN\cdot m^{-3})$	c_1/kPa	$\varphi_1/(°)$	Q	q/kN	$\beta/(°)$	h/m	F_s
7	25	5	20	0	40	21	6	0.804
8	25	35	35	Ⅶ	0	18	2	2.106
9	25	70	5	Ⅺ	20	15	4	1.899
10	15	5	35	Ⅺ	20	21	2	1.010
11	15	35	5	0	40	18	4	1.134
12	15	70	20	Ⅶ	0	15	6	3.463
13	20	5	20	Ⅺ	0	18	4	0.713
14	20	35	35	0	20	15	6	2.915
15	20	70	5	Ⅶ	40	21	2	1.339
16	25	5	35	Ⅶ	40	15	4	1.267
17	25	35	5	Ⅺ	0	21	6	0.878
18	25	70	20	0	20	18	2	2.301

表 5.4　组合设计 1 各参数极差分析

参数	$\gamma/(kN\cdot m^{-3})$	c_1/kPa	$\varphi_1/(°)$	Q	q/kN	$\beta/(°)$	h/m
K_{1j}	1.664	0.778	0.959	1.734	1.679	1.790	1.440
K_{2j}	1.568	1.639	1.663	1.624	1.591	1.386	1.485
K_{3j}	1.525	2.305	2.100	1.364	1.453	1.546	1.797
R_j	0.139	1.527	1.141	0.370	0.226	0.404	0.358
稳定性影响程度排序：$c_1>\varphi_1>\beta>Q>h>q>\gamma$							

5.5.2　组合设计 2

组合设计 2 考虑填土的黏聚力 c_1、填土内摩擦角 φ_1、重度 γ、填土宽度 B、地下水（h 为地下水位离路基表面的高度）、地震参数 Q 等 7 个因素，以安全系数为指标进行多因素显著性计算分析。

参数的取值范围依照邵怀高速公路溆浦连接线确定，并将其概化为高、中、低三个因素水平，因素位级表见表 5.5，安全系数采用 Sarma 法计算，计算结果见表 5.6，各参数的极差分析见表 5.7。可见在组合设计 2 中，影响边坡稳定的 7 个计算参数中，参数敏感性由大到小依次为：填土的黏聚力 c_1、填土内摩擦角 φ_1、填土宽度 B、地震参数 Q、地下水 h、坡外荷载 q、重度 γ。

表 5.5　组合设计 2 各参数取值范围及水平

水平	参数						
	黏聚力 c_1/kPa	内摩擦角 φ_1/(°)	地下水 h/m	坡外荷载 q/kN	填土宽度 B/m	地震烈度 Q	填土重度 γ/(kN·m^{-3})
1	5	5	2	0	8	无	15
2	35	20	4	20	16	Ⅶ	20
3	70	35	6	40	12	Ⅺ	25
参数范围	5-70	5-35	2-6	坡顶-坡底	8-16	无震-强震	15-25

表 5.6　组合设计 2 正交试验结果表

试验号	γ/(kN·m^{-3})	c_1/kPa	φ_1/(°)	Q	q/kN	β/(°)	h/m	F_s
1	15	5	5	0	0	8	2	0.417
2	15	35	20	Ⅶ	20	16	4	1.506
3	15	70	35	Ⅺ	40	12	6	2.794
4	20	5	5	Ⅶ	20	12	6	0.330
5	20	35	20	Ⅺ	40	8	2	1.546
6	20	70	35	0	0	16	4	2.918
7	25	5	20	0	40	16	6	0.875
8	25	35	35	Ⅶ	0	12	2	1.898
9	25	70	5	Ⅺ	20	8	4	2.104
10	15	5	35	Ⅺ	20	16	2	0.949
11	15	35	5	0	40	12	4	1.134
12	15	70	20	Ⅶ	0	8	6	3.687
13	20	5	20	Ⅺ	0	12	4	0.713
14	20	35	35	0	20	8	6	2.919
15	20	70	5	Ⅶ	40	16	2	1.278
16	25	5	35	Ⅶ	40	8	4	1.309
17	25	35	5	Ⅺ	0	16	6	0.758
18	25	70	20	0	20	12	2	2.321

5.5.3　组合设计 3

组合设计 3 考虑软弱夹层的黏聚力 c_2、软弱夹层的内摩擦角 φ_2、重度 γ、土工格栅的水平铺设间距 d、层数 n、跨过弱面的锚固长度 L 以及土工格栅与岩土间的黏结强度 τ 等 7 个因素，以安全系数为指标进行多因素显著性计算分析。

表 5.7 组合设计 2 各参数极差分析

参数	$\gamma/(\mathrm{kN\cdot m^{-3}})$	c_1/kPa	$\varphi_1/(°)$	Q	q/kN	$\beta/(°)$	h/m
K_{1j}	1.748	0.760	1.004	1.894	1.732	1.997	1.477
K_{2j}	1.617	1.627	1.775	1.614	1.688	1.381	1.668
K_{3j}	1.557	2.522	2.131	1.402	1.489	1.532	1.764
R_j	0.191	1.762	1.128	0.492	0.243	0.616	0.287
稳定性影响程度排序：$c_1>\varphi_1>\beta>Q>h>q>\gamma$							

参数的取值范围依照邵怀高速公路溆浦连接线确定，并将其概化为高、中、低三个因素水平，因素位级表见表 5.8。安全系数采用 Sarma 法计算，计算结果见表 5.9。各参数的极差分析见表 5.10。可见在组合设计 3 中，影响边坡稳定的 7 个计算参数中，参数敏感性由大到小依次为：软弱夹层的黏聚力 c_2、软弱夹层的内摩擦角 φ_2、土工格栅层数 n、填土重度 γ、土工格栅的水平铺设间距 d、跨过弱面的锚固长度 L。

表 5.8 组合设计 3 各参数取值范围及水平

水平	参数						
	黏聚力 c_2/kPa	摩擦角 $\varphi_2/(°)$	黏结强度 $\tau/(\mathrm{kN\cdot m^{-2}})$	间距 h/m	层数 n	长度 L/m	重度 $\gamma/(\mathrm{kN\cdot m^{-3}})$
1	5	5	30	0.5	4	8	15
2	10	8	60	0.8	8	6	20
3	15	12	90	1.2	2	4	25
参数范围	5～15	5～12	30～90	0.5～1.2	2～8	4～8	15～25

表 5.9 组合设计 3 正交试验结果表

试验号	d/m	c_2/kPa	$\varphi_2/(°)$	$\tau/(\mathrm{kN\cdot m^{-2}})$	n/层	L/m	$\gamma/(\mathrm{kN\cdot m^{-3}})$	F_s
1	0.5	5	5	30	4	8	15	0.891
2	0.5	10	8	60	8	6	25	1.620
3	0.5	15	12	90	2	10	20	1.925
4	0.8	5	5	60	8	10	20	0.872
5	0.8	10	8	90	2	8	15	1.470
6	0.8	15	12	30	4	6	25	1.730
7	1.2	5	8	30	2	6	20	0.816
8	1.2	10	12	60	4	10	15	1.561
9	1.2	15	5	90	8	8	25	1.649
10	0.5	5	12	90	8	6	15	1.954
11	0.5	10	5	30	2	10	25	1.012

续表

试验号	d/m	c_2/kPa	φ_2/(°)	τ/(kN·m^{-2})	n/层	L/m	γ/(kN·m^{-3})	F_s
12	0.5	15	8	60	4	8	20	1.959
13	0.8	5	8	90	4	10	25	0.908
14	0.8	10	12	30	8	8	20	1.617
15	0.8	15	5	60	2	6	15	1.673
16	1.2	5	12	60	2	8	25	1.004
17	1.2	10	5	90	4	6	20	1.215
18	1.2	15	8	30	8	10	15	1.808

表 5.10　组合设计 3 各参数极差分析

参数	d/m	c_2/kPa	φ_2/(°)	τ/(kN·m^{-2})	n/层	L/m	γ/(kN·m^{-3})
K_{1j}	1.560	1.186	1.219	1.312	1.377	1.432	1.560
K_{2j}	1.378	1.416	1.430	1.448	1.587	1.501	1.321
K_{3j}	1.532	1.679	1.632	1.520	1.317	1.348	1.401
R_j	0.182	0.494	0.413	0.208	0.270	0.154	0.239
稳定性影响程度排序：$c_2 > \varphi_2 > n > \gamma > d > L$							

5.5.4　各参数对稳定性影响趋势

各因素数值的变化对稳定性系数的影响很重要，下面具体地对比单个因素的变化对安全系数的影响程度。分析采用如图 5.3 所示的模型，坡比为 1∶1.75，地基的力学参数 $c=100\text{kPa}$，$\varphi=35°$，$\gamma=20\text{kN}\cdot\text{m}^{-3}$，填料的力学参数 $c_1=20\text{kPa}$，$\varphi_1=18°$，填土形状参数 $B=12\text{m}$，$\beta=18°$。分析单因素变化的影响趋势时，其他因素的参数不变。

1. 填料摩擦角 φ 与黏聚力 c

从图 5.10、图 5.11 可以发现，在半填半挖普通交接面路基边坡中，随着黏聚力 c 或者内摩擦角 φ 的增大，边坡的稳定性安全系数增大。这是因为 c 或者 φ 的增大，边坡的抗剪强度增大，使得边坡的抗滑能力增强，从而使边坡趋于稳定。但是 F_s 随 c 增大而增长的趋势，比随 φ 增大而增长的趋势要大。这就说明了，随着边坡高度较低时，岩土力学参数中 c 对边破稳定的影响更为重要。因此，普通交接面路基边破选择填方路基的填料时候，尽量选黏聚力大、内摩擦角大的材料，同时优先选择黏聚力大的填料。

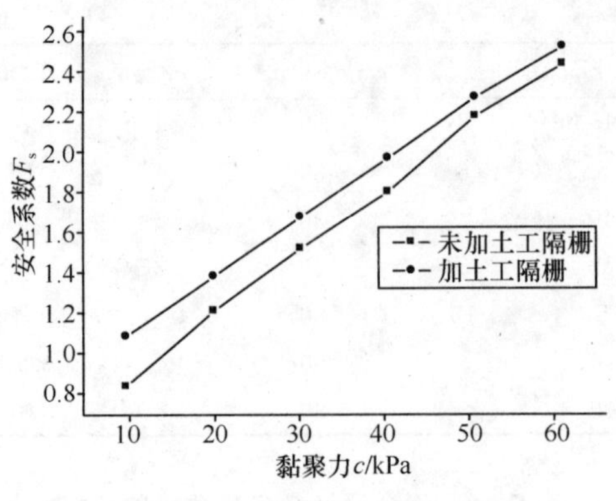

图 5.10　填料 c 对 F_s 影响

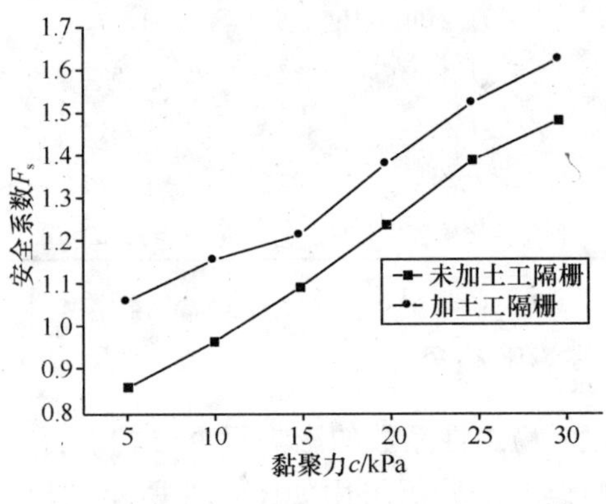

图 5.11　填料 φ 对 F_s 影响

2. 几何特征的影响

从图 5.12、图 5.13 我们可以知道：随着 β 或者 B 的增大，边坡的稳定性安全系数减小。这是因为交接交接面坡度 β 一定时，随看填土宽度 B 的增大，填方路基的高度增大，在填料的力学参数不变的情况下，使得边坡的抗滑能力减弱，从而使边坡趋于不稳定。同理，填土宽度 B 一定时，随着交接面坡度 β 的增大，填方路基的高度增大，边坡也趋于不稳定。因此，在设计路基边坡时，要根据交接面的形状选择恰当的路基断面形式。

3. 地下水位的影响

由图 5.14 可知，地下水位线的变化对边坡的稳定影响较大。但当地下水位线最高点距坡底较低时（小于 3/10 坡高），水位线的位置对安全系数影响不大，这与危险滑裂面处于地下水的浸润线以下部位较少有关，地下水位的变化对安全性的影响可以忽略不计；当地下水位线最高点距离坡脚高于 3/10 坡高时，水位线距坡脚相对升高，将导致土坡的稳定安全系数将迅速降低。

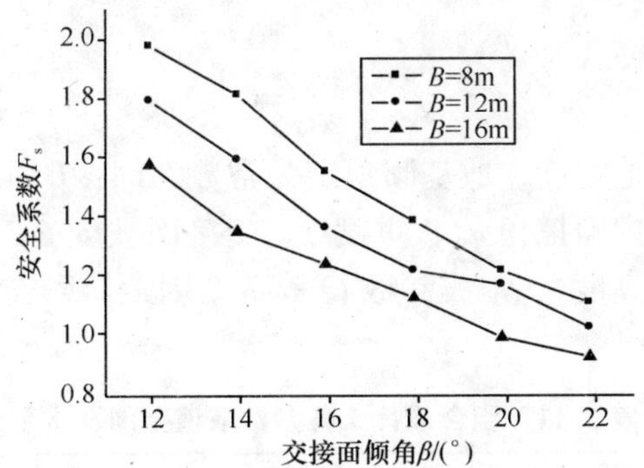

图 5.12　交接面倾角对边坡稳定性的影响

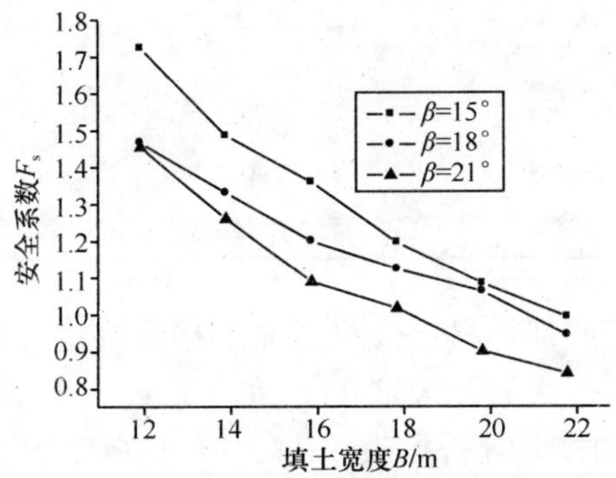

图 5.13　填土宽度对边坡稳定性的影响

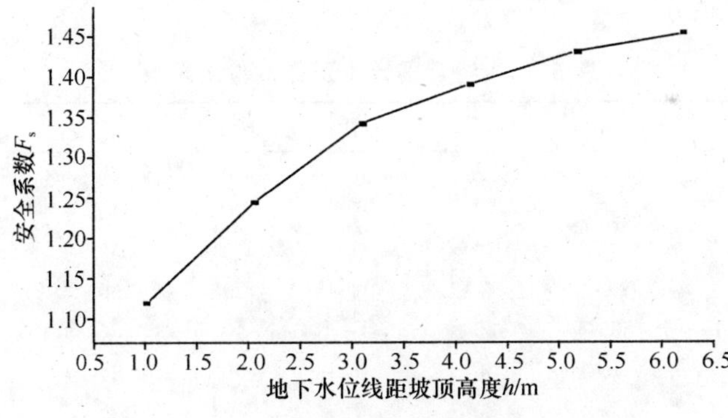

图 5.14　地下水位线对边坡稳定性的影响

5.6 高陡交接面组合设计参数影响排序

5.6.1 组合设计 1

组合设计 1 将填土宽度、地基倾角定为常数，即：$B=8\text{m}$，$\theta=10°$，考虑填土的黏聚力 c_1、填土内摩擦角 φ_1、重度 γ、交接面坡度 β、地下水参数（h 为地下水位离路基表面的高度）、地震参数 Q 等 7 个因素，以安全系数为指标进行多因素显著性计算分析。

表 5.11 组合设计 1 各参数取值范围及水平

水平	参数						
	黏聚力 c_1/kPa	内摩擦角 φ_1/(°)	地下水 h/m	坡外荷载 q/kN	交面倾角 β/(°)	地震烈度 Q	填土重度 γ/(kN·m^{-3})
1	5	5	5	0	30	无	15
2	35	20	10	20	45	Ⅶ	20
3	70	35	15	40	60	Ⅺ	25
参数范围	5～70	5～35	5～15	坡顶～坡底	30～60	无震～强震	15～25

参数的取值范围依照邵怀高速公路溆浦连接线确定，并将其概化为高、中、低三个因素水平，因素位级表见表 5.11，安全系数采用 Sarma 法计算，计算结果见表 5.12，各参数的极差分析见表 5.13。可见在组合设计 1 中，影响半填半挖高陡交接面路基边坡稳定的 7 个计算参数中，参数敏感性由大到小依次为：填土的黏聚力 c_1、填土内摩擦角 φ_1、地震参数 Q、地下水参数 h、交接面坡度 β、重度 γ、坡外荷载 q。

表 5.12 组合设计 1 正交试验结果表

试验号	γ/(kN·m^{-3})	c_1/kPa	φ_1/(°)	Q	q/kN	β/(°)	h/m	F_s
1	15	5	5	0	0	30	5	0.304
2	15	35	20	Ⅶ	20	45	10	1.318
3	15	70	35	Ⅺ	40	60	15	2.015
4	20	5	5	Ⅶ	20	60	15	0.251
5	20	35	20	Ⅺ	40	30	5	1.104
6	20	70	35	0	0	45	10	2.261
7	25	5	20	0	40	45	15	0.747
8	25	35	35	Ⅶ	0	60	5	1.671
9	25	70	5	Ⅺ	20	30	10	0.877

续表

试验号	$\gamma/(\mathrm{kN\cdot m^{-3}})$	c_1/kPa	$\varphi_1/(°)$	Q	q/kN	$\beta/(°)$	h/m	F_s
10	15	5	35	Ⅺ	20	45	5	1.211
11	15	35	5	0	40	60	10	0.713
12	15	70	20	Ⅶ	0	30	15	2.054
13	20	5	20	Ⅺ	0	60	10	0.646
14	20	35	35	0	20	30	15	2.065
15	20	70	5	Ⅶ	40	60	5	0.938
16	25	5	35	Ⅶ	40	30	10	1.336
17	25	35	5	Ⅺ	0	45	15	0.499
18	25	70	20	0	20	60	5	1.404

表 5.13　组合设计 2 各参数极差分析

参数	$\gamma/(\mathrm{kN\cdot m^{-3}})$	c_1/kPa	$\varphi_1/(°)$	Q	q/kN	h/m	$\beta/(°)$
K_{1j}	1.269	0.683	0.597	1.249	1.239	1.290	1.105
K_{2j}	1.211	1.228	1.212	1.261	1.188	1.162	1.192
K_{3j}	1.166	1.658	1.760	1.059	1.142	1.117	1.272
R_j	0.103	0.975	1.163	0.203	0.097	0.173	0.167
稳定性影响程度排序：$\varphi_1>c_1>Q>h>\beta>\gamma>q$							

5.6.2　组合设计 2

组合设计 2 将填土宽度、交接面倾角定为常数，即：$B=8\mathrm{m}$，$\beta=45°$，考虑填土的黏聚力 c_1、填土内摩擦角 φ_1、重度 γ、地基倾角 θ、地下水参数（h 为地下水位离路基表面的高度）、地震参数 Q 等 7 个因素，以稳定性系数为指标进行多因素显著性计算分析。

表 5.14　组合设计 2 各参数取值范围及水平

水平	参数						
	黏聚力 c_1/kPa	内摩擦角 $\varphi_1/(°)$	地下水 h/m	坡外荷载 q/kN	地基倾角 $\theta/(°)$	地震烈度 Q	填土重度 $\gamma/(\mathrm{kN\cdot m^{-3}})$
1	5	5	5	0	0	无	15
2	35	20	10	20	10	Ⅶ	20
3	70	35	15	40	20	Ⅺ	25
参数范围	5～70	5～35	5～15	坡顶～坡底	0～20	无震～强震	15～25

表 5.15 组合设计 2 正交试验结果表

试验号	$\gamma/(\mathrm{kN\cdot m^{-3}})$	c_1/kPa	φ_1/(°)	Q	q/kN	θ/(°)	h/m	F_s
1	15	5	5	0	0	0	5	0.304
2	15	35	20	Ⅶ	20	10	10	1.318
3	15	70	35	Ⅺ	40	20	15	2.015
4	20	5	5	Ⅶ	20	20	15	0.251
5	20	35	20	Ⅺ	40	0	5	1.104
6	20	70	35	0	0	10	10	2.261
7	25	5	20	0	40	10	15	0.747
8	25	35	35	Ⅶ	0	20	5	1.671
9	25	70	5	Ⅺ	20	0	10	0.877
10	15	5	35	Ⅺ	20	10	5	1.211
11	15	35	5	0	40	20	10	0.713
12	15	70	20	Ⅶ	0	0	15	2.054
13	20	5	20	Ⅺ	0	20	10	0.646
14	20	35	35	0	20	0	15	2.065
15	20	70	5	Ⅶ	40	10	5	0.938
16	25	5	35	Ⅶ	40	0	10	1.336
17	25	35	5	Ⅺ	0	10	15	0.499
18	25	70	20	0	20	20	5	1.404

表 5.16 组合设计 2 各参数极差分析

参数	$\gamma/(\mathrm{kN\cdot m^{-3}})$	c_1/kPa	φ_1/(°)	Q	q/kN	θ/(°)	h/m
K_{1j}	1.278	0.679	0.600	1.260	1.247	1.300	1.125
K_{2j}	1.220	1.254	1.215	1.272	1.185	1.159	1.198
K_{3j}	1.171	1.662	1.781	1.064	1.163	1.136	1.272
R_j	0.106	0.984	1.181	0.208	0.084	0.164	0.147
稳定性影响程度排序：$\varphi_1>c_1>Q>\theta>h>\gamma>q$							

参数的取值范围依照邵怀高速公路溆浦连接线确定，并将其概化为高、中、低三个因素水平，因素位级表见表 5.14。安全系数采用 Sarma 法计算，计算结果见表 5.15，各参数的极差分析见表 5.16。可见在组合设计 2 中，影响半填半挖高陡交接面路基边坡稳定的 7 个计算参数中，参数敏感性由大到小依次为：填土内摩擦角 φ_1、填土的黏聚力 c_1、地震参数 Q、地基倾角 θ、地下水参数 h、重度 γ、坡外荷载 q。

5.6.3 组合设计 3

组合设计 3 将填土宽度、交接面倾角定为常数，即：$\theta=10°$，$\beta=45°$，考虑

软弱层的黏聚力 c_2、内摩擦角 φ_2、重度 γ、预应力 N、水平间距 d、锚索（杆）排数 n 等 6 个素，以稳定性系数为指标进行多因素显著性计算分析。

将其概化为高、中、低三个因素水平，因素位级表见表 5.17，安全系数采用 Sarma 法计算，计算结果见表 5.18，各参数的极差分析见表 5.19。可见在组合设计 3 中，影响半填半挖高陡交接面路基边坡稳定的 6 个计算参数中，参数敏感性由大到小依次为：软弱层内摩擦角 φ_2、软弱层黏聚力 c_2、重度 γ、锚索（杆）排数 n、预应力 N、水平间距 d。

表 5.17　组合设计 3 各参数取值范围及水平

水平	参数					
	黏聚力 c_2/kPa	内摩擦角 φ_2/(°)	预应力 N/kN	水平间距 d/m	锚索排数 n	重度 γ/(kN·m^{-3})
1	5	5	600	3	4	15
2	15	20	800	4	3	20
3	25	12	1000	5	2	25
范围	5～25	5～20	600～1000	3～5	2～4	15～25

表 5.18　组合设计 3 正交试验结果表

试验号	N/kN	c_2/kPa	φ/(°)	d/m	n	γ/(kN·m^{-3})	F_s
1	600	5	5	3	3	15	0.473
2	600	15	20	4	4	20	1.640
3	600	25	12	5	5	25	1.306
4	800	5	5	4	4	25	0.406
5	800	15	20	5	5	15	1.915
6	800	25	12	3	3	20	1.453
7	1000	5	20	3	5	20	1.654
8	1000	15	12	4	3	25	1.063
9	1000	25	5	5	4	15	1.283
10	600	5	12	5	4	20	0.844
11	600	15	5	5	5	25	0.711
12	600	25	20	4	3	15	2.132
13	800	5	20	5	3	25	1.295
14	800	15	12	5	4	15	1.418
15	800	25	5	4	5	20	1.115
16	1000	5	12	4	5	15	1.192
17	1000	15	5	5	3	20	0.692
18	1000	25	20	3	4	25	1.873

表 5.19 组合设计 3 各参数极差分析

参数	N/kN	c_2/kPa	φ_2/(°)	d/m	n	γ/kN·m^{-3}
K_{1j}	1.184	0.965	0.780	1.264	1.185	1.402
K_{2j}	1.267	1.240	1.752	1.258	1.244	1.233
K_{3j}	1.293	1.540	1.213	1.223	1.316	1.109
R_j	0.109	0.575	0.972	0.041	0.131	0.293
稳定性影响程度排序：$\varphi_2>c_2>\gamma>n>N>d$						

5.6.4 各参数对稳定性影响趋势

分析采用如图 5.2 所示的模型，下部坡比为 1∶1.75，上部坡比为 1∶1.5，交接面高度 h=20m，地基的力学参数 c=100kPa，φ=35°，γ=20kN/m^3，填料的力学参数 c_1=35kPa，φ_1=25°，填土宽度 B=10m。

1. 填料内摩擦角 φ 与黏聚力 c

从图 5.15、图 5.16 可知，在半填半挖半挖高陡交接面路基边坡中，随着黏聚力 c 或者内摩擦角 φ 的增大，边坡的稳定性安全系数增大。这是因为 c 或者 φ 的增大，边坡的抗剪强度增大，使得边坡的抗滑能力增强，从而使边坡趋于稳定。但是 F_s 随 φ 增大而增长的趋势，比随 c 增大而增长的趋势要大。这就说明了，随着边坡高度的增加到一定程度以后，岩土力学参数中 φ 对边坡稳定的影响更为重要。因此，选择填方路基的填料时候，尽量选黏聚力大、内摩擦角大的材料；同时在边坡高度较高的情况下，优先选择内摩擦角大的填料。

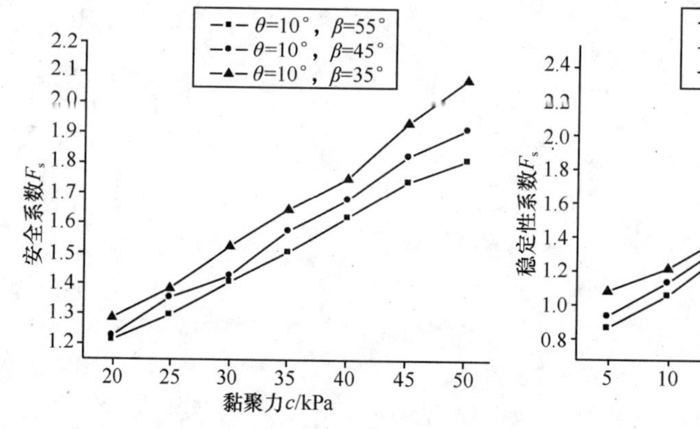

图 5.15 填料黏聚力对边坡稳定性的影响

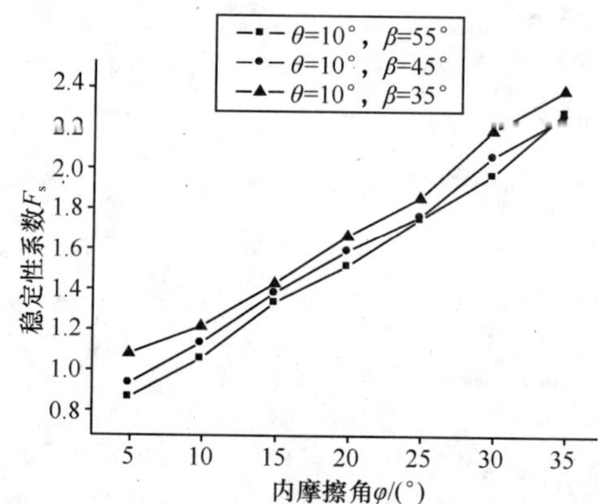

图 5.16 填料摩擦角对边坡稳定性的影响

2. 填土几何形状

从图 5.17、图 5.18 可知，当交接面倾角 $\beta=35°$，地基倾角由 0°增大到 20°时，安全系数 F_s 减少了 0.384；而当 $\beta=55°$，地基倾角由 0°增大到 20°时，安全系数 F_s 减少了 0.562；当 $\theta=0°$，交界面倾角由 30°增大到 55°时，安全系数 F_s 减少了 0.133，而 $\theta=20°$，交界面倾角由 30°增大到 55°时，安全系数 F_s 减少了 0.656。因此，随着地基倾角 θ 或者交接面倾角 β 增大，边坡的稳定性安全系数 F_s 总体减小；但当 β 或者 θ 很小时，F_s 随 θ 或者 β 增大而减小的趋势较缓，随着 β、θ 的增大，F_s 减缓的趋势增大。因此，在设计路基边坡时，要根据交接面的形状选择恰当的路基断面形式。

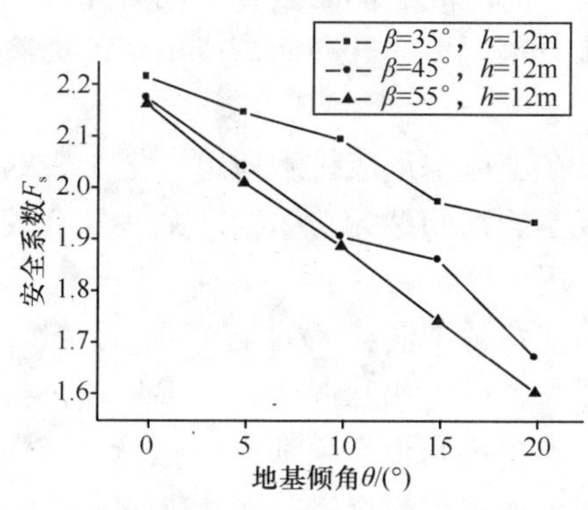

图 5.17　地基倾角对边坡稳定性的影响

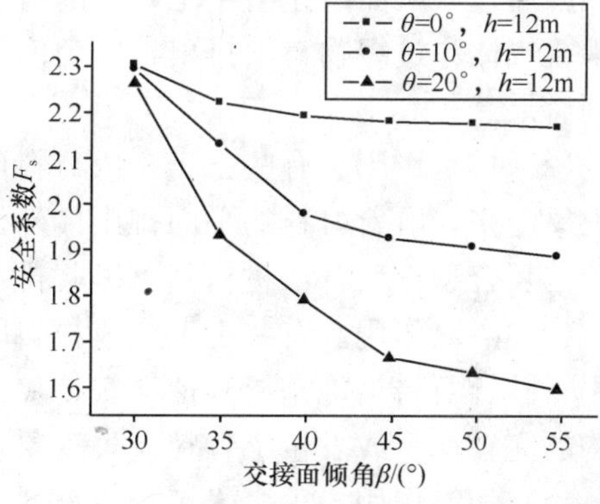

图 5.18　交接面倾角对边坡稳定性的影响

第6章 土工材料对挖填路基沉降的作用

土工合成材料是一种新型的岩土工程材料。它以人工合成的聚合物，如塑料、化纤、合成橡胶等为原料，制成各种类型的产品，置于土体内部、表面或各层土体之间，发挥加强或保护土体的作用。土工合成材料置于土体中，大体有如下几方面的作用：

（1）反滤作用。把土工织物置于土体表面或相邻土层之间，可以有效地阻止土颗粒通过，从而防止由于土颗粒的过量流失而造成土体的破坏。同时允许土中的水或气体穿过织物自由排出，以免由于孔隙水压力的升高而造成土体的失稳等不利后果。

（2）排水作用。有些土工合成材料可以在土体中形成排水通道，把土中的水分汇集起来，沿着材料的平面排出体外。较厚的针刺型无纺织物和某些具有较多孔隙的复合型土工合成材料都可以起排水作用。

（3）隔离作用。有些土工合成材料能够把两种不同粒径的土、砂、石料，或把土、砂、石料与地基或其他建筑物隔离开来，以免相互混杂，失去各种材料和结构的完整性，或发生土颗粒流失现象。土工织物和土工膜都可以起隔离作用。

（4）加筋作用。很多土工合成材料埋在土体之中，可以分布土体的应力，增加土体的模量，传递拉应力，限制土体的侧向位移；还增加土体与其他材料之间的摩阻力，提高土体及相关建筑物的稳定性。土工织物、土工格栅、土工网及一些特种或复合型的土工合成材料，都具有加筋功能。

（5）防渗作用。土工膜和复合型土工合成材料可以防止液体的渗漏、气体的挥发，保护环境或建筑物的安全。

（6）防护作用。多种土工合成材料对土体或水面可以起防护作用。主要包括土工织物、土工膜袋、织物软体排等防止河岸或海岸或近海建筑物地基被冲刷，保护边坡，防止水土流失，促进植物生长等。

在半填半挖路基中，使用土工合成材料，一般认为会产生以下的加固效应：

（1）限制了软土地基的侧向变形。由于织物和土体间存在摩擦力，这种摩擦作用将改变体系的应力场和位移场，而限制地基的侧向变形是其直接效果之一。侧向变形减少的幅度是随着路堤高度而增大的，这是由于路堤填高后，织物的变形增加，其加筋作用越加明显的缘故。

（2）减少地基的沉降和不均匀沉降。对于加筋能否减少地基沉降量，目前工程界尚有不同看法。一种观点认为加筋垫层不但能提高地基承载力，而且能减少地基沉降量；另一种观点则认为加筋垫层的主要作用是显著提高地基承载力。

(3) 加强切挖两部分路基的整体结合性。在路堤底面铺设土工织物与砂石等组成的加筋垫层，可分散荷载，增大土体的刚度模量，保持基底完整连续，改善软基浅部的位移场和应力场，均化应力分布，从而提高新路基下软土地基的承载能力和稳定性，调整不均匀沉降，使切挖路基的整体结合性加强。

大量的工程实践提出，对于山区型半填半挖路基，主要病害表现为挖填部分的沉降差异。基于这一现象，下面通过数值模拟，分析常用的土工格栅、土工格室两种合成材料对半填半挖路基沉降的调节作用。

6.1　计算模型及方案

根据公路工程的实际情况，在计算中采用如下前提：①路堤按平面应变问题处理；②土工合成材料视为杆单元，其材料为线弹性的；③路堤填土和地基土的本构关系采用 Drucker-Prager 弹塑性模型；④接触单元采用两结点接触单元，它是无厚度的四节点 Goodman 单元的简化单元。

将土工合成材料加筋的加宽路堤分为土体单元、筋材单元以及土和加筋材料之间相互联系的接触单元，考虑加筋材料与土之间的相对滑动。

图 6.1、图 6.2 所示为绍怀高速公路溆浦连接线半填半挖路基的一个断面，该断面切出路基宽 6m，在山坡上填筑路基宽 10m，总宽 16m，填筑路基高 4m。据此建立基本模型：

图 6.1　绍怀高速公路溆浦连接线图 k48+(600～962) 路段

图 6.2　溆浦连接线半填半挖路基典型断面 k48+800 附近路段

(1) 由于是天然山体，山体在自重作用下发生的沉降已经完成，所以切出路基在自重作用下的沉降也已经完成。外荷载考虑路基土的重力作用和车辆荷载的静力作用，道路车辆荷载按汽-20 级荷载换算成 15kPa 等代均布荷载来考虑。

(2) 位移边界条件：假定地基土的沉降计算深度为 12m，其底下认为无变形，因此在底部施加水平和竖直方向的约束，而在地基土的两侧和原状路基一侧施加水平方向的约束。

有限元模型可简化为平面应变问题，土体单元采用 ANSYS 程序提供的 plane 单元；土工格栅单元采用 ANSYS 程序提供的 link 单元；土工格室单元采用 beam 单元，单元的网格划分如图 6.3 所示，相关力学参数见表 6.1。

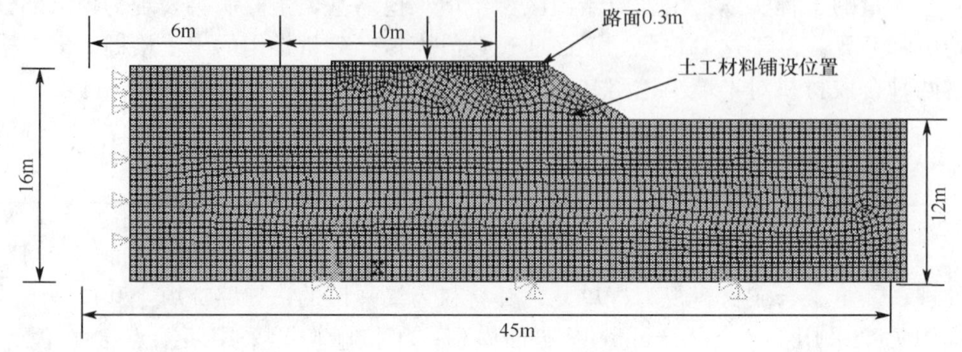

图 6.3　模型的有限元网格划分

表 6.1　模型力学参数

<table>
<tr><td colspan="6">原状路基力学参数</td></tr>
<tr><td>容重 $\gamma/(\mathrm{kN \cdot m^{-3}})$</td><td>弹性模量 E/MPa</td><td>泊松比</td><td>黏聚力/kPa</td><td>内摩差角 ϕ/(°)</td><td>膨胀角/(°)</td></tr>
<tr><td>19.0</td><td>45</td><td>0.3</td><td>40</td><td>25</td><td>0</td></tr>
<tr><td colspan="6">新填路基土力学参数</td></tr>
<tr><td>容重 $\gamma/(\mathrm{kN \cdot m^{-3}})$</td><td>弹性模量 E/MPa</td><td>泊松比</td><td>黏聚力/kPa</td><td>内摩差角 ϕ/(°)</td><td>膨胀角/(°)</td></tr>
<tr><td>19.0</td><td>20</td><td>0.3</td><td>18</td><td>20</td><td>0</td></tr>
<tr><td colspan="6">地基土力学参数</td></tr>
<tr><td>容重 $\gamma/(\mathrm{kN \cdot m^{-3}})$</td><td>弹性模量 E/MPa</td><td>泊松比</td><td>黏聚力/kPa</td><td>内摩差角 ϕ/(°)</td><td>膨胀角/(°)</td></tr>
<tr><td>19.0</td><td>10</td><td>0.3</td><td>8</td><td>16</td><td>0</td></tr>
<tr><td colspan="6">土工格栅单元力学参数</td></tr>
<tr><td colspan="3">弹性模量 E/MPa</td><td colspan="3">泊松比</td></tr>
<tr><td colspan="3">2000</td><td colspan="3">0.2</td></tr>
<tr><td colspan="6">土工格室单元力学参数</td></tr>
<tr><td colspan="2">弹性模量 E/MPa</td><td colspan="2">泊松比</td><td colspan="2">土工格室高度/cm</td></tr>
<tr><td colspan="2">500</td><td colspan="2">0.2</td><td colspan="2">30</td></tr>
</table>

为了更深入地探讨这些差异和作用机理，共选取了 23 种方案进行计算。加筋时，筋材铺设在地基和新填路基接触面处，表 6.2 给出了每组方案的计算条件，每一组的计算结果如下。

表 6.2　计算方案

方案	路堤高度/m	新填路基宽度/m	加筋情况	种类	地基弹性模量
1	4	10		不加筋	10MPa
2	4	10	1 层	土工格栅	10MPa
3	4	10	1 层	土工格室	10MPa
4	3	10		不加筋	10MPa
5	3	10	1 层	土工格栅	10MPa
6	3	10	1 层	土工格室	10MPa
7	5	10	1 层	不加筋	10MPa
8	5	10	1 层	土工格栅	10MPa
9	5	10	1 层	土工格室	10MPa
10	4	9		不加筋	10MPa
11	4	9	1 层	土工格栅	10MPa
12	4	9	1 层	土工格室	10MPa
13	4	11	0 层	不加筋	10MPa
14	4	11	1 层	土工格栅	10MPa
15	4	11	1 层	土工格室	10MPa
16	4	10		不加筋	5MPa
17	4	10	1 层	土工格栅	5MPa
18	4	10	1 层	土工格室	5MPa
19	4	10		不加筋	15MPa
20	4	10	1 层	土工格栅	15MPa
21	4	10	1 层	土工格室	15MPa
22	4	10	2 层	土工格栅	10MPa
23	4	10	2 层	土工格室	10MPa

6.2　土工材料对沉降的影响效果

在第一组计算方案中，路堤高度为 4m 时，不加筋路堤、加土工格栅路堤、加土工格室路堤共三种工况，在其他边界条件和参数都相同的情况下进行了计算和分析比较。计算结果显示了加筋对半填半挖路基不均匀沉降的影响。

图 6.4～图 6.6 是用 ANSYS 有限元软件计算得到的结果，可以看出，在同样的材料条件下，加土工格栅和土工格室都能在一定程度上减小半填半挖路基的工后不均匀沉降。这表明土工材料承受地基表面的拉力，通过界面摩擦的侧限作用，使原本作用在路堤中部的沉降向两侧扩散，使沉降变得均匀化，应力分布更

协调均匀，同时使结构的整体性得到加强。

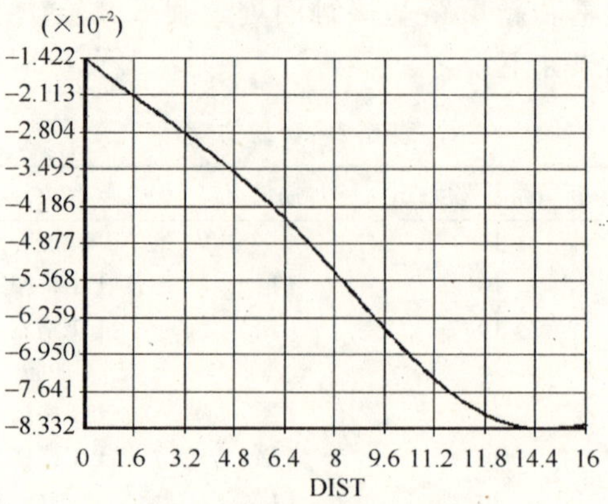

图 6.4　不加筋路堤顶面沉降图

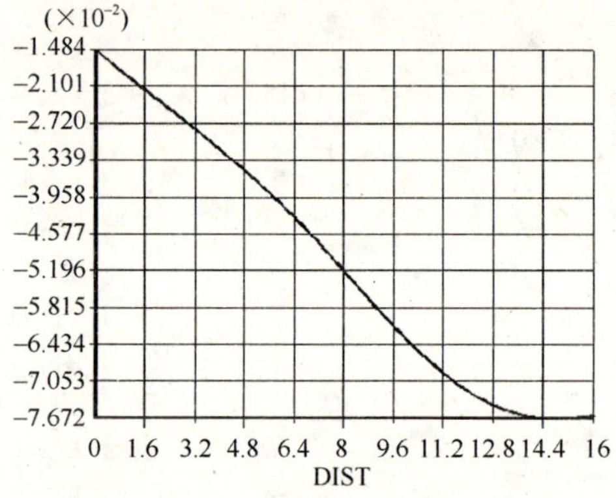

图 6.5　加土工格栅路堤顶面沉降图

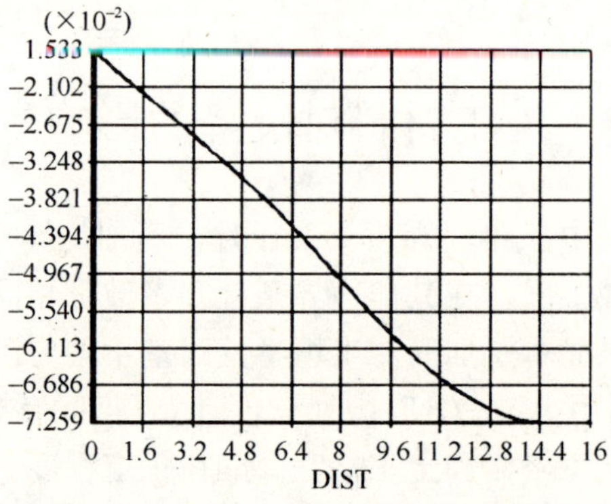

图 6.6　加土工格栅路堤顶面沉降图

半填半挖路基加入土工材料后，由图 6.7 和图 6.8 可知路堤横断面内沉降分布更加均匀了，加筋堤的最大沉降比非加筋堤小，而加筋堤堤趾位置沉降比非加筋堤要大，加筋堤的沉降盆比非加筋堤要平坦一些，路基顶面的沉降差减小，趋于均匀。由图 6.9 可知路堤上的应力分布也更匀称，减少了应力的集中。由图 6.10 可见坡脚的侧向位移由于土工材料的拉拔作用也明显减小。其中不加筋、加土工格栅和加土工格室后的路基顶面的差异沉降分别为 6.909cm、6.187cm、5.727cm，路基坡脚下的最大侧向位移分别为 1.872cm、1.603cm、1.41cm。加入土工格栅和土工格室后路基顶面的沉降差分别可以减少 10.45%和 17.2%，路基坡脚下的最大侧向位移分别减少 14.37%和 24.68%，效果显著。

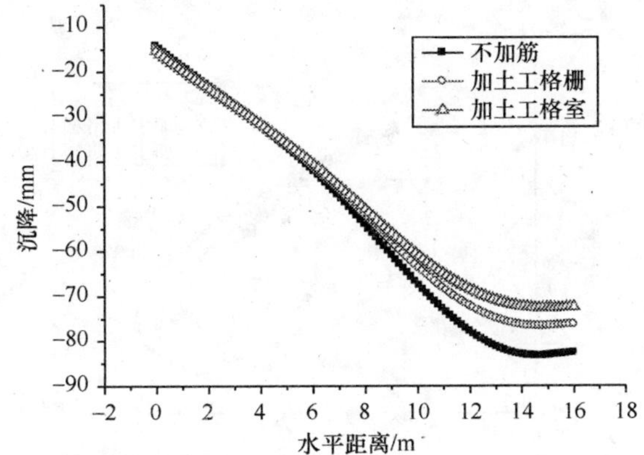

图 6.7　三种情况下路堤顶面沉降图

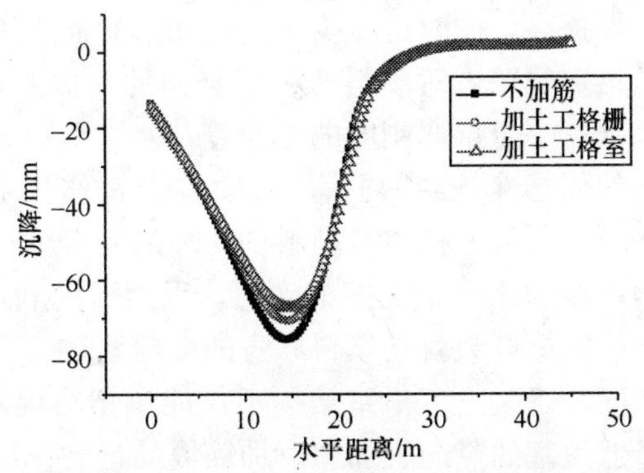

图 6.8　三种情况下路堤底部沉降图

土工格栅通过土与格栅界面的应力传递来改变土体中的应力分布，格栅与土之间由以下三种作用：①格栅与土的摩擦作用；②格栅孔眼对土的锁定作用；③土对格栅肋的阻抗作用。格栅的存在，在一定深度内极大地限制了土体的侧向

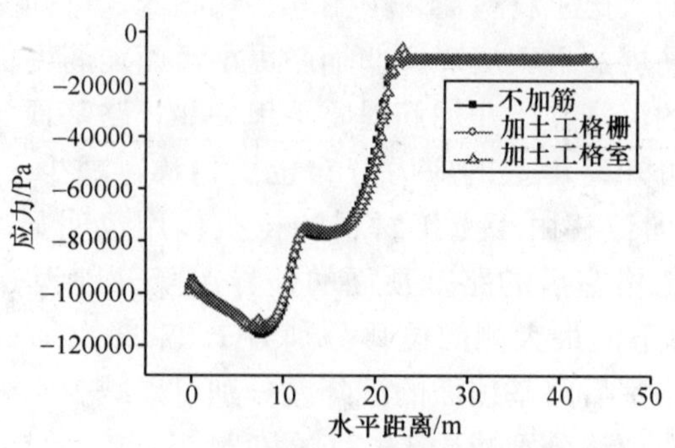

图 6.9　路堤底部 Y 方向应力图

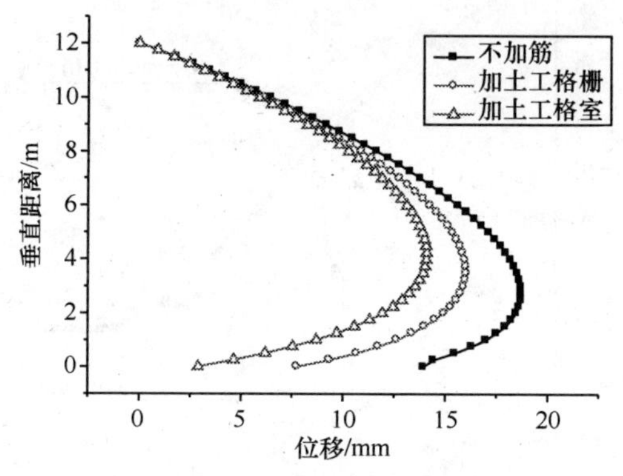

图 6.10　路堤坡底测向位移图

位移，使地基的稳定性提高，同时也减少了竖向变形。而土工格室对其中的填料提供了强大的侧限，格室侧壁也对填料产生了竖向的摩擦约束，格室-填料复合结构可以看做是一个具有一定抗弯刚度的柔性筏基。同平面结构的土工格栅等相比，土工格室加筋土的优越性是：①平铺加筋时，加筋体只是筋材本身；而对土工格室加筋而言，加筋体已变成格室及填料的构成的复合体；②平铺加筋的抗拉性能是通过直接限制填料的侧胀而发挥出来的，因而更能利用筋材的抗拉性能；③对格室体而言，土筋摩擦系数就是填料本身的摩擦系数，因而可以提供比平铺加筋大得多的黏着强度。于是土工格室结构不仅能承担路堤对地基的侧向推力，而且还能更有效的降低地基的竖向附加力。加筋堤的这种作用可以解释为加筋增强了路堤的整体性，从而增加了路堤本身的变形刚度，加强了路堤调整不均匀沉降的能力。

6.3　材料与路堤高度对沉降影响

在第二组计算方案中，当路堤高度分别为 3m、4m、5m 时，由图 6.11 和图 6.12 可见随着填土高度的增加，最大差异沉降逐渐向外侧移动，且最大沉降值也在增加。这就意味着在高填土路基，需要采取更多有效的减小差异沉降的措施并且保证足够的交接结合面的强度。

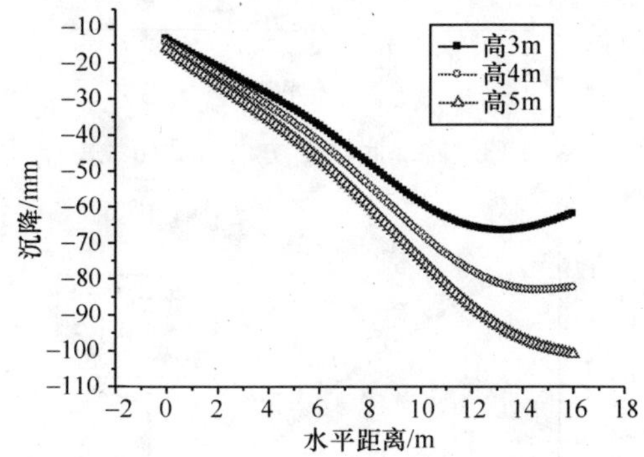

图 6.11　无土工材料路堤顶面沉降曲线图

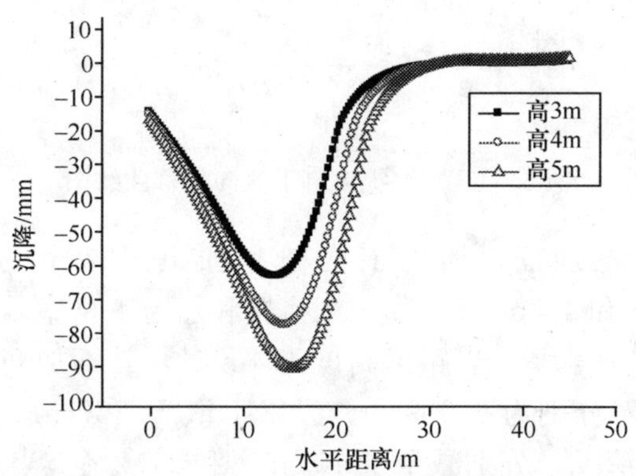

图 6.12　无土工材料路堤底部沉降曲线图

由图 6.11～图 6.18 可以看出：

(1) 半填半挖路基的沉降量对路堤高度的变化比较敏感，很小的路堤高度变化会带来很大的地基沉降量的变化。

(2) 在不同路堤加高值条件下，土工合成材料均能减小半填半挖路基的沉降量和差异沉降；而且在不同高度条件下，加筋对新旧路堤沉降减小的幅度都很明显。同样比较半填半挖路基的差异沉降值，分析图 6.13～图 6.16 可知，当路堤

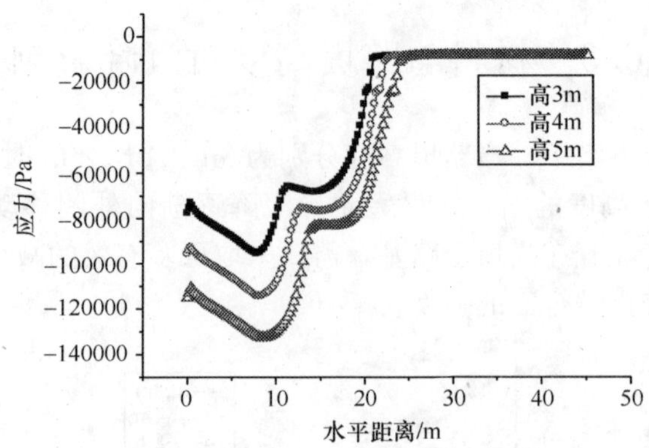

图 6.13　路堤底部 Y 方向应力曲线图

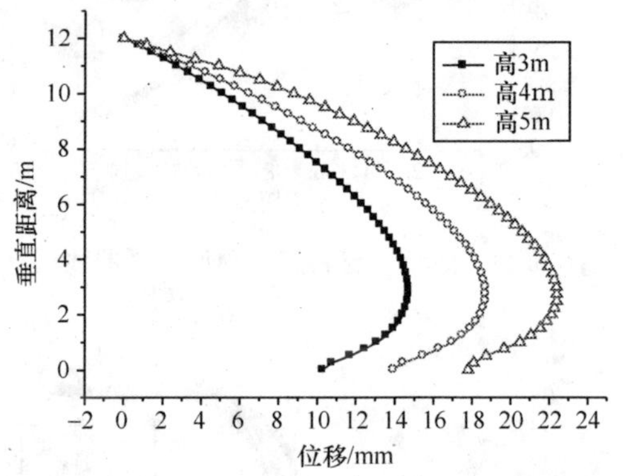

图 6.14　路堤坡脚下侧向位移曲线图

高度为 3m 时，其不加筋，加土工格栅和加土工格室的差异沉降分别为 5.318cm、4.863cm 和 4.504cm，加土工格栅和加土工格室较不加筋的情况，分别减少了 8.6%和 15.31%。当路堤高度为 4m 时，其不加筋、加土工格栅和加土工格室的差异沉降分别为 6.909cm、6.187cm、5.727cm，加土工格栅和加土工格室较不加筋的情况，分别减少了 10.45%和 17.2%。当路堤高度为 5m 时，其不加筋、加土工格栅和加土工格室的差异沉降分别为 8.497cm、7.44cm、6.868cm，加土工格栅和加土工格室较不加筋的情况，分别减少 12.44%和 19.24%。新填路基高 3m 时，不加筋、加土工格栅、加土工格室坡角下的侧向位移分别为 1.471cm、1.298cm、1.146cm，减少量分别为 11.76%和 22.1%。新填路基高 4m 时，不加筋、加土工格栅、加土工格室坡角下的侧向位移分别为 1.872cm、1.603cm、1.41cm，减少量分别为 14.37%和 24.68%。新填路基高 5m 时，不加筋、加土工格栅、加土工格室坡角下的侧向位移分别为 2.239cm、

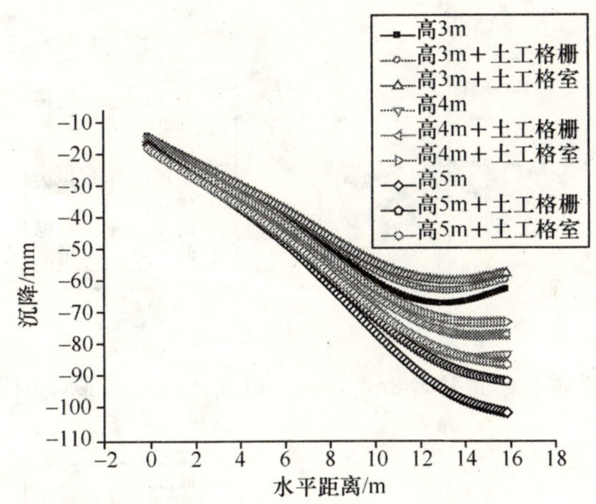

图 6.15　路基为 3m、4m、5m 高时路堤顶部沉降图

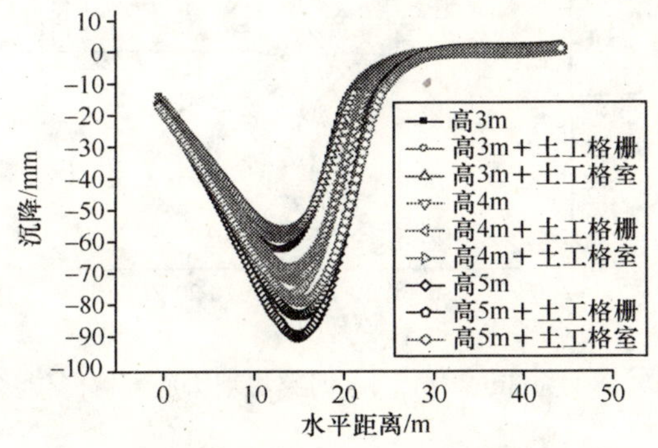

图 6.16　路基为 3m、4m、5m 高时路堤底部沉降图

1.872cm、1.651cm，减少量分别为 16.4％和 26.3％。

（3）由图 6.17 和图 6.18 可知，随着路堤高度的增加，土工合成材料对减少新旧路堤的不均匀沉降也比较明显，但路堤越高，加筋后不均匀沉降还是会越来越明显，其根本原因在于路基的沉降对路基高度的变化比较敏感。这也就是说，路堤高度的增加使沉降产生了更大幅度的增加，虽然土工合成材料能减少路基的沉降量，但不足以抵消由于路堤高度增加带来的地基沉降增量。可见，对于高路堤，仅靠土工合成材料减少挖填路基的不均匀沉降发挥的作用不大，这时要寻求更有效的处理方法。

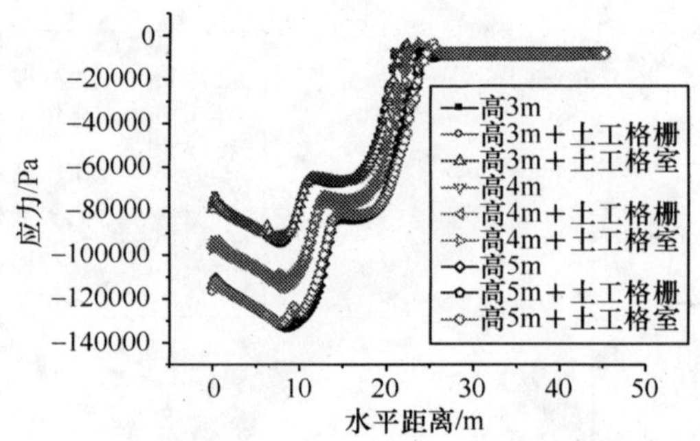

图 6.17　路基为 3m、4m、5m 高时路堤底部应力图

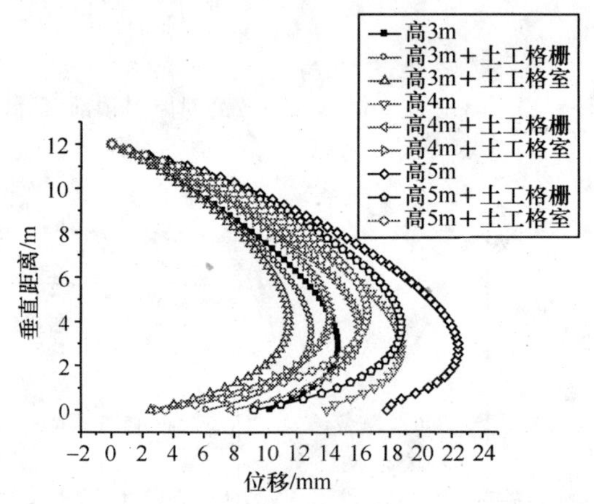

图 6.18　为 3m、4m、5m 时路堤坡脚底部侧向位移图

6.4　材料与路堤填筑宽度对沉降影响

由图 6.19～图 6.26 可以看出，随着填土宽度的增加，半填半挖路基不协调变形加大。路堤顶部最大沉降位置向外移动，最大沉降值，差异沉降值和坡底侧向位移值都会增大。当新填路堤宽度分别为 9m、10m、11m 时，不加筋、加土工格栅和加土工格室时的差异沉降分别为 6.152cm、5.702cm 和 5.301cm，6.909cm、6.187cm 和 5.727cm，7.449cm、6.669cm 和 6.149cm。加土工格栅和土工格室减少差异沉降量分别为：7.3％和 13.83％，10.45％和 17.2％，10.47％和 17.5％。坡脚下侧向位移在不加筋、加土工格栅、加土工格室时分别为：1.696cm、1.456cm 和 1.289cm，1.872cm、1.603cm 和 1.41cm，2.036cm、1.747cm 和 1.53cm；侧向位移分别减少 14.2％和 24％，14.37％和 24.68％，

14.2%和 24.9%。差异沉降随加宽宽度的增大而增大，虽然加土工材料的绝对作用也在增大，但是仍然不能抵消掉差异沉降的增大。

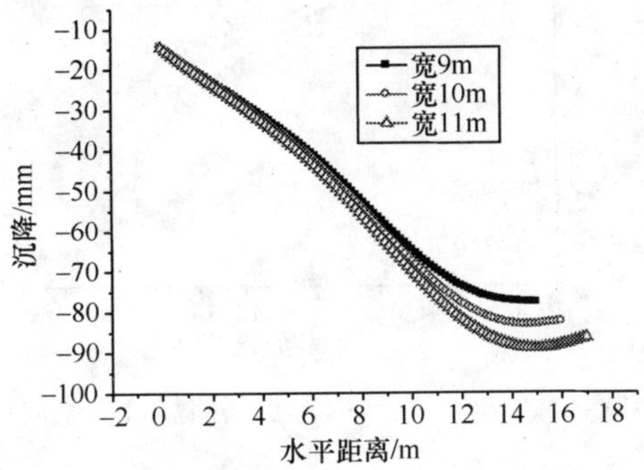

图 6.19　填宽 9m、10m、11m 时不加筋路堤顶面沉降曲线图

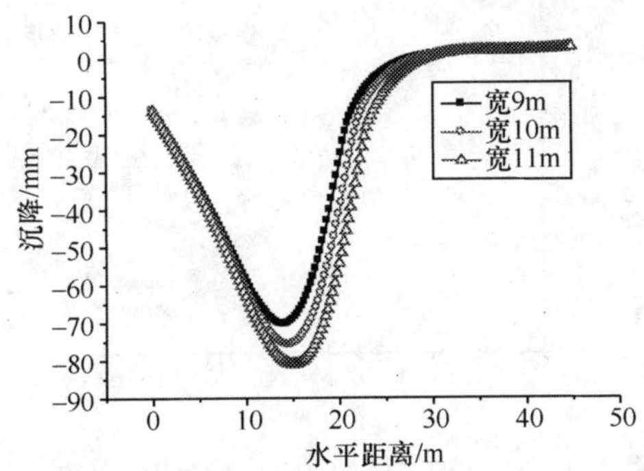

图 6.20　填宽 9m、10m、11m 时不加筋路堤底面沉降曲线图

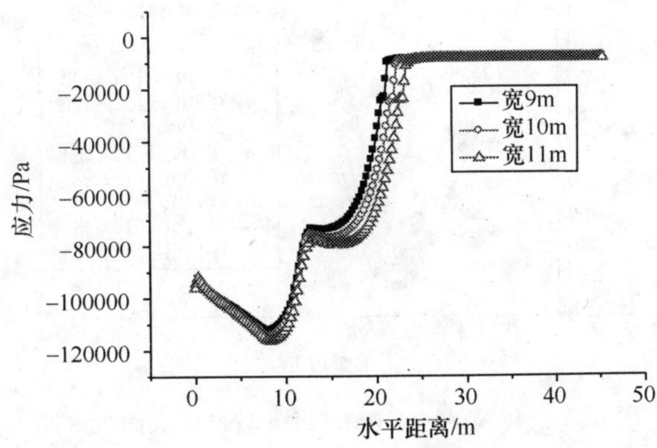

图 6.21　填宽 9m、10m、11m 时不加筋路堤底面 Y 应力曲线图

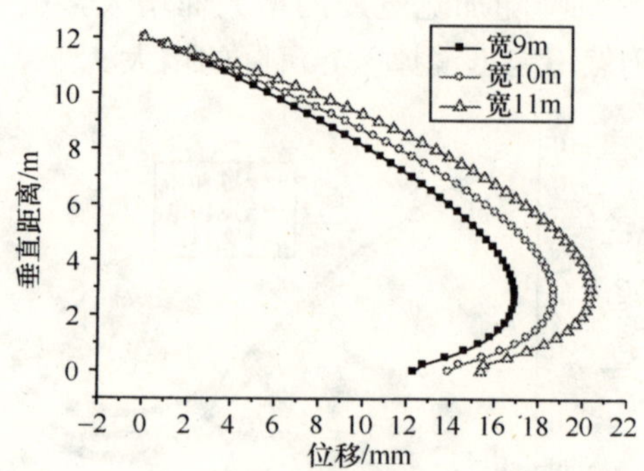

图 6.22　填宽 9m、10m、11m 时不加筋路堤坡底侧向位移曲线图

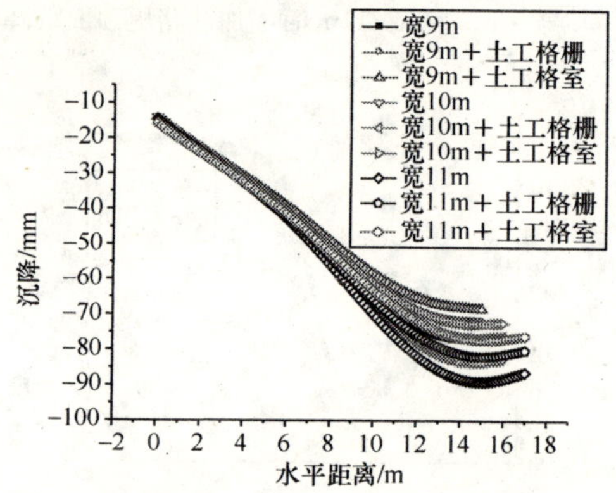

图 6.23　填宽 9m、10m、11m 时路堤顶面沉降图

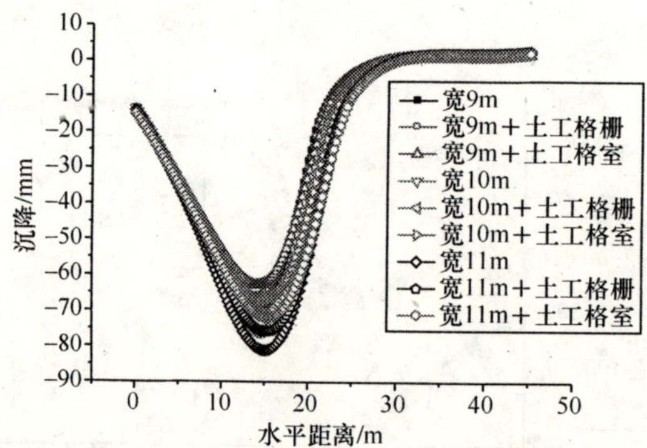

图 6.24　填宽 9m、10m、11m 时路堤底面沉降图

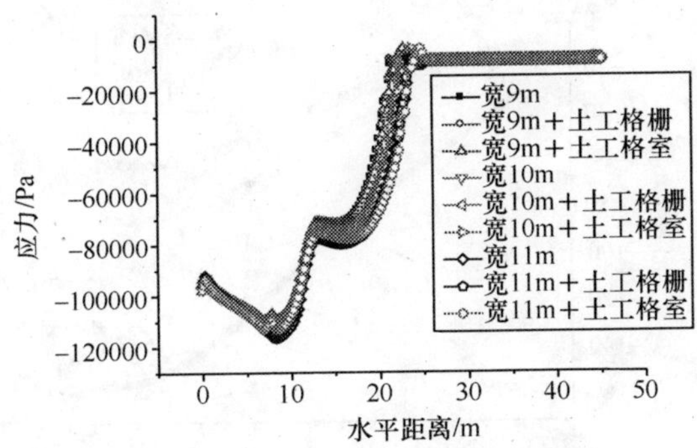

图 6.25　填宽 9m、10m、11m 时路堤底面 Y 应力图

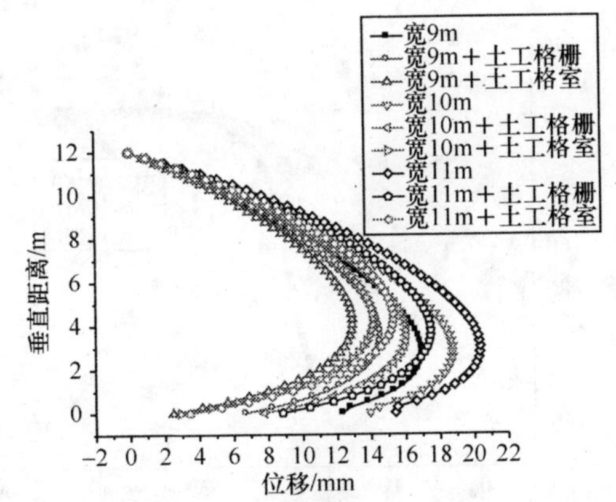

图 6.26　填宽 9m、10m、11m 时路堤坡底侧向位移图

6.5　材料与地基强度对沉降影响

由图 6.27～图 6.32 可见，随着路基强度的减小，路堤顶面沉降和差异沉降都迅速增大，土工材料的作用也在随着地基的变软而增大，但整体差异沉降的趋势在增大。当地基的弹性模量分别为 5MPa、10MPa、15MPa 时，最大路基顶面差异沉降分别为 12.528cm、6.909cm、5.007cm。加土工格栅后差异沉降量分别为 10.492cm、6.187cm、4.637cm，加土工格室后差异沉降量分别为 9.747cm、5.727cm、4.32cm，加土工格栅和土工格室后分别减少了 16.25%和 22.2%，10.45%和 17.2%，7.4%和 13.72%。坡脚下侧向位移在不加筋时分别为 3.599cm、1.872cm、1.275cm，加土工格栅后分别为 2.867cm、1.603cm、1.132cm，加土工格室后分别为 2.526cm、1.41cm、1cm，分别减少了 20.34%和 29.8%，14.37%和 24.68%，11.22%和 21.5%。

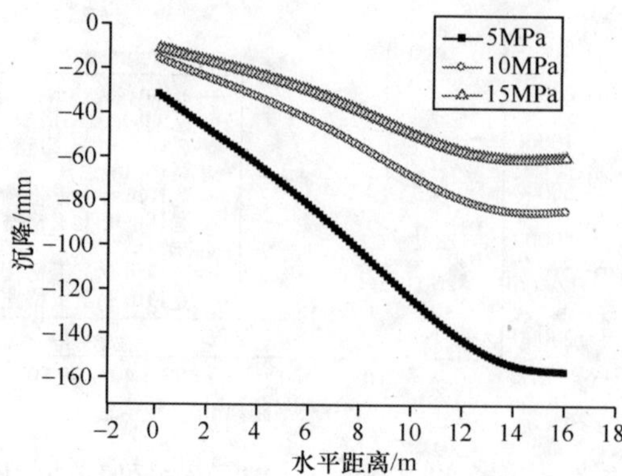

图 6.27　不同地基强度下不加筋路堤顶面沉降图

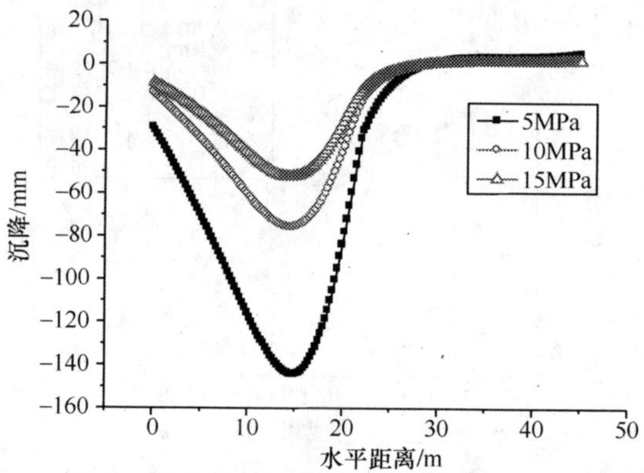

图 6.28　不同地基强度下不加筋路堤底面沉降图

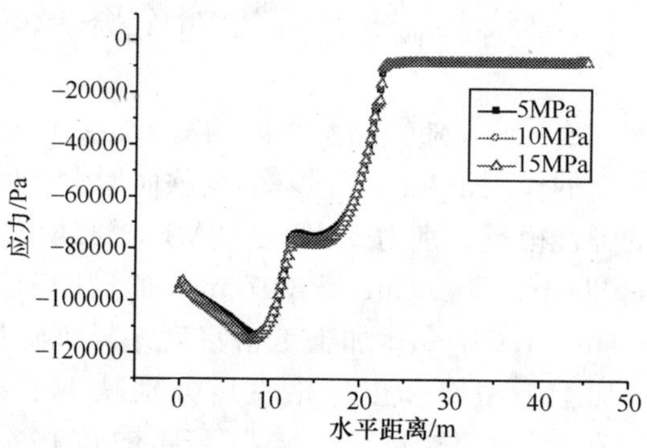

图 6.29　不同地基强度下，不加筋路堤底面 Y 方向应力图

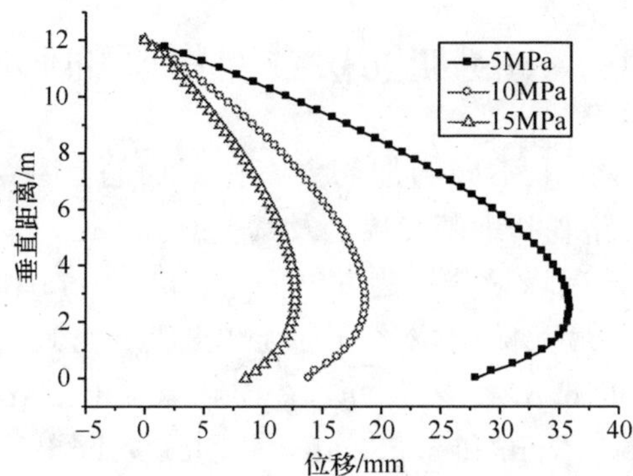

图 6.30　不同地基强度下，不加筋路堤坡底侧向位移图

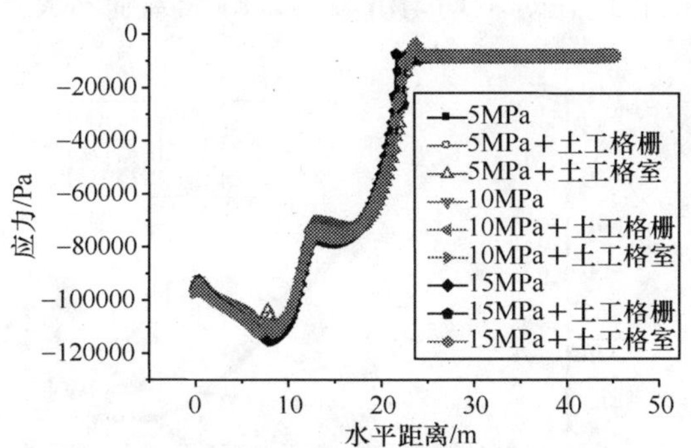

图 6.31　不同地基强度时，路堤底面 Y 应力曲线

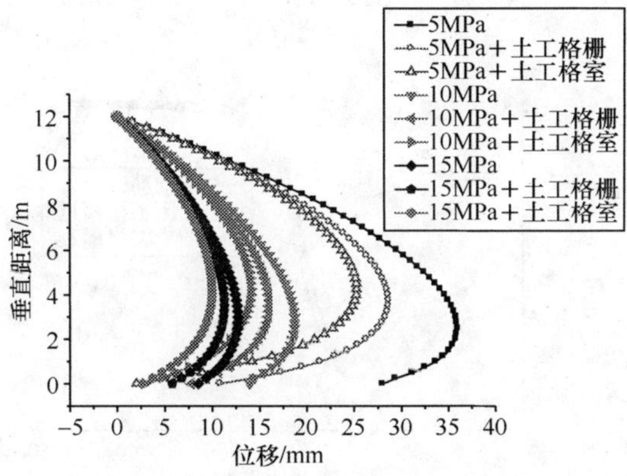

图 6.32　不同地基强度时，路堤坡底侧向位移曲线图

6.6 不同加筋层数对沉降的影响

在第五组方案中，采取不同的加筋方案：不加筋，一层（路基和地基交界处），两层（分铺设于路基和地基交界处及其上 0.6m 处）。不加筋，一层和两层土工格栅路基顶面差异沉降量分别为 6.909cm、6.187cm 和 6.09cm，分别减少了 10.45%和 11.8%，最大侧向位移分别为 1.872cm、1.603cm 和 1.55cm，减少量分别为 14.37%和 16.8%。不加筋，一层和两层土工格室路基顶面的差异沉降分别为 6.909cm、5.727cm 和 5.582cm，分别减少 17.2%和 19.21%，最大侧向位移分别为 1.872cm、1.41cm 和 1.367cm，分别减少了 24.68%和 27%。由图 6.33～图 6.38 可知，加筋都能够明显地减少半填半挖路基的不均匀沉降，但两层加筋方案与一层相比，对不均匀沉降的影响量差别不大。

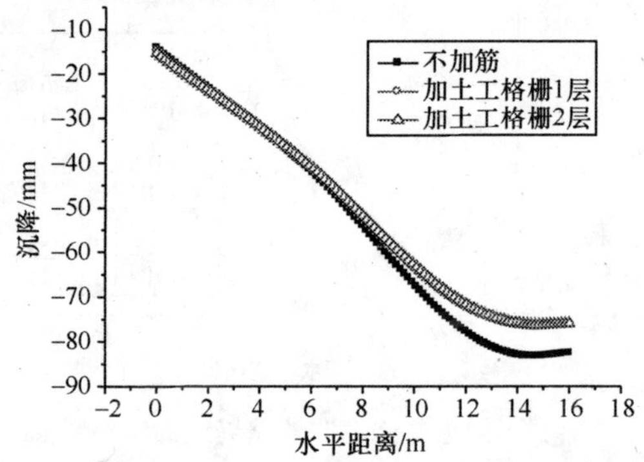

图 6.33 不加筋、加土工格栅 1、2 层路基顶面沉降图

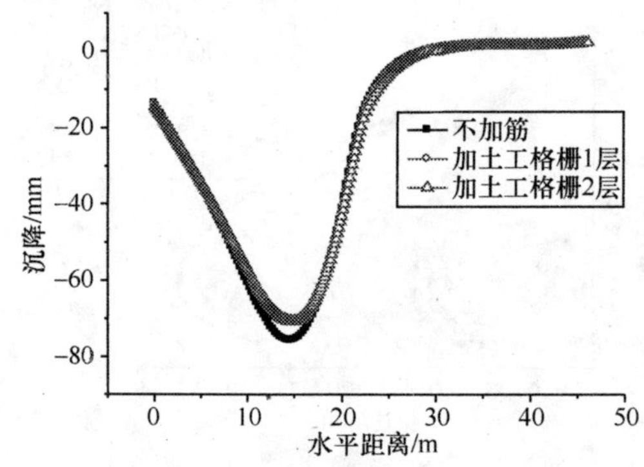

图 6.34 不加筋、加土工格栅 1、2 层路基底面沉降图

这说明加入路基中的第二层土工材料并没有明显的改善地基的受力和变形情

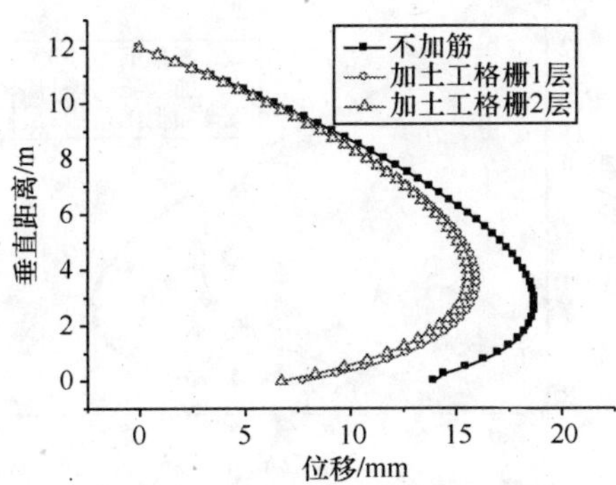

图 6.35　不加筋、加土工格栅 1、2 层路基坡底侧向位移图

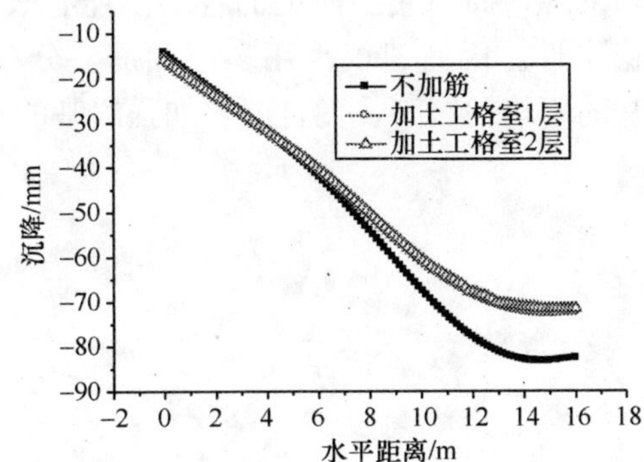

图 6.36　不加筋、加土工格室 1、2 层路基顶面沉降图

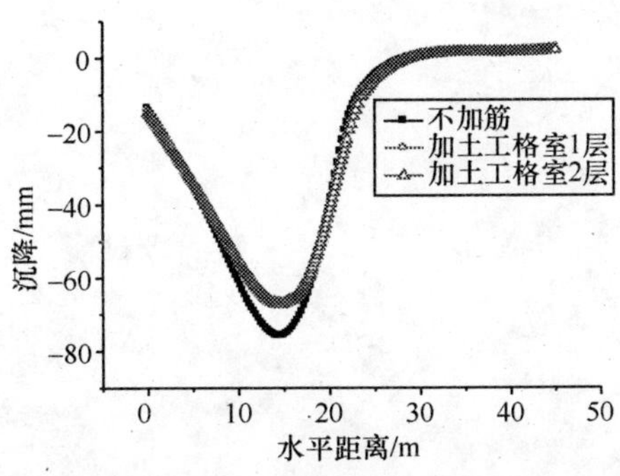

图 6.37　不加筋、加土工格室 1、2 层路基底面沉降图

况。刘汉龙等[78]也认为在路基底部加筋能有效地抑制各项位移的发展，对安全系数也有提高，在路基内部加筋时，能够有效地提高整体稳定性，却不能有效地抑制各项位移的发展。为此本书进行了边坡稳定性计算，在不加筋、加 1 层、3 层、6 层时的稳定系数分别为 1.68、2.1、2.4 和 2.9。由此可见，在底层加筋 1

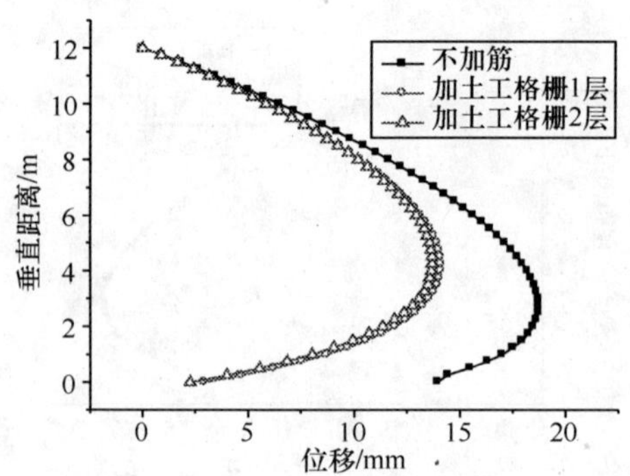

图 6.38　不加筋、加土工格室 1、2 层路基坡底侧向位移图

层能有效地减少不均匀沉降，而由底层向上的各层不能有效地减小不均匀沉降，但能很好地增加边坡稳定性。因此建议采用多层加筋，分布在路基的底部和中部，不但能够减缓路基的不均匀沉降，而且能够加强路基的整体结合度。

第 7 章　挖填交接面稳定性分析模式与集成方法

基于交接面的路基稳定性在本质上是已知弱面的边坡稳定性问题。对于已知弱面滑坡的稳定性分析具有很多的模式，其中极限平衡方法是最为有效的方法之一。极限平衡法的共同特点是条分，然后建立平衡方程。但不同的前提和思路，构成不同的模式。在极限平衡模式中，常用的有瑞典圆弧法、瑞典条分法、毕肖普法、Morgenstern & Price 法、Spencer 法、Janbu 法、Sarma 法、Chen & Morgen-stern 法以及不平衡推力法。在极限平衡模式中，不平衡推力法亦称传递系数法或剩余推力法，它是我国工程技术人员创造的一种实用滑坡稳定分析方法。由于该法计算简单，并且能够为滑坡治理提供设计推力，因此在水利部门、铁路部门得到了广泛应用，在国家规范和行业规范中都将其列为推荐方法在使用，如《建筑边坡工程技术规范》[109]（GB 50330—2002）、《岩土工程勘察规范》[110]（GB 50021—2001）、《地基基础规范》[111]（GB 5007—2002）等。目前的一些研究表明，其分析结果在某些情况下产生的误差很大，并且偏于不安全[79,80]，陈祖煜最早指出了这一点。此后，郑颖人、张鲁渝、时卫民、杨明成、苏爱军、冯明权等从不同的方面进行了改进。根据郑颖人、张鲁渝、时卫民、杨明成等人及作者本人计算，不平衡推力法计算结果不稳定，误差大，其中主要原因之一是在折线形滑面中，如果相邻滑带倾角相差超过 10°，则稳定性系数误差将很大。针对这一现象，参照有关研究[22]思路的基础上，研究了通过增加分条，减小倾角差，改善计算精度的方法。

7.1　不平衡推力法的选用

7.1.1　基本算法

不平衡推力法滑面及分条如图 7.1 所示，它假定第 $i-1$ 条块对于 i 条块的作用力平行于第 $i-1$ 条块的滑面，作用在两条块分界面的中点，滑动面是任意的折线形的。滑面的破坏条件采用 Mohr-Coulomb 准则，其稳定性系数计算表达式如下：

$$D_i = D_i^0 + D_{i-1}\psi_i \tag{7.1}$$

式中：

$$D_i = W_i\sin\alpha_i + K_c W_i\cos\alpha_i - Q_i\sin(\delta_i - \alpha_i) + D_{i-1}\cos(\alpha_{i-1} - \alpha_i) - S_i \tag{7.2}$$

$$D_i^0 = W_i \sin\alpha_i + K_c W_i \cos\alpha_i - Q_i \sin(\delta_i - \alpha_i) - \frac{c_i l_i}{F_s} - \frac{\tan\varphi_i}{F_s}\left[W_i \cos\alpha_i - K_c W_i \sin\alpha_i + Q_i \cos(\delta_i - \alpha_i)\right] \tag{7.3}$$

$$\psi_i = \cos(\alpha_{i-1} - \alpha_i) - \frac{\tan\varphi_i \sin(\alpha_{i-1} - \alpha_i)}{F_s} \tag{7.4}$$

$$S_i = \frac{c_i l_i}{F_s} + \frac{N_i \tan\varphi_i}{F_s} \tag{7.5}$$

$$N_i = W_i \cos\alpha_i - K_c W_i \sin\alpha_i + Q_i \cos(\delta_i - \alpha_i) + D_{i-1} \sin(\alpha_{i-1} - \alpha_i) \tag{7.6}$$

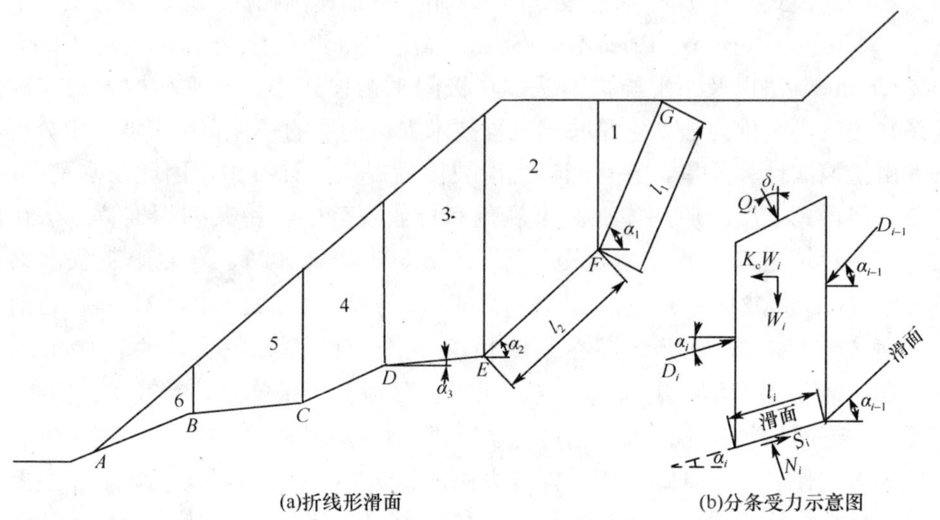

图 7.1　不平衡推力法滑面及其分条受力示意图

各符号意义如下：

(1) 分条重力 W_i，竖直向下并过分条底面中点，浸润线以下采用土条的浮重。

(2) K_c 为水平地震影响系数，相应水平地震力为 K_cW_i。

(3) 边坡顶面外载合力 Q_i，它与垂直线的夹角为 δ_i，h_i 为条块中线高。

(4) 条块底面正应力合力 N_i 和抗剪力 T_i。

(5) D_i^0 为不考虑分条界面反力时滑面上的净滑力。

(6) ψ_i 为力的传递系数。

(7) c_i、φ_i 分别为分条 i 的黏聚力和内摩擦角。

(8) D_i 为净剩滑力，i 条以 D_i 作用于 ($i+1$) 条，推动第 ($i+1$) 条下滑 D_i 在分界面上作为滑体内力。

(9) F_s 为稳定性系数，α_i 为第 i 分条的倾角，l_i 为各分条底边长。

不平衡推力法中，对于稳定性系数的求解，目前主要有强度储备法，F_s 隐

含于 c_i、φ_i、ψ_i 中，F_s 的表达式是隐含的，因此也叫隐式解法，需要进行迭代求解。按数值理论迭代求解方法，确定其边界条件为 $D_0=D_n=0$。首先按照一般估计试取一个 F_s 值，由第一个分条开始依次计算 D_i，设土的抗拉强度为零，当条间作用力 $D_i<0$ 时，取 $D_i=0$，即此不再向下传递。当出现 $D_n>0$ 时，说明 F_s 偏高；当出现 $D_n<0$ 时，说明 F_s 偏低，应当适当调整，直至满足边界条件 $D_0=D_n=0$，此时 F_s 即为所求。

另一种方法对 F_s 的表达式进行简化，使 F_s 仅包含在一个线性方程中，求解过程无须迭代，叫做显式解法，也叫做超载法。由于显式解法比较简单，所以目前的《公路路基设计规范》（JT GD30—2004）、《岩土工程勘察规范》（GB 50021—2001）、《地基基础规范》（GB 5007—2002）、《建筑边坡工程技术规范》（GB 50330—2002）都推荐使用该方法。显式解法 F_s 的计算表达式如下：

$$F_s=\frac{\sum_{i=1}^{n-1}\left(R_i\prod_{j=i}^{n-1}\psi_j+R_n\right)}{\sum_{i=1}^{n-1}\left(T_i\prod_{j=1}^{n-1}\psi_j+T_n\right)} \tag{7.7}$$

式中：

$$\begin{cases}R_i=\tan\varphi_i[W_i\cos\alpha_i-K_cW_i\sin\alpha_i-U_i+Q_i\cos(\delta_i-\alpha_i)]+c_il_i\\ T_i=W_i\sin\alpha_i+K_cW_i\cos\alpha_i-Q_i\sin(\delta_i-\alpha_i)\\ \prod_{j=1}^{n-1}\psi_j=\psi_i,\psi_{i+1},\cdots,\psi_{n-1}\end{cases} \tag{7.8}$$

由于显式解法简明，又是目前一些《公路路基设计规范》（JTGD 30—2004）中推荐使用的方法，在程序开发中，稳定性系数的计算在原理上采用了显式算法。

7.1.2　地下水的表达

根据有关学者及文献研究成果，地下水有静水压力和动水压力两种表达形式，但在本质上是一致的。在程序开发中采用动水压力形式计算。其计算简图如图 7.2 所示，滑坡推力的递推公式变为

$$\begin{aligned}D_i=&[(W_{1i}+W_{2i}')\sin\alpha_i+P_i\cos(\alpha_i-\beta_i)]-\{c_il_i+[(W_{1i}+W_{2i}')\cos\alpha_i\\&-P_i\sin(\alpha_i-\beta_i)]\tan\varphi_i\}/F_s+D_{i-1}\psi_{i-1}\end{aligned} \tag{7.9}$$

式中：

$$P_i=\gamma_w h_{wi}L_i\cos\alpha_i\sin\beta_i \tag{7.10}$$

式（7.10）的几何意义是土条中饱和浸水面积、水的重度、水力坡降的乘积 $\sin\beta_i$，其大小等于渗透力，其方向与水流方向一致，与水平向的夹角为 β_i；浸润

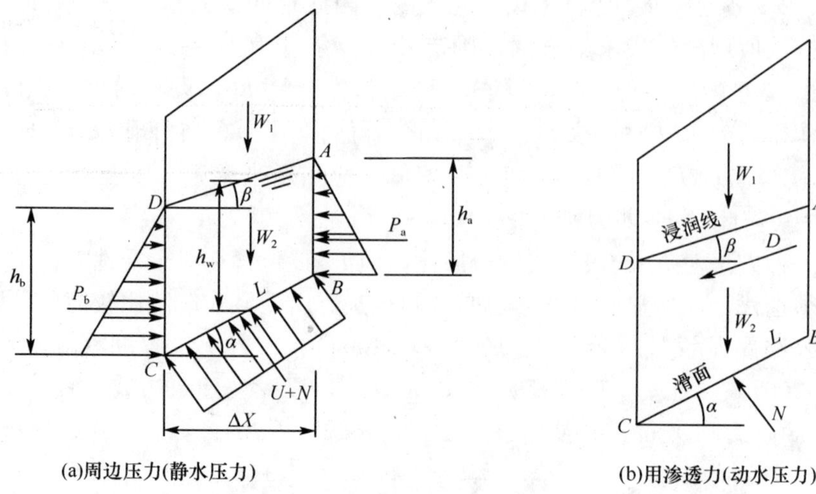

(a)周边压力(静水压力)　　(b)用渗透力(动水压力)

图 7.2　土条计算简图

线以上取天然重量，浸润线以下取土条浮重和渗透压力。

7.1.3　分条倾角差的处理

对于不平衡推力法，滑面控制点处的倾角变化过大是产生误差的主要原因，变化角度越大，不平衡推力法误差越大。所以如何控制倾角变化值是解决问题的关键。当前后相邻滑面分条的倾角差 $\Delta\alpha=\alpha_{i-1}-\alpha_i$ 小于 10°时，计算得到的稳定性系数与准精确解的误差小于 3%。笔者在改进不平衡推力法时，就是把条间力倾角变化的标准定在 10°，若大于 10°，则采用相应的方法进行调整。

在不平衡推力法条分过程中，分条分割点一般采用折线滑面的自然变化点。因此如果折线形滑面的自然变化点 $\Delta\alpha=\alpha_{i-1}-\alpha_i$ 大于 10°时，需要采取技术措施，目的在于减少分割点的倾角变化，使不平衡推力法在这种情况下仍然适应。因此，在编程中按如下程序进行变坡：如图 7.3 所示，滑面分条 2 和条块 3 的倾角差 $\Delta\alpha=\alpha_{i-1}-\alpha_i$ 大于 10°，必须在节点 E 进行技术处理。以分条 2 和条块 3 为例，为了说明分条倾角差处理的实施过程，将 E 点放大，见图 7.3。

找出 ED 和 EF 中的较短的一边，以 E 点为起点，在 EF 和 ED 上分别量取短边的二十分之一，定为点 E_1、E_2，使得 $EE_1=EE_2$，以 E_1、E_2 作为滑面的控制点，连接 E_1E_2 形成新的滑面，作为变坡滑面。这时比较滑面 FE_2、E_1E_2 的倾角 α_2、$\alpha_{2\text{-}1}$，滑面 DE_1、E_1E_2 的倾角 α_3、$\alpha_{2\text{-}2}$，如果 $\alpha_2-\alpha_{2\text{-}1}>10°$或 $\alpha_3-\alpha_{2-2}>10°$，取 E_1E_2 的中点 E_0，以 E_1、E_2 为起点，在 E_1D、E_2F 上量取 $E_1E_4=E_0E_1$，$E_0E_2=E_2E_3$，连接 E_0E_3、使 E_0E_4 作为新的变坡滑面。然后比较新的相邻滑面倾角对 α_2 和 $\alpha_{3\text{-}1}$、$\alpha_{3\text{-}1}$和 $\alpha_{3\text{-}2}$、$\alpha_{3\text{-}2}$和 α_3。如果 α_2 和 $\alpha_{3\text{-}1}$、$\alpha_{3\text{-}1}$和 $\alpha_{3\text{-}2}$、$\alpha_{3\text{-}2}$和

α_3 的差仍大于 10°，则按照前述方法依次类推，不断增加新的变坡新滑面，直到满足相邻滑面倾角差条件为止。

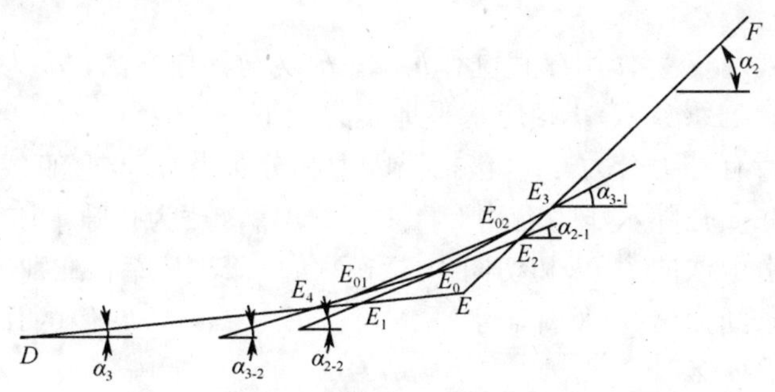

图 7.3　对称变坡实施放大图

7.2　Morgenstern-Price 模式算法原理

7.2.1　力学简化

在边坡的诸多稳定性极限平衡算法模式中，Morgenstern-Price 模式满足静力平衡条件和力矩平衡条件，但算法复杂，实际使用起来很不方便，无法求得解析解，需要采用数值积分（或数值微分）形式来求解。为此，在本程序的开发中，采用了文献［117］研究的一种算法。该算法不改变其基本假定，但建立了便于计算、同时满足力和力矩平衡条件的边坡稳定性分析改进的 Morgenstern-Price 法[103]，即通用条分法。其力学分析如图 7.4 所示，稳定性系数计算过程如下：

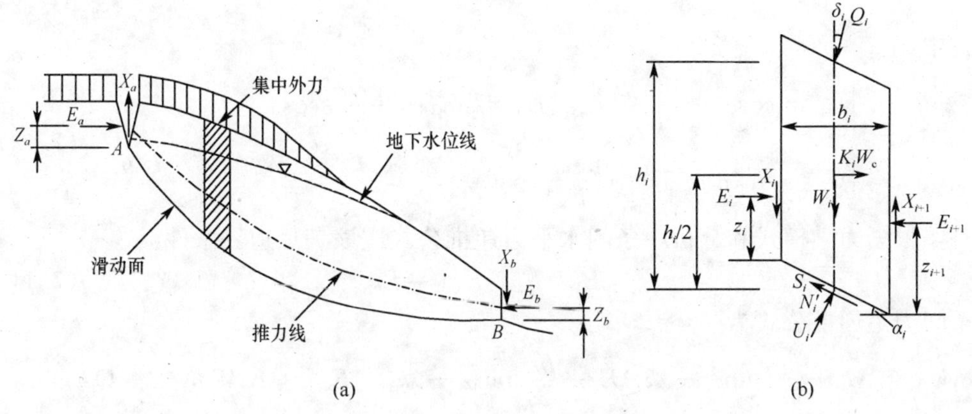

图 7.4　边坡滑动面形状及滑体与条块受力分析

如图 7.4（a）所示，边坡的坡面和滑动面均为任意形状。将滑动面以上的地质体条分为若干个竖直条块，其中任意一个分条的受力如图 7.4（b）所示，其所受的力有：

（1）分条重力 W_i，作用在其重心 $h_i/2$；h_i 为分条中线高，b_i 为分条水平宽度。

（2）地震影响系数 K_c，相应水平地震力为 K_cW_i。

（3）坡顶所有外力合力 Q_i（包括锚固力和分布力），与竖直线的夹角为 δ_i。

（4）分条底面孔隙水压力合力 U_i，$U_i=r_uW_i$，r_u 为孔隙水压力比。

（5）分条滑面法向力 N_i'和切向力 T_i，它们由摩尔-库仑准则确定。

（6）垂直条间力 X_i、X_{i+1}，水平条间力 E_i、E_{i+1}，它们的作用点与滑动面的垂距分别为 Z_i、Z_{i+1}。

（7）E_a 和 E_b 为端部条间力，M_a 和 M_b 为端部条间力矩。

（8）α_{ii}为分条底滑面倾角。

（9）C_i'和 φ_i'为条块 i 底面有效黏聚力和内摩擦角。

（10）E_{n+1}和 M_{n+1}分别称为剩余力剩余力矩。

同时分条之间的切向力和法向力之间存在如下关系：

$$X_i=\lambda f(s_i)E_i,\quad X_{i+1}=\lambda f(s_{i+1})E_{i+1} \tag{7.11}$$

式中：λ 为一可选常数；$f(s)$为条间力函数，它与边坡坡面形状和滑动面形态有关，其中 s 为线性归一化后滑动体水平方向的坐标。

7.2.2　平衡递推表达式

分条之间的水平推力递推计算公式分别为

$$E_{i+1}=\frac{A_i+\lambda f_iB_i}{A_i+\lambda f_{i+1}B_i}E_i+\frac{W_i(B_i+A_iK_c)-C_iQ_i+D_i}{A_i+\lambda f_{i+1}B_i},i=1,2,\cdots,n \tag{7.12}$$

式中：

$$\begin{cases}A_i=\cos\alpha_i+\dfrac{\tan\varphi_i'}{F_s}\sin\alpha_i,B_i=\sin\alpha_i-\dfrac{\tan\varphi_i'}{F_s}\cos\alpha_i\\ C_i=\sin(\delta_i-\alpha_i)+\dfrac{\tan\varphi_i'}{F_s}\cos(\delta_i-\alpha_i),D_i=\dfrac{r_uW_i\tan\varphi_i'-C_i'b_i}{F_s\cos\alpha_i}\end{cases} \tag{7.13}$$

根据力学模式和分析，条间水平力递推公式应该满足边界条件：

$$E_1=E_a,\ E_{n+1}=E_b \tag{7.14}$$

条间力矩递推公式为

$$M_{i+1}=M_i+\frac{b_i}{2}(\tan\alpha_i-\lambda k_i)E_i+\frac{b_i}{2}(\tan\alpha_i-\lambda k_{i+1})E_{i+1}+K_cW_ih_i/2-Q_ih_i\sin\omega_i \tag{7.15}$$

式中：条间力矩按下式计算：

$$M_i = E_i Z_i,\ M_{i+1} = E_{i+1} Z_{i+1} \tag{7.16}$$

根据力学模式和分析，力矩递推公式应该边界条件：

$$M_1 = M_a = E_a Z_a,\ M_{n+1} = M_b = E_b Z_b \tag{7.17}$$

式（7.12）和式（7.15）组成的最后求解方程组可简写为

$$\begin{cases} g_1(\lambda, F_s) = E_{n+1} - E_b = 0 \\ g_2(\lambda, F_s) = M_{n+1} - M_b = 0 \end{cases} \tag{7.18}$$

7.2.3　稳定性系数求解

根据文献资料的研究成果，条间力函数 $f(s)$取为如下形式：

$$f(s) = sin^A[p(s)\pi] \tag{7.19}$$

式中：A 为表征条间力函数形状的系数；$p(s)$为表征峰值点位置的函数：

$$p(s) = \begin{cases} \dfrac{1}{2s_p}s, 0 \leqslant s \leqslant s_p \\ \dfrac{1-2s_p+s}{2(1-s_p)}s, s_p \leqslant s \leqslant 1 \end{cases} \tag{7.20}$$

其中，s 为滑体归一化后的水平坐标；s_p 为峰值点的位置。

设 $\varepsilon_1 = \varepsilon_2 = 10^{-4}$，收敛条件为

$$\begin{cases} \Delta g_1 < \varepsilon_1 \\ \Delta g_2 < \varepsilon_2 \end{cases} \tag{7.21}$$

方程组（7.18）中只含有 F_s、λ 两个未知数，可通过 Newton-Raphson 法求解。假定 F_s、λ 初值分别为 F_0、λ_0，代入式（7.18）中，得到一个非零的 Δg_1 和 Δg_2。通过下式可得到一个使 Δg_1 和 Δg_2 更接近零的 F_1、λ_1：

$$\begin{cases} F_1 = F_0 - K_F/D \\ \lambda_1 = \lambda_0 - K_\lambda/D \end{cases} \tag{7.22}$$

式中：

$$D = \begin{vmatrix} \dfrac{\partial g_1}{\partial F} & \dfrac{\partial g_1}{\partial \lambda} \\ \dfrac{\partial g_2}{\partial F} & \dfrac{\partial g_2}{\partial \lambda} \end{vmatrix}, K_F = \begin{vmatrix} \Delta g_1 & \dfrac{\partial g_1}{\partial \lambda} \\ \Delta g_2 & \dfrac{\partial g_2}{\partial \lambda} \end{vmatrix}, K_\lambda = \begin{vmatrix} \dfrac{\partial g_1}{\partial F} \Delta g_1 \\ \dfrac{\partial g_2}{\partial F} \Delta g_2 \end{vmatrix}$$

重复上述步骤，直到满足收敛条件，此时稳定性系数 F_s 即为所求之解。

7.3　其他模式算法原理

此外，其他计算模式，如瑞典圆弧法、毕肖普法、简布法、斯宾塞法等模式，均作为计算方法纳入开发的程序中。具体的计算原理，对于瑞典圆弧法、毕肖普法是边坡分析中最为常用的方法，其基本原理和算法读者已经非常熟悉，也

可参考一般的教科书。对于简布法、斯宾塞法等模式在第四章有简要介绍，同时关于这方面的资讯也非常丰富，很容易找到相关文献和资料。

7.4　加强材料的力学作用

7.4.1　锚杆效应计算

锚杆布置和安设角度，锚杆锚固体尺寸、锚固段长度、自由段长度结合具体工程地质堪察资料及相应的岩土力学性能试验结果确定，如图 7.5 所示。

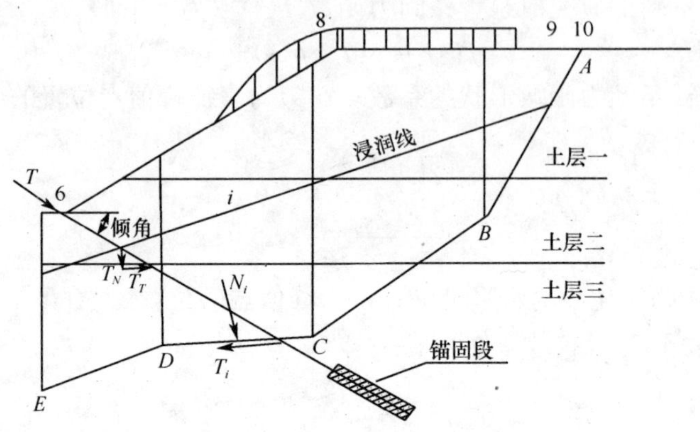

图 7.5　锚杆的力学作用考虑

用户需在界面中输入锚杆个数、锚杆起点坐标、锚杆总长、锚固长度、有效周长、锚杆抗拉强度设计值及灌浆体与地层间的黏结强度设计值。

根据输入锚杆起点坐标及总长自动搜索与锚杆相交的滑块，如图 7.5 所示，图中锚杆与土条 i 相交，可将锚杆锚固力 T_i 在土条 i 上做平行、垂直条块的分解，由此建立新的力平衡方程来新的稳定性分析。

锚杆的安设角度，需考虑邻近状况、锚固地层位置和施工方法。一般锚杆的俯角不小于 15°，不大于 45°；俯角越大，有利于抵抗侧压力的水平分力，但同时由于垂直分力的加大，会引起护壁桩向下压力增加等不良影响。除此之外，对于预应力锚索可以由下式确定最优锚固角：

$$\beta=\theta-(45^\circ+\varphi/2) \tag{7.23}$$

式中：β 为锚索倾角；θ 为滑面倾角；φ 为滑面内摩擦角。

程序中的锚杆是基于圆柱状锚固体的拉力型锚杆，这种锚杆锚固力是由锚固体表面与周围地层的摩擦力提供，根据锚固机理，锚杆的极限锚固力又称极限承载力可按式（7.24）计算：

$$P=KT=CLq_{\mathrm{r}} \tag{7.24}$$

式中：L 为锚杆锚固段长度；T 为锚杆承载力设计值；K 为安全系数，可以由表 7.1 取值；C 为锚固体周长或者单根钢筋或者钢绞线的周长：当锚固体周长和相应的灌浆体与地层间的粘结强度设计值的乘积小于单根钢筋或者钢绞线与相应综合粘结强度设计值的乘积时，选择锚固体周长，反之取单根钢筋或者钢绞线的周长。q_r 为综合粘结强度设计值，由相应的周长决定，当取为锚固体周长时，此值为灌浆体与地层间的粘结强度设计值，可取 0.8 倍的标准值；当取为单根钢筋或者钢绞线的周长时，$q_r = n\xi q_s$，n 为钢绞线或者钢筋根数，q_s 为灌浆体与钢绞线间的粘结强度设计值，可取 0.8 倍的标准值，ξ 为采用 2 根或者两根以上钢绞线或钢筋时，钢筋与灌浆体间粘结强度降低系数，一般取为 0.6～0.85。

锚杆承载力设计值 T 可以由式（7.25）计算：

$$T = CL\frac{q_r}{K} \tag{7.25}$$

表 7.1　岩土预应力锚杆锚固体设计的安全系数

锚杆破坏后危害程度	最小安全系数	
	锚杆服务年限≤2 年	锚杆服务年限 > 2 年
危害轻微，不会构成公共安全问题	1.4	1.8
危害较大，但公共安全无问题	1.6	2.0
危害大，会出现公共安全问题	1.8	2.2

7.4.2　土工格栅效应

在外力和自重作用下的加筋土试件，由于土中埋置了水平方向的筋带，在沿筋带方向发生膨胀变形时，筋带犹如是一个“约束应力 $\Delta\sigma_3$”，阻止了土体的伸延变形。$\Delta\sigma_3$ 值相当于土体与筋带直接的静摩阻力，最大值取决于筋带材料的抗拉强度。按照三轴试验条件，加筋土试件达到新的极限平衡时应满足的条件为

$$\sigma_1 = (\sigma_3 + \Delta\sigma_3)\tan^2(45° + \varphi/2) \tag{7.26}$$

认为加筋土力学性能的改善是由于新的复合土体具有某种“黏聚力”缘故，把这个“黏聚力”称为准黏聚力，如图 7.6 所示。

根据对比，加筋作用产生的“准黏聚力 c_p”为

$$c_p = \frac{\Delta\sigma_3\tan(45° + \varphi/2)}{2} \tag{7.27}$$

公路土工合成材料应用技术规范（JTJ/T 019—98）中规定，土工合成材料的设计抗拉强度 T_{GC} 可按式（7.28）确定：

$$T_{GC} = \frac{T_S}{\lambda_C} \tag{7.28}$$

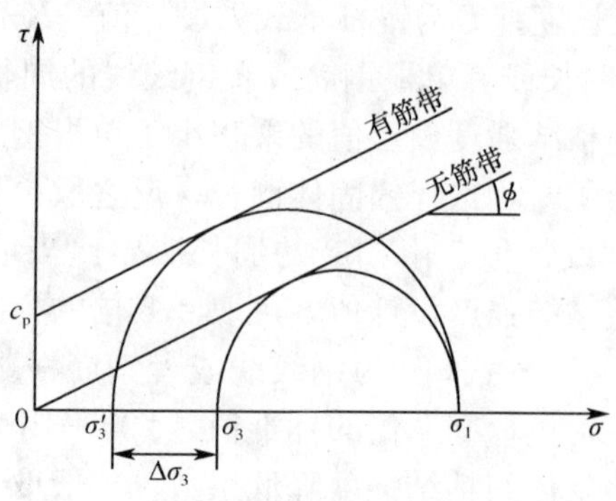

图 7.6 加筋土莫尔圆

式中：T_S 为土工合成材料的抗拉强度；λ_C 为材料强度综合修正系数，对于土工织物和土工网 $\lambda_C=3.0$，对于土工格栅 $\lambda_C=2.0$。

土工格栅伸入到稳定土体的锚固长度，不得小于最小锚固长度 L_m，最小锚固长度可以由式（7.29）计算：

$$L_m = T_{GC}\frac{F_m}{2\sigma f_{GS}} \tag{7.29}$$

式中：L_m 为最小锚固长度（m）；T_{GC}为土工格栅设计抗拉强度（kN/m）；F_m 为锚固安全系数，对无黏性土取 1.5，黏性土取 2.0；σ_0 为作用在某层筋材上的上覆压力，按自重应力计算；f_{GS}为土与土工格栅的界面摩擦系数；当计算的最小锚固长度小于 2m 时，取为 2m。

土工合成材料与土接触的界面摩擦系数 f_{GS}，对高速公路、一级公路，应采用《公路土工合成材料试验规程》（JTJ/T 060）规定的剪切试验方法由试验确定，对其他等级公路，可由下式确定：

$$\begin{cases} f_{GS} = 0.667\tan\varphi & \text{土工织物} \\ f_{GS} = 0.9\tan\varphi & \text{土工格栅,土工网} \end{cases} \tag{7.30}$$

式中：φ 为土层内摩擦角。

7.5 加固后安全系数校核

被加固的分条 i 的受力情况如图 7.7 所示。

对于锚杆加固后的边坡，对于圆弧形滑面，其稳定性系数的一般计算式为

$$k = \frac{f\left(\sum_{i=1}^{n} N_i + T_N\right) + \sum_{i=1}^{n} c_i l_i}{\sum_{i=1}^{n} T_i + T_T} \tag{7.31}$$

式中：N_i 为作用在第 i 条滑面上的法向力；T_i 为作用在第 i 条滑面上的切向力；c_i 为土条 i 条底黏聚力；L_i 为第 i 条滑面长度；T_N 为锚杆锚固力沿滑面法向的分力；T_T 为锚杆锚固力沿滑面切向的分力。

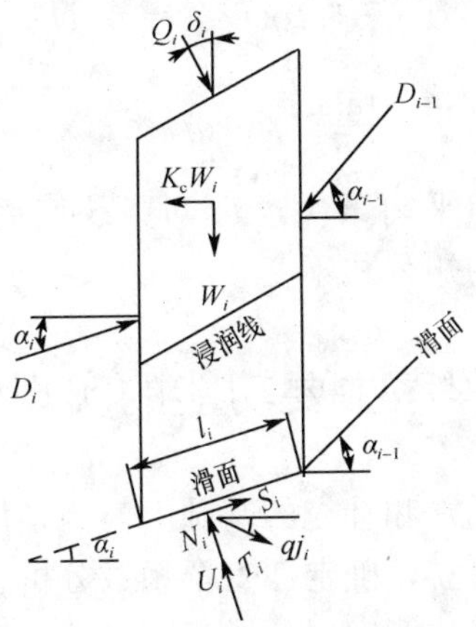

图 7.7　加固后的土条受力分析

具体对于瑞典圆弧法，即为

$$F_B = \frac{\sum_{i=1}^{n}(W_i\cos a_i\tan\varphi_i + c_i\Delta l_i)R + \sum_{j=1}^{m}T_{GCj}y_j}{\sum_{i=1}^{n}(W_i\sin\theta_i)R} \tag{7.32}$$

式中；F_B 为稳定安全系数，在施工期和运营期一般可以取 1.25；W_i 为第 i 土条土重（kN/m）；c_i、φ_i 为土条 i 条底黏聚力（kPa）和内摩擦（°）；T_{GCj} 为第 j 层土工格栅设计抗拉强度（kN/m）；y_j 为第 j 层土工格栅至滑弧面圆心的距离（m）；R 为最危险滑动圆弧的半径；n、m 为分别为土条数和加筋层数。

对于不平衡推力法，将新加入锚固力或加筋力 T_i 纳入平衡方程，净滑力 D_i^0 的表达式为

$$D_i^0 = W_i\sin\alpha_i + K_cW_i\cos\alpha_i - Q_i\sin(\delta_i - \alpha_i) - T_i\cos(\alpha_i + qj_i) - \frac{c_il_i}{F_s}$$
$$- \frac{\tan\varphi_i}{F_s}[W_i\cos\alpha_i - K_cW_i\sin\alpha_i + Q_i\cos(\delta_i - \alpha_i) + T_i\sin(\alpha_i + qj_i)] \tag{7.33}$$

在 Morgenstern-Price 法中，将新加入锚固力或加筋力 T_i 纳入平衡方程，条间力 E 的递推公式为

$$E_{i+1} = \frac{A_i + \lambda f_iB_i}{A_i + \lambda f_{i+1}B_i}E_i + \frac{W_i(B_i + A_iK_c) - C_iQ_i - F_iT_i + D_i}{A_i + \lambda f_{i+1}B_i}, i = 1,2,\cdots,n \tag{7.34}$$

式中：

$$\begin{cases} A_i = \cos\alpha_i + \dfrac{\tan\varphi_i'}{F_s}\sin\alpha_i, B_i = \sin\alpha_i - \dfrac{\tan\varphi_i'}{F_s}\cos\alpha_i \\ C_i = \sin(\delta_i - \alpha_i) + \dfrac{\tan\varphi_i'}{F_s}\cos(\delta_i - \alpha_i), D_i = \dfrac{r_u W_i \tan\varphi_i' - C_i' b_i}{F_s \cos\alpha_i} \\ F_i = \cos(qj_i + \alpha_i) + \dfrac{\tan\varphi_i'}{F_s}\sin(qj_i + \alpha_i) \end{cases} \tag{7.35}$$

依据对条块 i 底面力矩平衡条件，T_i 对条块底面中点产生的力矩很小，忽略此力的影响，认为条间力矩公式不变。

7.6　程序主要功能的实现示意图

在上述基本理论分析完善和补充的基础上，为了便于应用，研制了集数据统计、交接面路基边坡模式建立、确定性安全系数分析、非确定性可靠度指标计算的集成计算程序。其中关键功能实现的示意图如图 7.8～图 7.11 所示。

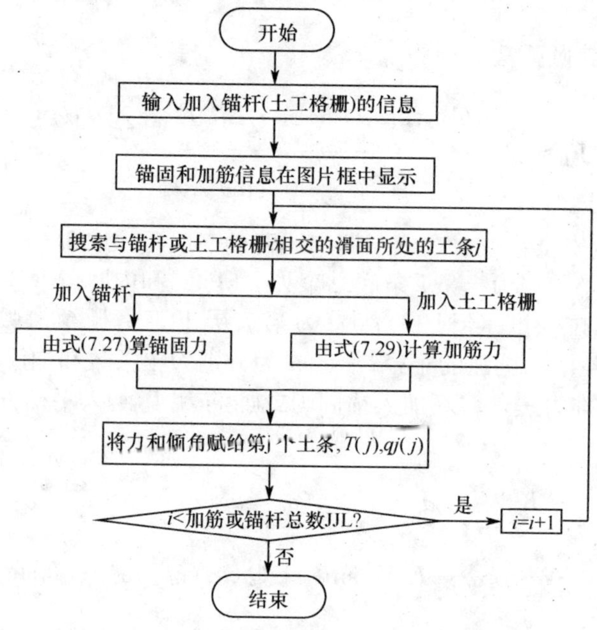

图 7.8　锚固力（加筋力）计算流程示意图

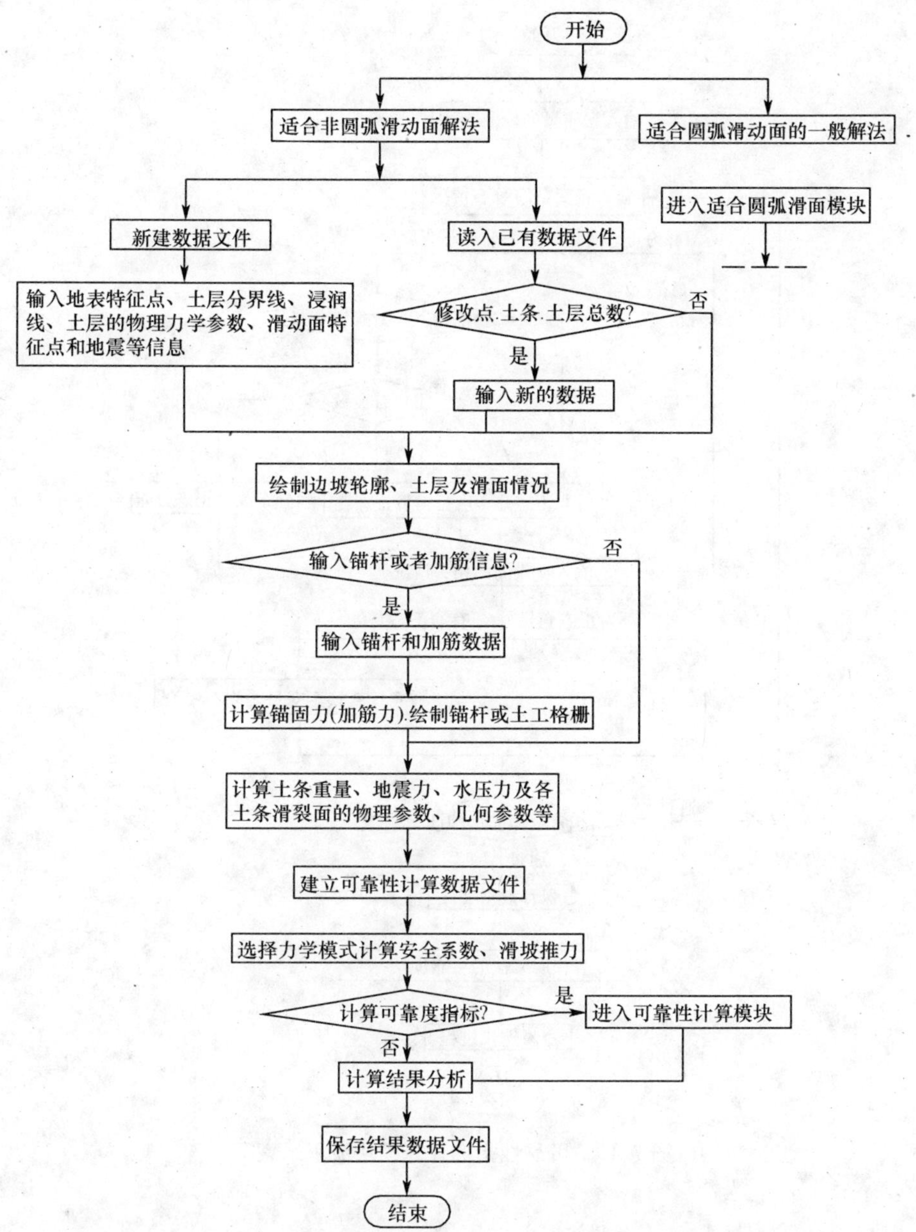

图7.9　模型建立及安全系数计算流程示意图

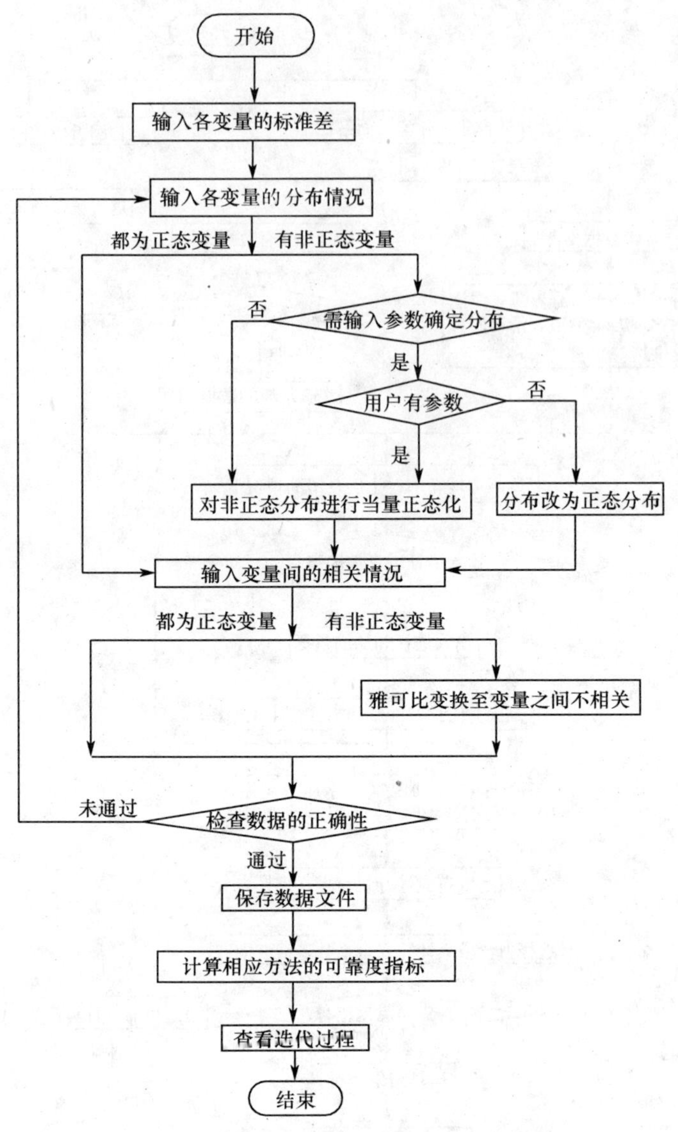

图 7.10　可靠性指标计算模块流程示意图

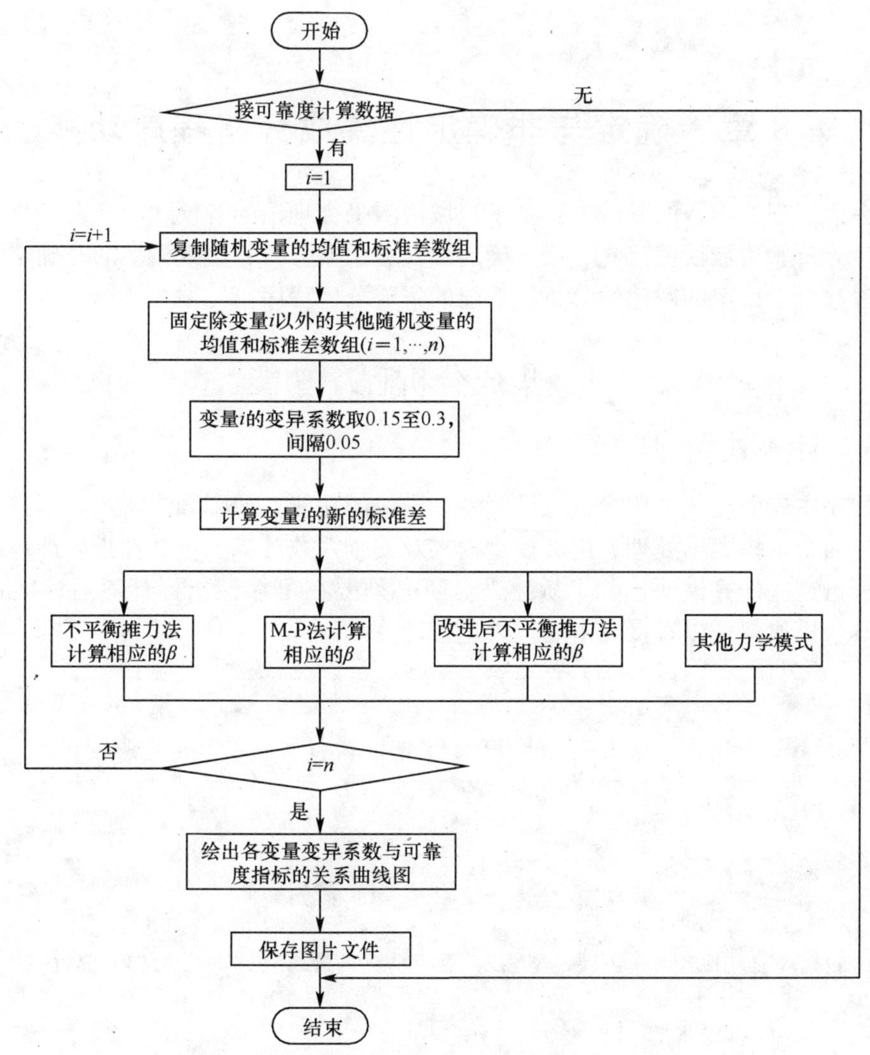

图 7.11　敏感性分析流程示意图

第 8 章　确定与非确定性集成分析程序功能

在前述理论准备的基础上，基于边坡极限平衡理论的各模式，开发了具有数据统计分析、边坡模型建立、稳定确定性安全系数分析、失效概率的非确定性分析、参数对于稳定的敏感性分析等功能的集成分析程序。

8.1　集成分析程序功能

8.1.1　数据统计及检验

程序主界面提供了用户进入计算各个模块的功能，如图 8.1 所示。用户可以在主界面中选择数据处理、边坡模型输入及安全系数计算、可靠性指标计算或敏感性分析这些计算模块，除了敏感性分析必须要在可靠性指标计算后才能进行外，其余模块都可以直接点击后进入进行计算。

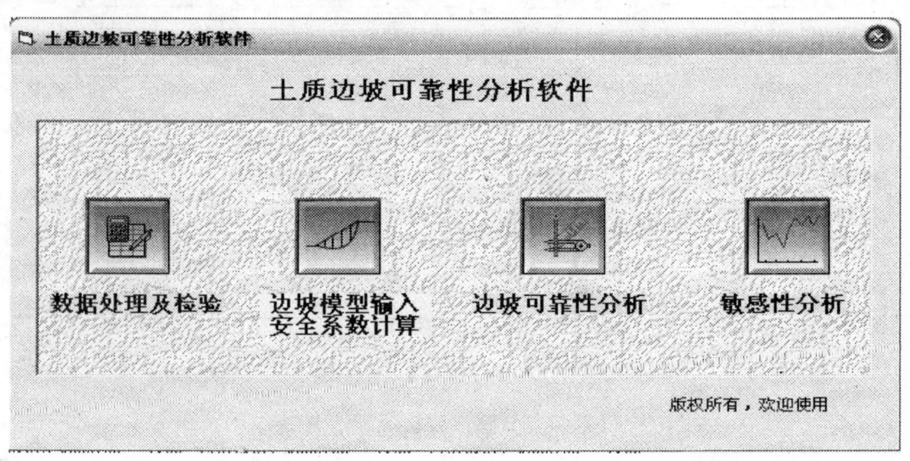

图 8.1　程序主界面

程序数据处理与检验功能主要是针对岩土基本随机参数进行数据的均值、标准差计算以及分布假设检验。在该项功能中可以分别采用 K-S 检验法、X^2 检验法，对随机参数的常见分布形式，如正态分布、对数正态分布、极值 I 型分布、指数分布、均匀分布、贝塔分布及伽玛分布等形式进行检验，并能比较选出最优分布形式，其界面如图 8.2 所示。

界面分为上下两部分，界面上部为输入要处理变量个数及显示变量计算后的

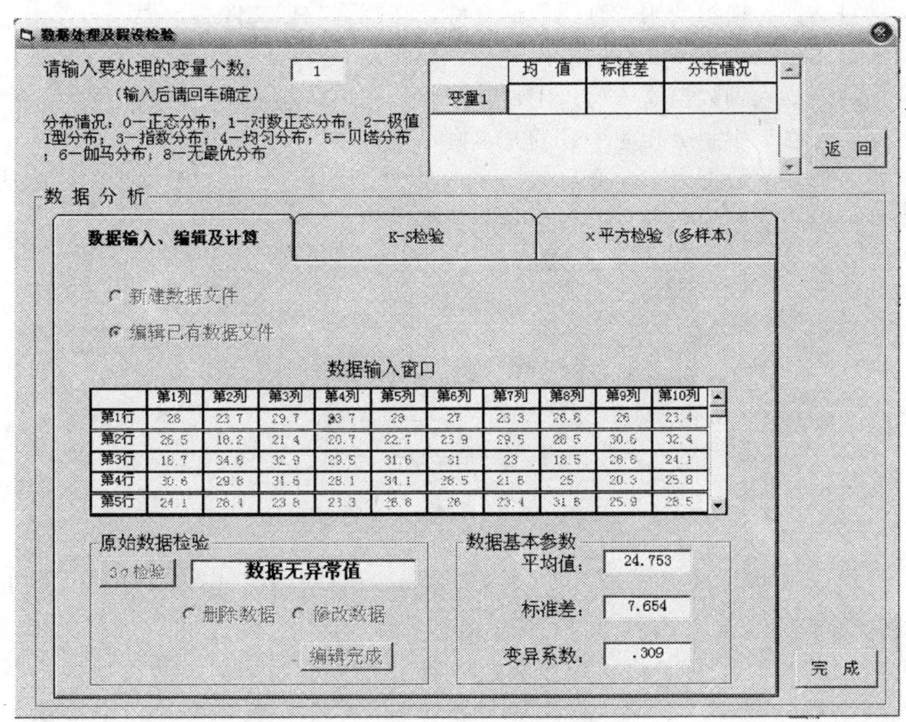

图 8.2　数据处理及假设检验

情况，界面下部是对变量的样本数据进行分析和检验的部分。在未输入变量个数的情况下，数据分析部分是不可使用的。

在界面上部输入变量个数之后，右上方会依据输入的个数生成相应数量的按钮，点击此按钮，可以对此变量的样本数据进行数据输入、分析等功能。用户在输入数据个数时，若输入的数据不合理，程序会弹出一个窗口，如图 8.3 所示，提示用户重新输入。

图 8.3　弹出窗口

界面下方的数据分析由三部分组成，分别为数据输入编辑及计算、K-S 检验和 X^2 检验，其中数据输入计算部分是分布假设检验部分的基础，后两部分不能脱离此部分而单独运行。

进入数据输入编辑及计算部分后，需要选择新建数据文件还是读入已有的数据文件。若是新建数据文件，输入本变量的样本总数之后，就可以在数据输入窗口的空白文本框中输入样本的数据；若是读入已有的数据文件，则程序会弹出打开文件对话框，提示使用者查找数据文件，在找到数据文件后，程序会弹出一个窗口提示用户是否更改已有的数据个数，如图 8.4 所示。若不修改数据个数，程序会把数据读入到数据输入窗口中；若修改，用户在输入新的数据个数后，程序在数据输入窗口中生成相应个数的文本框，且将数据文件中的已有数据读入至文本框中，若新的数据个数比原有数据多，以空白代替，比原有数据少的，则从数据文件由后向前删除数据，以符合新的数据个数。

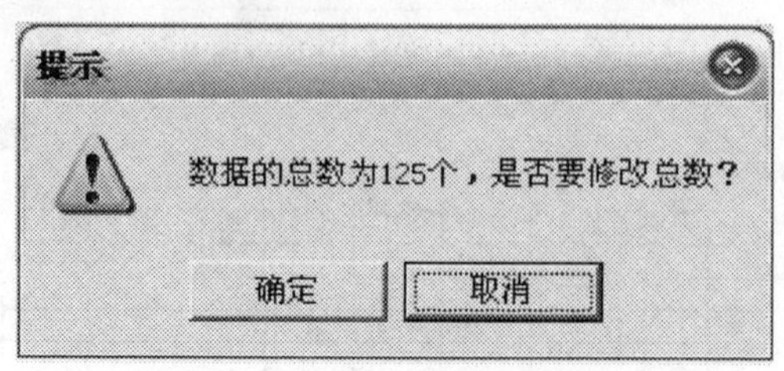

图 8.4　修改数据个数对话框

数据完全输入后，用户点击界面右下角的“编辑完成”按钮，以确认数据输入完毕，然后点击“3σ 检验”按钮，对输入的数据进行计算和检验，本批数据的均值、标准差和变异系数值会出现在左下角相应的数据框中。若本批数据通过检验，提示“数据无异常值”，若没有通过检验，则提示“数据有异常值”，且显示异常的数据值，用户可以根据实际要求，删除或修改异常的数据值，直至这批数据中无异常值，此时的均值、标准差和变异系数即为本批数据的结果。

在数据合理的情况下，则可以进行数据的分布假设检验，首先进入 K-S 检验部分，界面如图 8.5 所示。对于在本批数据总数下 K-S 检验的临界 D 值，程序在进入计算页面时可以给出其数值，同时区分正态分布和非正态分布的两种情况，显著性水平取 0.05。在进行分布假设检验时，点击分布前的按钮，程序给出观测值和理论分布值之间差值的最大绝对值、与临界 D 值的比较情况以及各个分布类型的参数值，在程序右下角的框中会即时显示此批数据的最优分布。对样本数比较多的情况，程序还提供了 X^2 检验。界面如图 8.6 所示。进行 X^2 检验时，用户要对数据进行分段，确定分段的区间。用户可以选择自动分段和手工分段两种方式中的一种，两种方式都是数据的均匀分段。对于 X^2 检验，需要一定数量的样本才能进行，一般来讲，平均每段不能少于 5 个数据，本程序要求的样本数下限为 20，低于此下限程序会提示样本数太少，不能进行 X^2 检验。确定分段区间后，程序给出自由度＝（分段数－3），同时计算此自由度下显著性水平为 0.05 时的 X^2 临界值，作为假设检验比较的依据。

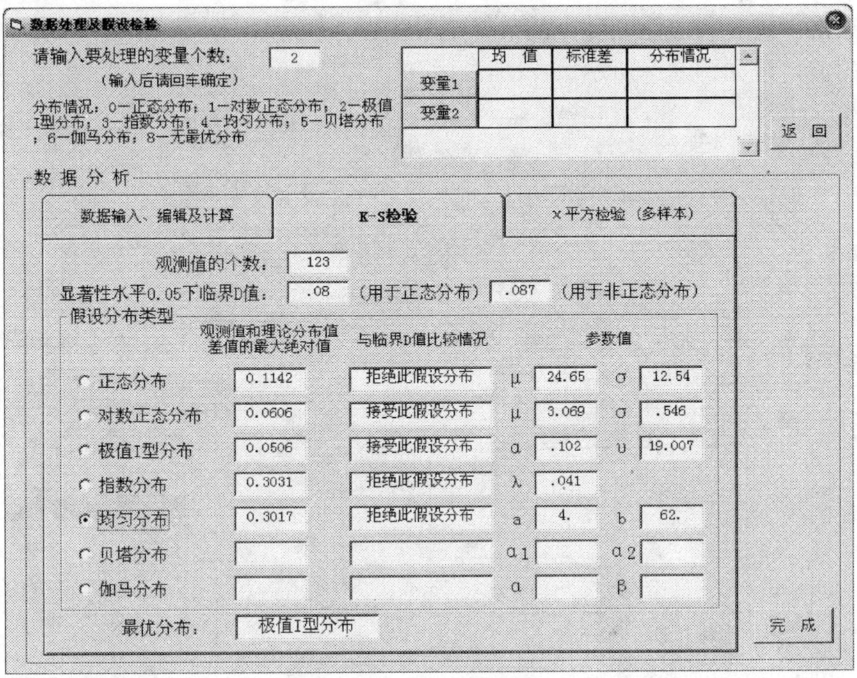

数据处理及假设检验

请输入要处理的变量个数： 2
（输入后请回车确定）

分布情况：0—正态分布；1—对数正态分布；2—极值I型分布；3—指数分布；4—均匀分布；5—贝塔分布；6—伽马分布；8—无最优分布

	均　值	标准差	分布情况
变量1			
变量2			

返　回

数 据 分 析

数据输入、编辑及计算　|　K-S检验　|　x平方检验（多样本）

观测值的个数： 123

显著性水平0.05下临界D值： .08 （用于正态分布） .087 （用于非正态分布）

假设分布类型

	观测值和理论分布值差值的最大绝对值	与临界D值比较情况	参数值			
正态分布	0.1142	拒绝此假设分布	μ	24.65	σ	12.54
对数正态分布	0.0606	接受此假设分布	μ	3.069	σ	.546
极值I型分布	0.0506	接受此假设分布	α	.102	υ	19.007
指数分布	0.3031	拒绝此假设分布	λ	.041		
均匀分布	0.3017	拒绝此假设分布	a	4.	b	62.
贝塔分布			α1		α2	
伽马分布			α		β	

最优分布： 极值I型分布

完　成

图 8.5　K-S 检验界面

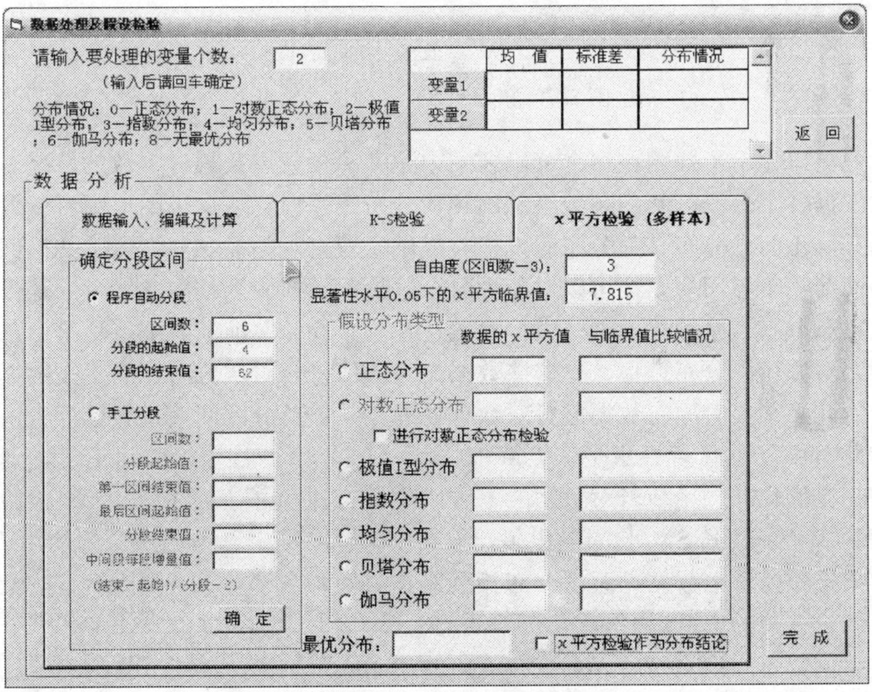

数据处理及假设检验

请输入要处理的变量个数： 2
（输入后请回车确定）

分布情况：0—正态分布；1—对数正态分布；2—极值I型分布；3—指数分布；4—均匀分布；5—贝塔分布；6—伽马分布；8—无最优分布

	均　值	标准差	分布情况
变量1			
变量2			

返　回

数 据 分 析

数据输入、编辑及计算　|　K-S检验　|　x平方检验（多样本）

确定分段区间

程序自动分段
区间数： 6
分段的起始值： 4
分段的结束值： 62

手工分段
区间数：
分段起始值：
第一区间结束值：
最后区间起始值：
分段结束值：
中间段等距增量值：
(结束－起始)/(分段－2)

确　定

自由度（区间数－3）： 3

显著性水平0.05下的x平方临界值： 7.815

假设分布类型

	数据的x平方值	与临界值比较情况
正态分布		
对数正态分布		
进行对数正态分布检验		
极值I型分布		
指数分布		
均匀分布		
贝塔分布		
伽马分布		

最优分布：　　x平方检验作为分布结论

完　成

图 8.6　X^2 检验界面

点击“确定分段区间”中的“确定”按钮，程序弹出频数和累计频数的统计结果的窗口，如图 8.7 所示。

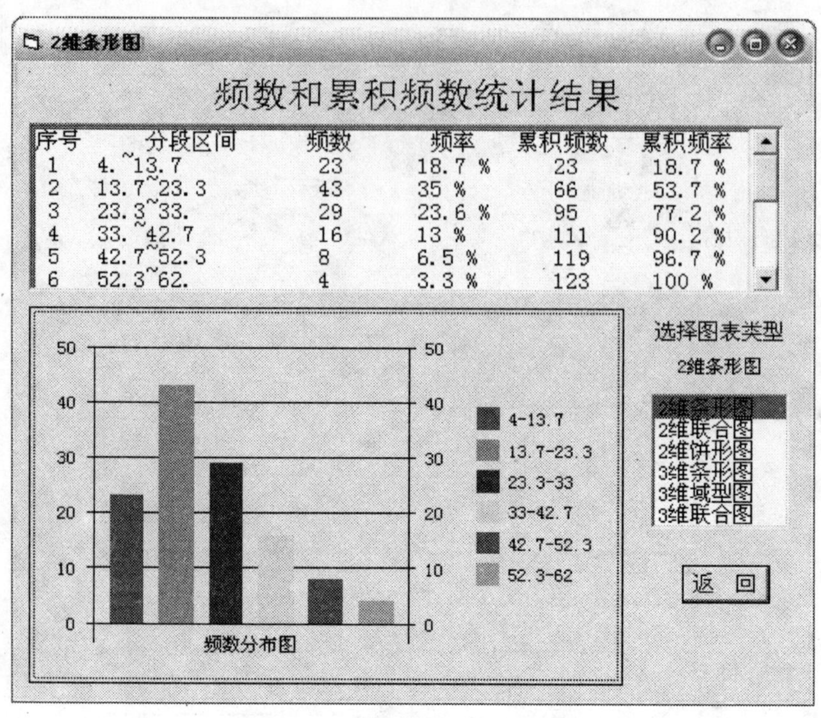

图 8.7 频数和累计频数统计结果

此窗口显示了数据在每个分段区间中频率、频数以及累计频数的情况，同时可以根据各个分段区间的频数绘制出频数分布的图形，从这个图形中可以大致地看出其属于何种分布，为分布假设检验提供比较直观的概念。在点击“返回”按钮返回前一个界面后，便可以对各种分布进行假设检验。其中要注意的是，对于对数正态分布，必须要勾选“进行对数正态分布检验”前的方框。这是由于若数据符合对数正态分布，那么是这些数据的对数值符合对数分布，而不是数据的原值，因此必须要对原有数据进行对数化处理，并重新分区间，重新计算自由度以及在此自由度下显著性水平为 0.05 时的 X^2 临界值，若分组区间不变，则与原有的临界值相同。用户若对数据的七种常见分布进行了 K-S 检验、X^2 检验，程序默认情况是以 K-S 检验的最优假设分布作为分布结论，当用户希望使用 X^2 检验的结果作为整组数据的假设分布检验结果，可以勾选本界面中“X^2 检验作为分布结论”前的方框。

结束分布假设检验后，点击右下角的“完成”按钮，本组数据的均值、标准差和分布情况显示在本次变量计算数据框中。若只对数据计算进行均值和标准差的计算，那么在分布情况中会显示“未做分布检验”。

8.1.2　模型建立与稳定性系数计算

边坡滑面形状、地下水、坡体形状、外荷载及坡体加固信息均在这一部分建立起来，然后进行各类计算，通过点击主界面的图表“边坡模型及安全系数计算”进入后，其开始界面为一个选择窗口，如图 8.8 所示。用户可选择适合圆弧滑面的一般解法，也可以选择程序非圆弧滑面的不平衡推力法改进及精确解法和其他模式。当鼠标移动到某个图标处时，在这个图标下方就立即显示一个简短的文字提示行来说明这个按钮的作用或者要输入参数的意义。

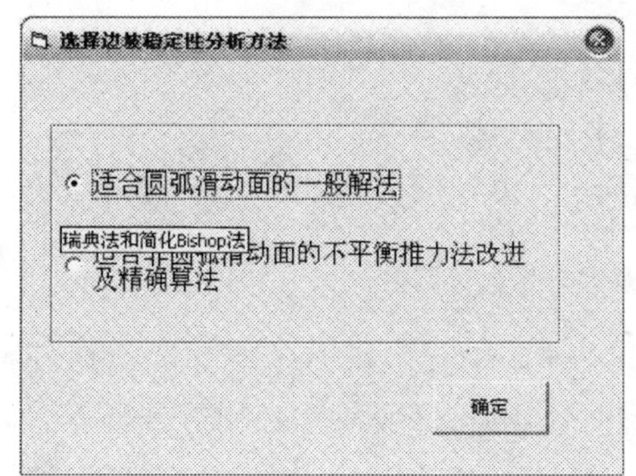

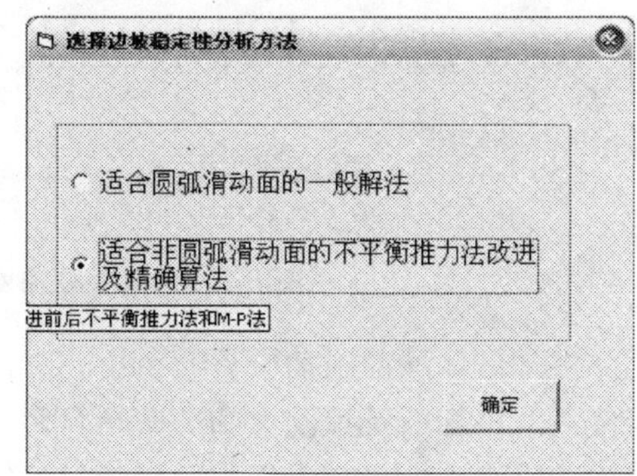

图 8.8　边坡稳定性分析方法选择

在以后的各个模块中也加入了这个功能，用户可以通过这个功能来方便的学习和应用程序。作为程序功能使用介绍，在此选择第二种进入模型输入部分，其界面由两部分组成，如图 8.9 所示。左边部分由边坡土层的物理参数、坡体坡面附加信息、锚杆和加筋信息及数据计算四部分组成，右边部分边坡轮廓的绘制，为带有数字坐标的绘图区域，程序对于坐标系的规定是以向下为纵坐标正向，与重力方向一致，向左为横坐标正向，与边坡滑动面滑动方向一致。输入边坡信息后，用户能直观地看到边坡轮廓组成情况，方便用户及时修正输入的数值，当有锚杆及加筋信息输入时，这些信息也会在绘图窗口中显示。在绘图区域的右下方，有放大、缩小及移动按钮，可实现图形放大、缩小及左右、上下移动的功能。输入边坡模型部分提供了“新建数据文件”和“编辑数据文件”选项，本部分生成的数据文件的扩展名为. sta，用户可以根据自己的需要选择新建或编辑数据文件。用户选择“新建数据文件”后，用户可以输入条分总数、介质层数、边坡面控制点数、水平地震系数及计算滑坡推力时所要的安全系数。在输入这些参数时，注意输入数据后必须按下回车键，将数据读入内存中，程序会根据输入的数据生成对应行数的空白文本框，以输入介质层情况、坡面和滑动面控制点等数据。在生成的空白文本框输入介质层物理信息，介质层信息为从近地面开始依次编号，滑动面控制点处输入滑面控制点信息，滑面控制点编号为从坡脚开始。

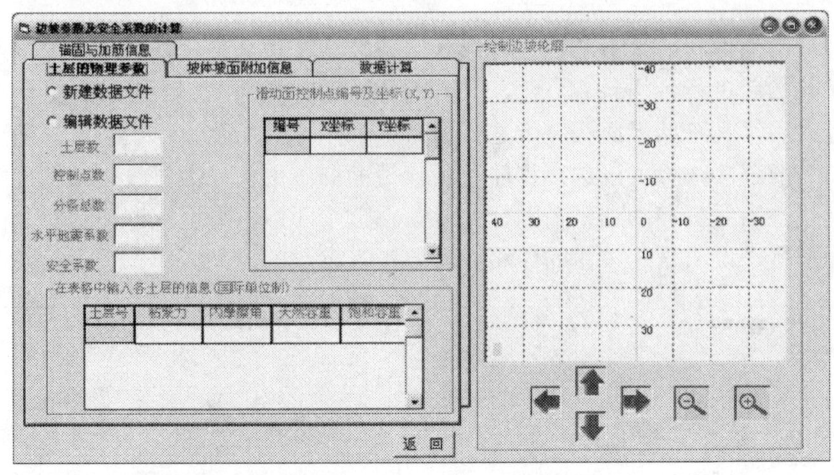

图 8.9　边坡模型输入及安全系数计算窗口

在“坡体坡面附加信息”页中，如图 8.10 所示，用户要需输入的是控制点及浸润线坐标值及控制点间荷载信息，控制点纵坐标的含义为控制点下各介质层界面的垂直坐标，在前面也已经说过，第一个介质层界面的垂直坐标为坡面控制点纵坐标，用户在输入时请注意，可参考下边说明和文本框处的隐藏释义。

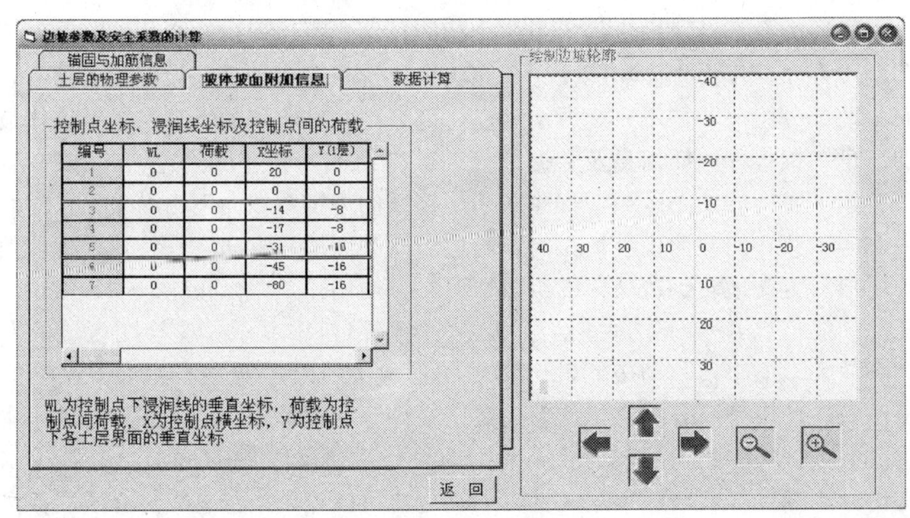

图 8.10　坡体坡面附加信息

关于模型建立部分的另一部分是加固材料的输入，主要是锚杆和土工合成材料的加入。用户可以进入“锚固与加筋信息”页面，输入锚固和加筋信息，如图 8.11 所示。用户可以根据需要选择锚杆或者加土工格栅的方法，并且输入相关的参数，如起点纵、横坐标、倾角、抗拉强度、锚固长度及有效周长等。

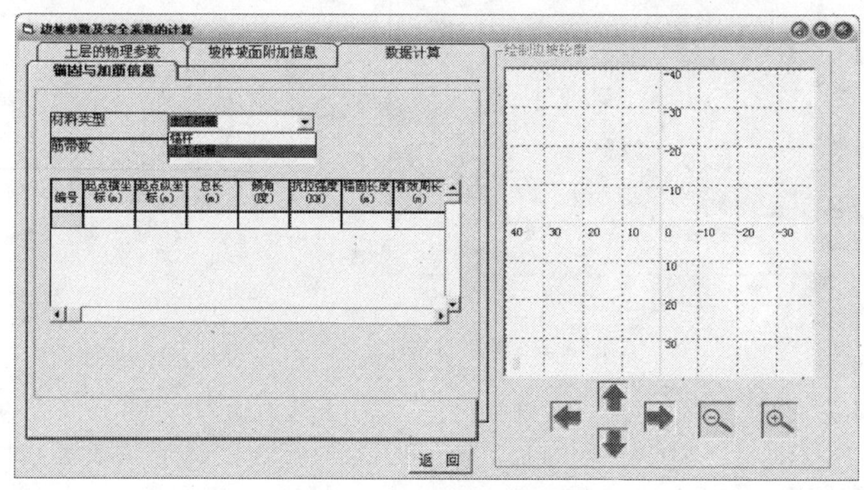

图 8.11　锚固与加筋材料的输入

因公路土工合成材料应用技术规范中规定土工格栅的最小锚固长度需大于 2m，所以当用户输入的锚固长度小于 2m 时，程序会给出警告，如果输入的资料数据不完整，程序亦会给出提示，如图 8.12 所示。也可以不进入此页面而直接进入下一步计算，此时取得的各个数据为未处理的边坡。

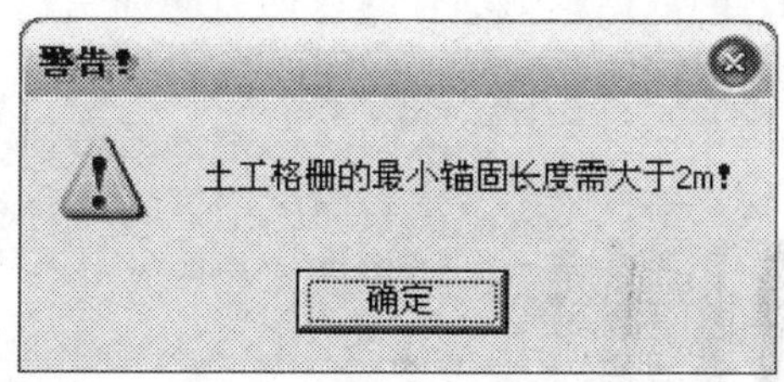

图 8.12　参数输入不完整或不符合要求

在参数输入完成后，驱动“数据计算”按钮，如图 8.13 所示。若用户确定输入的数据正确并且完整的话，界面右边的“绘制边坡轮廓”绘图框中会把边坡的情况描绘出来，包括边坡轮廓、折线型滑面、控制点、各介质层分解线和锚杆或者加筋体，用户可以对图形进行左右上下平移和放大缩小等功能，以便更好地观察输入的数据是否正确。若观察到不合理的情况，用户能重新进入前两个页面，对相应数据进行修改，修改后数据的坐标情况可以在绘图框中的坐标系统中

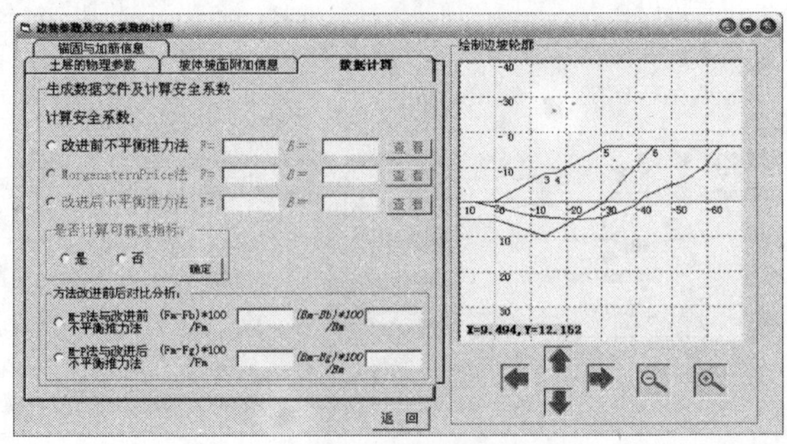

图 8.13　边坡数据计算部分截图

显示出来，直至输入的数据完全正确为止。若开始没有输入锚固和加筋信息，此时也可以返回重新输入锚杆和加筋信息。程序会对新输入或修改的数据文件进行自动保存。

用户选择“编辑数据文件”时，程序提示是否修改介质层数、控制点数、分条总数、水平地震系数和安全系数，如图 8.14 所示。若不修改，则此五个对话框的数据处于不可编辑状态；若修改，介质层数、控制点数、分条总数、水平地震系数和安全系数的输入方法同新建数据文件，每次输入后需回车确定。不同的是其生成的数据行数会包括原来在数据文件中已经输入过的数据，若新数据大于原有的数据，则现有的数据后面加空白行，若小于原有的数据则删掉后面的数据，只保留输入数据相同的行数。

用户确定其输入的数据完全正确后，点击“数据计算”页面，进行土坡安全系数、滑坡推力及滑裂面上土条的几何参数、安全系数的计算，同时在此基础上生成相应的可靠性指标计算数据文件。

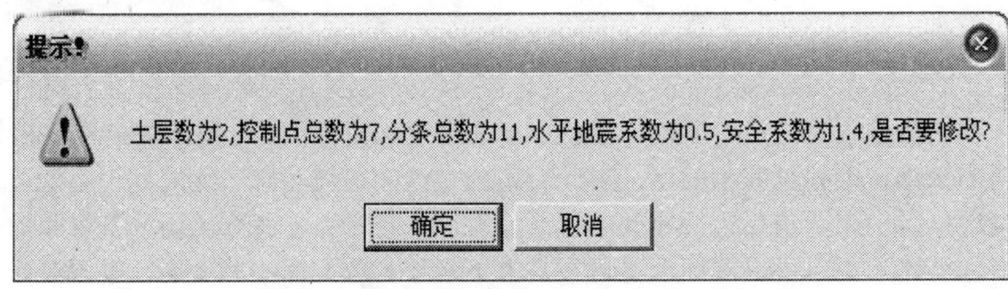

图 8.14　修改边坡数据窗口

程序提供了改进前后不平衡推力法、Morgenstern-Price 法等极限平衡理论下的多个模式的安全系数计算功能。计算时需按从上而下依次计算的顺序，例如，选用不平衡推力法，当用户进行了改进前不平衡推力法安全系数计算后，用户可选择是否计算对应的可靠度指标，若只需要计算安全系数时，在“是否计算可靠度指标”处选择“否”，然后单击确定。此时“Morgenstern-Price 法”按钮变成可用。当需要计算可靠度指标时，可选择“是”按钮，即可进入可靠度指标计算模块。程序在用户新建数据文件或读入旧数据文件相同的路径下建立一个文件名为“滑弧面参数. txt”的本文文件，供用户查看，这一步是为了比较不平衡推力法在滑面分条倾角差处理前后安全系数的变化情况。安全系数计算完成后，可以进行改进前后计算结果对比分析，当其中的某些数据没有计算时，文本框中显示无法分析。

8.1.3　稳定可靠度指标计算

在平均安全系数计算完成后，如果要求进行可靠度计算，可选择进入可靠度分析模块。关于坡面力学参数统计特性在数据统计部分已经储存于相应位置，如滑弧穿越的土条数、介质层数及各介质层的均值。

这些数据在模型输入阶段已经完成，且与计算的滑面参数是对应关系，所以在输入栏中处于不可编辑状态，进入后界面如图 8.15 所示。

界面分为两部分，上面部分是输入各介质层不同随机变量的标准差、变量分布情况及随机变量之间的相关情况，下面部分是计算可靠性指标的数值。界面上给出了改进前后不平衡推力法和 Morgenstern-Price 法三种方法下的可靠性指标计算。

本部分用户需要输入各介质层随机变量的标准差和变量的分布情况，变量的分布情况同数据分析部分，用户可以填入数字 0 至 6 代表不同的分布情况，依次为正态分布、对数正态分布、极值 I 型分布、指数分布、均匀分布、贝塔分布和伽马分布。对于均匀分布、贝塔分布和伽马分布而言，必须要输入这些分布的参数值才能确定其概率密度函数和概率分布函数，在填写这三个分布类型时，程序会弹出一个对话窗口，如图 8.16 所示，用户输入这些分布的参数值，若没有参数的话，程序会用正态分布来代替这个分布。若不同介质层之间的变量之间有存在相关性的话，在界面中要填写相关变量的总数和相关变量之间的相关系数或者是协方差，由于土质边坡一般是黏聚力和内摩擦角之间相关，所以在一般情况下只对这两种随机变量进行分析。用户输入完数据后，必须按“保存”按钮将数据读入变量中后保存至指定的文件中，保存的文件扩展名为. kkd。

编辑完数据且确认数据的正确性之后，可以进行可靠性指标的计算，单击相应的按钮，程序会把可靠性指标值和破坏概率显示在对应的标签栏中，同时也可以点击“查看”按钮查看程序进行计算的步骤。计算完毕后，可点击返回按钮，

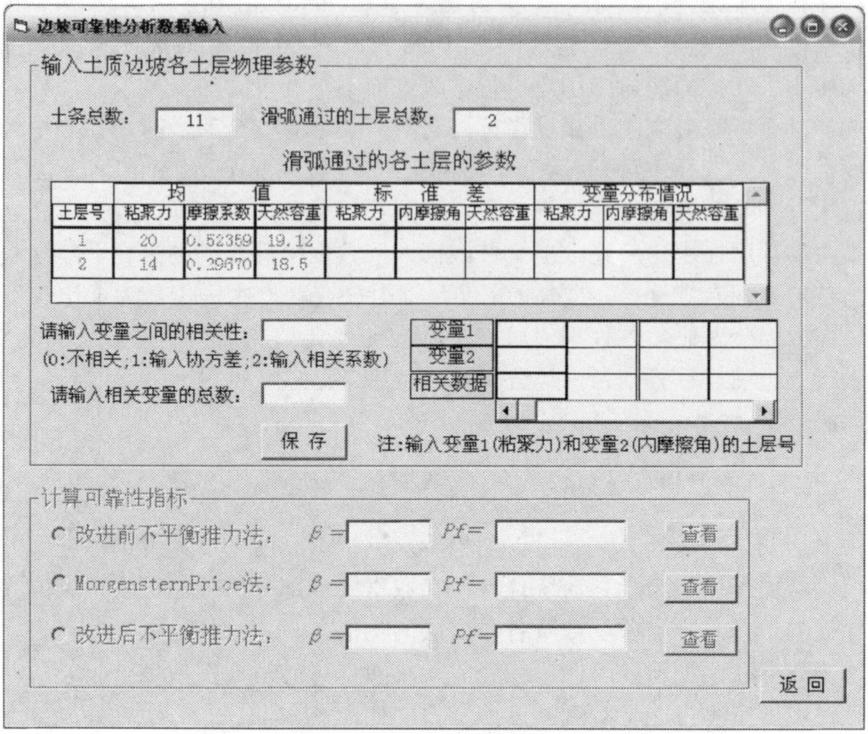

图 8.15 边坡可靠性指标计算示意图

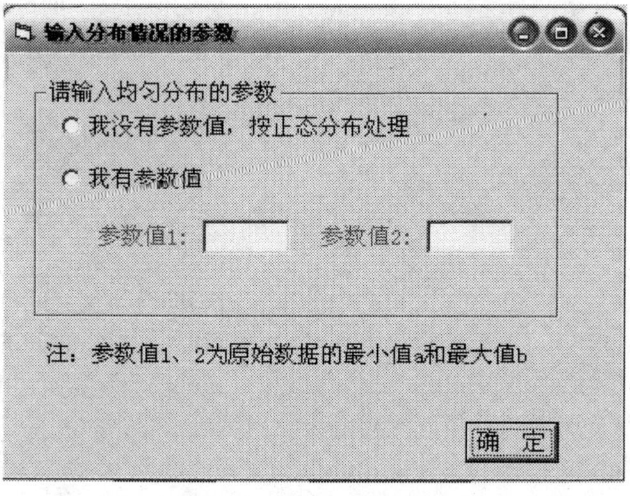

图 8.16 布的参数情况

程序返回边坡参数及安全系数计算部分，并把计算所得可靠度指标值显示在文本框中，以利于用户对比分析。

8.1.4 参数敏感性分析

该部分主要分析各随机变量对可靠性指标的影响。进入后界面如图8.17所示，敏感性分析必须在可靠性指标计算部分完成后才能进行，若未经过这一步，则在点击按钮时会弹出窗口，提示用户返回主界面进行可靠性指标的计算后再分析边坡的敏感性。用户在点击各计算模式前的按钮后，在三个绘图区域绘制出可靠性指标值随黏聚力或者内摩擦角的变异系数在一定区段内增大而变化的曲线图，每条曲线末的数字表明其属于的介质层号。

从图8.17中可以看出在相同的变异系数下，边坡各介质层的黏聚力和内摩擦角对可靠性指标影响程度，直观地分析出边坡对随机变量的敏感程度。单击“查看结果”按钮可以查看程序生成的计算结果文本文档，其中记录了各种计算方法在每个不同变异系数下的可靠性指标，单击“保存图片”按钮可以将图片框中绘制的图形保存，随时供调用和查看。

8.2 集成分析系统功能检验

8.2.1 统计分析

表8.1统计了某废石库25年的流入库内的峰值流量（m^3/d），样本容量为25。将样本数据值输入程序后，进行样本数据的检验，样本数据在进行“3σ法则”检验时未发现样本数据有异常。然后对样本数据进行K-S检验和X^2检验，其计算结果如图8.17、图8.18所示。

表8.1 流入库内的峰值流量（单位：m^3/d）

79.8	101.2	111.4	118.9	126.7	138.1	138.1	143.1	148.2	160.4
160.4	198.0	198.0	198.0	198.0	202.0	204.0	214.2	218.3	222.5
236.9	314.4	352.9	374.4	436.7					

由图8.17中可以看出，在进行K-S检验时，样本在7种分布中只拒绝了指数分布和均匀分布，而在其余通过的分布中只有极值Ⅰ型最符合假设分布，在进行X^2检验时，拒绝了正态分布、指数分布、均匀分布和贝塔分布，同样也是极值Ⅰ型最符合假设分布。在祝玉学编著的《边坡可靠性分析》中，只对样本数据进行了X^2检验，同时也只对正态分布和对数正态分布做了分析，拒绝了正态分布，得出其符合对数正态分布的结论，而未对其进行极值Ⅰ型等分布的检验。从程序运行的速度及分析的情况而言，程序能快速地分析样本数据的分布情况，对样本数据的分析也达到了准确的效果。

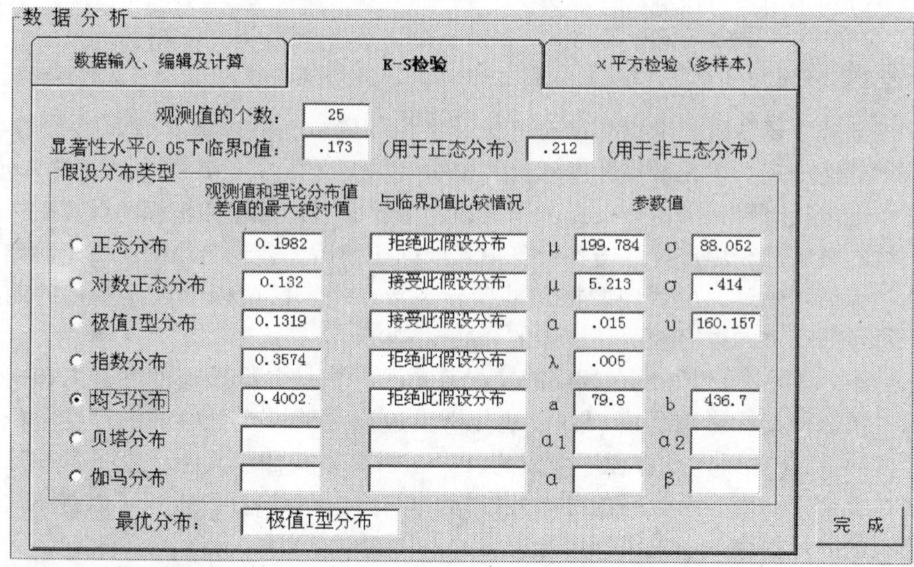

图 8.17　样本的 K-S 检验结果

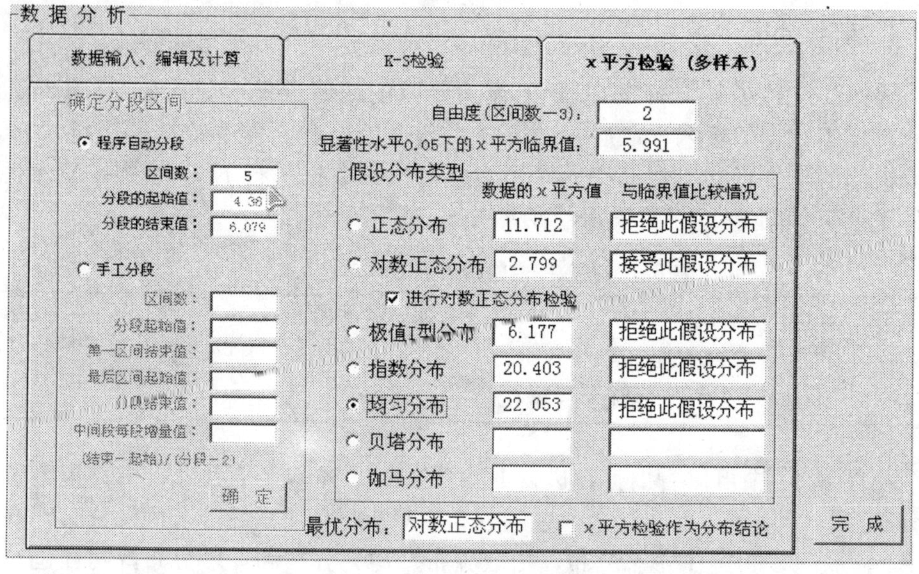

图 8.18　样本的 x^2 检验结果

8.2.2　安全系数及可靠度指标计算

1. 示例一

选用陈祖煜教授编著的《土质边坡稳定分析》中介绍的 EX1(c)算例进行探讨，该算例为 ACADS（澳大利亚 CAD 协会）组织的边坡稳定性分析程序考核研究项目的考题[112]。已知土坡坡度比为 1∶2，土坡高度 $H=10$m，土坡包含三个介质层。滑面采用文献［112］中搜索的优化临界滑面，根据滑面折线转折点把边坡分为 15 条。把浸润线定在滑面以下，不考虑水、荷载和地震力的作用。边坡几何特征如图 8.19 所示，各介质层的物理力学指标及统计特征如表 8.2 所示。

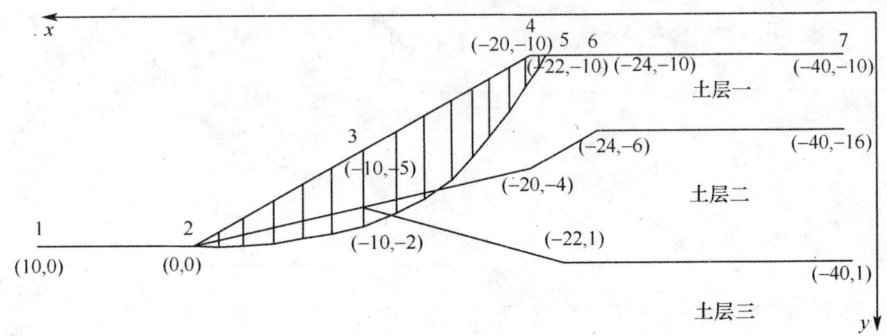

图 8.19　边坡外形及介质层分布情况

表 8.2　各介质层物理力学指标及统计特征

介质层号	c/kPa		φ/(°)		γ/(kN/m³)	
	均值	标准差	均值	标准差	均值	标准差
1	0	0	38	6	19.5	0.5
2	5.3	0.7	23	3	19.5	0.5
3	7.2	0.2	20	3	19.5	0.5

对于该边坡，国际上几位著名的边坡专家（包括我国水利科学研究院的陈祖煜教授，以色列理工学院的 Baker 教授以及国际著名土力学专家加拿大 Saskatchewan 大学 Fredlund 教授等）提出了各自的极限平衡程序计算结果。

利用本项目组研制程序建立模型，其计算部分结果如图 8.20 所示。与文献［112］中的计算结果及国际上几位著名的边坡专家计算结果对比如表 8.3 所示。表 8.3 中列出了不平衡推力法（改进前后）及 Morgenstern-Price 法的计算结果，关于简布法、瑞典法、毕肖普法、斯宾塞法等模式的计算结果见第 4 章的表 4.13。

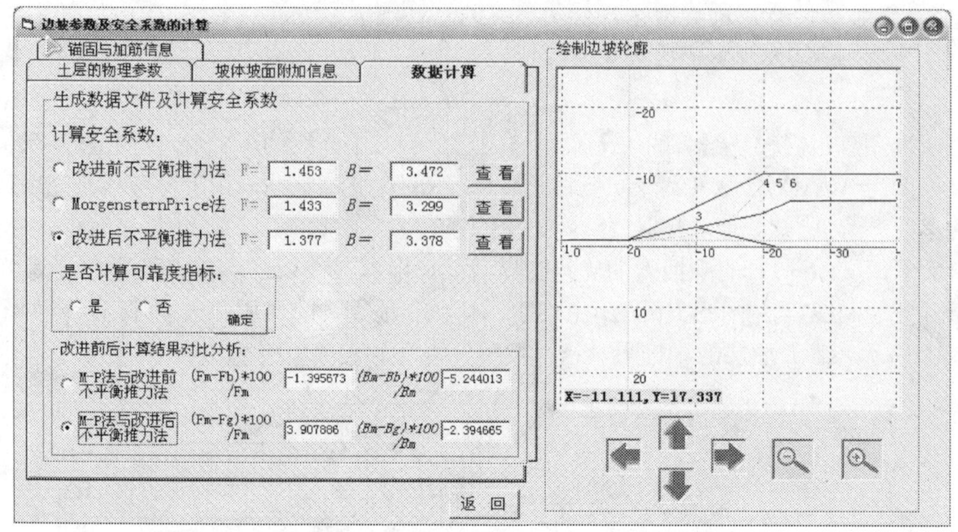

图 8.20　边坡参数与安全系数计算界面

表 8.3　计算结果比较

程序名称	程序开发者	计算方法	安全系数	可靠指标	滑面形状
SSA	Baker	Spencer 法	1.39	—	一般
PC-SLOPE	Fredlund	Spencer 法	1.377	—	一般
STAB[19]	陈祖煜	Spencer 法	1.372	—	一般
EMU	陈祖煜 &Donald	能量法	1.416	—	一般
被考证程序	本项目研制	改进前不平衡推力法	1.414	3.472	一般
被考证程序	本项目研制	Morgenstern-Price 法	1.433	3.299	一般
被考证程序	本项目研制	改进后不平衡推力法	1.377	3.378	一般

从以上结果可以看出，本文中改进后不平衡推力法计算的安全系数比改进前不平衡推力法的计算结果有明显的改善，虽然只增加了一个土条。与文献［112］中的计算结果相比，误差仅为 0.364%。由此说明，本程序在计算上是正确的，精度是可靠的，达到了程序设计的要求，在工程上也是可以进行应用的。

2. 示例二

1）模型建立及基本分析

已知某土坡[113~115]坡度比为 1∶2，土坡高度 H=9.14m，土坡包含两个介质层，各介质层厚度如图 8.21 所示。该算例是一个下部为硬介质层的两层黏土边坡，文献［103］中均只以各层的土性指标 c、φ 为随机变量，本文增加 γ 为随机变量，以考虑土重度变异性对边坡稳定性的影响。两介质层黏聚力的变异系数 V_{c1} 、V_{c2} 均为 0.2，介质层二内摩擦角的变异系数 $V_{\varphi 2}$ 均为 0.1，各随机变量均服从正态分布。各介质层的物理力学参数及均值和方差如表 8.4 所示。滑动面是基于文献［115］中的自适应遗传禁忌局部搜索（AGA-TRS）算法搜索的最小安全系数对应的临界滑动面。边坡外形、滑面形状及土条分布情况如图 8.21 所示。在计算滑坡推力时设定安全系数为 1.2，当不考虑地下水，地震力时，通过本文程序，分别采用改进前后不平衡推力法，M-P 法进行安全系数的计算，并结合各土性指标的统计特征值，来计算相应的可靠度指标。表 8.5 列出了文献［115］的计算结果，可以看出本文的计算结果与之非常接近。且改进后的不平衡推力法的计算结果更接近，误差仅为 1.15%，偏与安全。对于可靠度指标，因为本文考虑了重度变异性对边坡稳定性的影响，所以可靠度指标在一定程度上会有所降低。表 8.5 给出了改进前后不平衡推力法，M-P 法的计算结果。从表 8.5 中我们可以看出，计算结果也反映了这一点，除了改进前不平衡推力法计算所得结果大于文献［115］计算的可靠度指标外，其他两种方法均小于文献［115］的结果。

表 8.4　土性指标统计特征值

层号	c/kPa			φ/(°)			γ/(kN/m³)			γ_{sat}/(kN/m³)
	均值	标准差	分布	均值	标准差	分布	均值	标准差	分布	均值
1	38.31	7.662	正态	0	0	正态	18.6	0.5	正态	20.6
2	23.94	4.788	正态	12	1.2	正态	19.5	0.5	正态	21.3

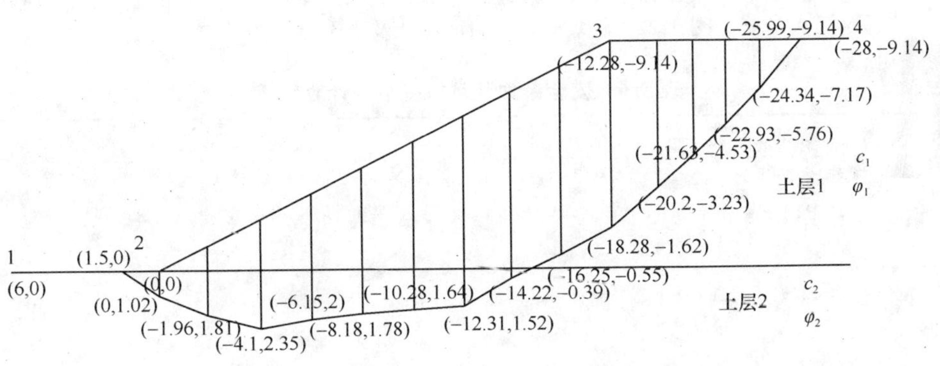

图 8.21　边坡外形、滑面形状及土条分布情况

表 8.5 安全系数及可靠度指标计算结果

计算策略	计算方法	安全系数	相对误差/%	可靠度指标	相对误差/%
文献［103］结果	M-P 法	1.652	—	3.997	—
	不平衡推力法（前）	1.765	−6.84	4.158	−9.105
研发程序	M-P 法	1.707	−3.33	3.811	—
	不平衡推力法（后）	1.633	1.15	3.667	3.778

注：不平衡推力法（前）：计算中没有考虑滑面分条倾角差；不平衡推力法（后）：计算中考虑滑面分条倾角差。

2）地下水影响分析

假设浸润线位置及倾角如图 8.22 所示，分五种情况来讨论不同地下水位对边坡的影响。当水位线每次降低 2m，利用土质边坡稳定性分析程序计算对边坡的影响，计算结果如表 8.6 所示。

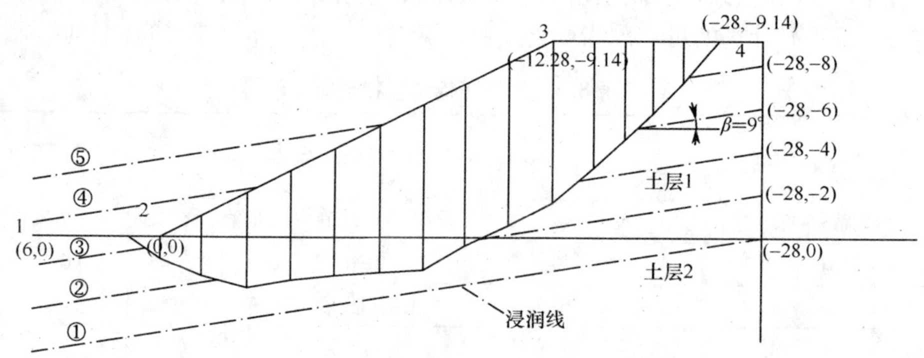

图 8.22 边坡外形、滑面形状及土条分布情况

表 8.6 安全系数及可靠度指标计算结果

安全系数计算方法	工况一	工况二	工况三	工况四	工况五
不平衡推力法（前）	1.948	1.445	1.202	0.984	1.765
M-P 法	1.92	1.44	1.18	0.961	1.707
不平衡推力法（后）	1.82	1.369	1.122	0.914	1.633

注：不平衡推力法（前）：计算中没有考虑滑面分条倾角差；不平衡推力法（后）：计算中考虑滑面分条倾角差。

从表 8.6 的计算结果我们可以清楚地看出，地下水对边坡稳定性的影响是很显著的。当地下水位下落时，边坡重度加大，增加了下滑力，抗滑力也有所增加，但由于水的渗透力对边坡的不利影响，这样抗滑力的增加就有限，其最终结果是边坡的稳定性会下降，安全系数降低。从工况一到工况四，稳定性系数从 1.92 降为 0.961，水对边坡稳定性的影响是很显著的。因为此算例中介质层 1 的内摩擦角为零，边坡重度加大并没有对抗滑力产生有利影响，考虑的是最不利情况。

对于工况四来说，因处于浸润线以下的土条只有很少的一部分，且这些土条均在滑面的下部，是滑坡滑动段和抗滑段的交界处，此处抗滑力的相对减弱及渗透力的增加对边坡都是很不利的，所以此时计算的安全系数由 1.707 降为 0.961，边坡由安全转为不稳定，使边坡出现滑动。

3）支护及加固分析

由于在工况四的情况下，采用锚杆和加筋加固处理，首先利用锚杆对边坡加固处理，滑坡推力采用改进后不平衡推力法的计算结果（340kN），根据相关设计规范我们计划采用 4 根非预应力锚杆来处理边坡，锚杆起点横坐标分别为(－10.21，－5.11)、(－7.21，－3.6)、(－4.21，－2.11)、(－1.21，－0.61)，锚杆总长为 18m，锚杆锚固段长度为 8m，倾角为 20°，锚固体直径为 0.15m，周长为 0.471m。因介质层为黏土，所以取灌浆体与地层间的粘结强度标准值取为 70kPa。每根锚杆中加入一根 HRB400 级直径为 32mm 的钢筋，抗拉强度设计值为 360kPa，极限抗拉力为 255.6kN，钢筋与灌浆体间粘结强度标准值为 2500kPa。可以很明显地看出锚固体周长和相应的灌浆体与地层间的粘结强度设计值的乘积要小于单根钢筋或者钢绞线与相应综合粘结强度设计值的乘积，故程序窗口中的锚杆周长应填入锚固体周长，而综合粘结强度也应该是灌浆体与地层间的粘结强度设计值（80％的标准值），程序中各参数及锚杆分布如图 8.23 所

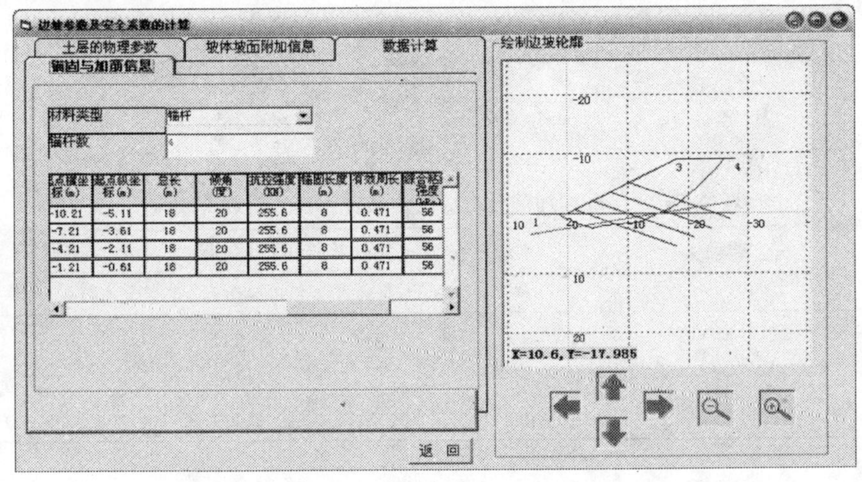

图 8.23　锚杆设置参数及布置

示，经锚杆处理后的计算结果如表 8.7 所示，可以看出锚杆对边坡的加固效果是很明显的，安全系数有了很大程度的提高，可以达到工程对稳定性的需要，并且能显著节约材料，经济效应也十分显著。接着利用土工格栅对边坡加固处理，滑坡推力仍然采用改进后不平衡推力法的计算结果（340kN），土工格栅选用在拉伸方向具有很高的强度（＞100kN/m）和拉伸模量的单向土工格栅，它是一种较理想的加筋材料，适应于公路及铁路路基、路堤、边坡加筋等。从地面开始，每隔 1m 在坡体内埋入一层土工格栅，共加入 9 层，抗拉强度取为 100kN/m，土工格栅的长度取为 18m，锚固长度取为 3m。程序中各参数及土工格栅分布如图 8.24所示，经处理后的计算结果如表 8.7 所示。土工格栅的加筋效果也是很明显的，且土工格栅有利于加速边坡的排水，增强边坡的抗剪强度，特别是对于半填半挖路基填挖交接面或者旧路改造中的新旧路基交接面，以及含弱面路基等，土工合成材料在我国公路建设中得到了大规模的推广运用[116]。

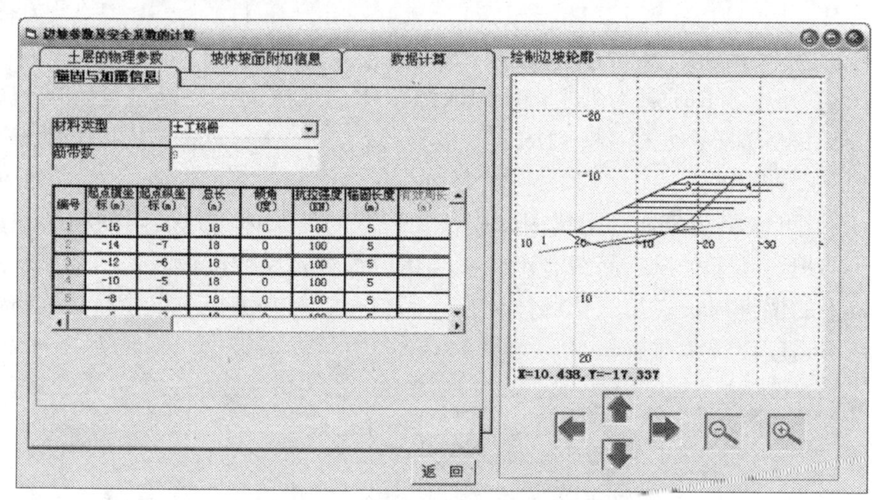

图 8.24　土工格栅设置参数及布置

表 8.7　经锚杆和加筋处理后的边坡稳定性分析计算结果表

计算策略	安全系数计算方法	安全系数	滑坡推力/kN	锚杆处理后计算结果		土工格栅处理后	
				安全系数	可靠指标	安全系数	可靠指标
研发程序	不平衡推力法（前）	0.984	210.29	1.347	2.453	1.399	2.707
	M-P 法	0.961	—	1.312	2.214	1.358	2.513
	不平衡推力法（后）	0.914	340	1.24	1.799	1.272	1.967

4）参数变异性对可靠度指标的影响

随机变量的变异系数 δ 的大小是反映随机变量不确定性的一个重要指标，其对可靠性指标的影响是显而易见的。因岩土密度的变异性是很小的，在以下的分析中不考虑重度的变异性。程序在进行边坡的敏感性分析时即为考察边坡各随机变量变异性对可靠性指标的影响。

已有的一些研究结果指出 c 和 φ 变异性对可靠度指标 β 的影响程度与 c 和 φ 的均值有很大的关系，对于 c 来说，当固定 φ 值和其他参数都不变的情况下，随着 c 的均值的增大，其 β 与 V_c（V_c 为黏聚力的变异系数）关系曲线是越来越陡的。说明 c 的变异性对可靠度指标的影响越来越大。对于 φ 也有同样的结论得出。并且对于某特定的边坡，是 c 的变异性对 β 的影响程度大还是 φ 的变异性对 β 的影响程度大，取决于 c 和 φ 均值的大小，并指出 c 和 φ 均值存在着一个使 β 对变异系数的敏感程度相当的临界比值，当 c 和 φ 的比值大于此临界比值时，则 β 对 V_c 的敏感程度要大于 β 对 V_φ 的敏感程度，相反，当 c 和 φ 的比值小于于此临界比值时，则 β 对 V_φ 的敏感程度要大于 β 对 V_c 的敏感程度。这就说明对于砂性土（c 值小而 φ 值大），内摩擦角 φ 的变异性对 β 的影响明显大于黏聚力 c 的；而对于某些黏性土（c 值大而 φ 值小的黏性土），黏聚力 c 变异性对 β 的影响明显大于内摩擦角 φ 的。但是这些结论都是针对单一介质层的，当是多介质层时，介质层因素的因素对可靠度指标的影响也是不容忽略的。本程序是针对多介质层而设计的，本节将讨论考虑介质层因素影响时各随机变量变异性对可靠性指标的影响。

为讨论介质层因素的影响，变化介质层随机变量的取值，使两介质层的黏聚力及内摩擦角均值相差不大。将介质层 1 的黏聚力取为 25kPa，介质层 2 的黏聚力不变，两介质层黏聚力的变异系数 V_{c1}、V_{c2} 仍为 0.2，介质层一的内摩擦角取为 10°，两介质层黏聚力的变异系数 $V_{\varphi1}$、$V_{\varphi2}$ 都为 0.1，各变量均服从正态分布，其他参数均不发生改变。对边坡进行计算后，安全系数及可靠性指标计算结果如表 8.8 所示，并绘制出各介质层的不同随机变量的变异系数与可靠性指标之间的关系图，如图 8.25 和图 8.26 所示。

表 8.8　修改参数后边坡稳定性分析计算结果表

安全系数计算方法	安全系数	相对误差/%	可靠度指标	相对误差/%
不平衡推力法（前）	1.77	−5.67	4.733	−7.033
M-P 法	1.675	—	4.422	—
不平衡推力法（后）	1.637	2.27	4.307	2.6

分析表 8.8，可以看出在参数改变前后，安全系数的数值并没有很大的变化，最大相对误差为 1.875%，但是相应的可靠性指标的变化却是很大的，改进

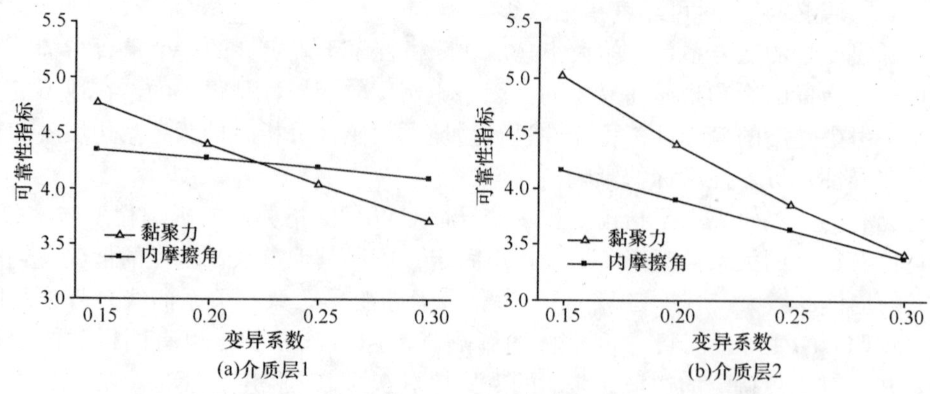

图 8.25 M-P 法不同介质层的变异系数与可靠性指标关系图

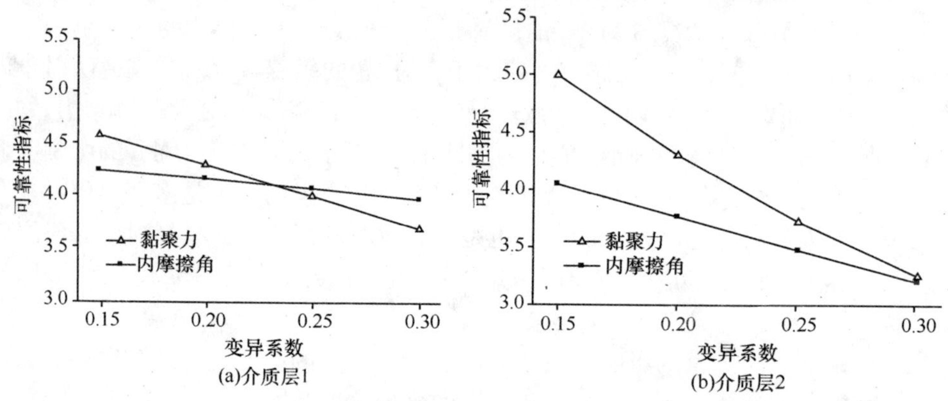

图 8.26 改进后不平衡推力法计算不同介质层的变异系数与可靠性指标关系图

后的不平衡推力法，其相对误差达 17.452%，但是由确定性方法计算得到的安全系数却几乎没有变化，这进一步说明，对于不同稳定状况的边坡，算得的安全系数可能是相同，但是可靠性指标却是不同的，可靠性指标对于边坡稳定状况的放映是比较符合实际情况的。所以单纯的使用安全系数来评价边坡稳定性是很不可靠的，变量的随机性对边坡稳定性的影响是不容忽视的。

从图 8.25 和图 8.26 中可以看到，在相同的介质层中，不同的随机变量对可靠性指标的敏感性是不同的。从变化的曲线来看，黏聚力 c 在二个介质层上的变化幅度是大的，则 β 对 V_c 的敏感程度要大于 β 对 V_φ 的敏感程度，这说明当 c 和 φ 的比值大于临界比值。这也正验证了对于某些 c 值大而 φ 值小的黏性土，黏聚力 c 变异性对 β 的影响明显大于内摩擦角 φ 的结论。

程序在进行敏感性分析所绘制的图形是关于 c、φ 在不同介质层的可靠性指标值和变异系数 $V_{\varphi1}$、$V_{\varphi2}$ 之间的曲线，如图 8.27～图 8.29 所示。

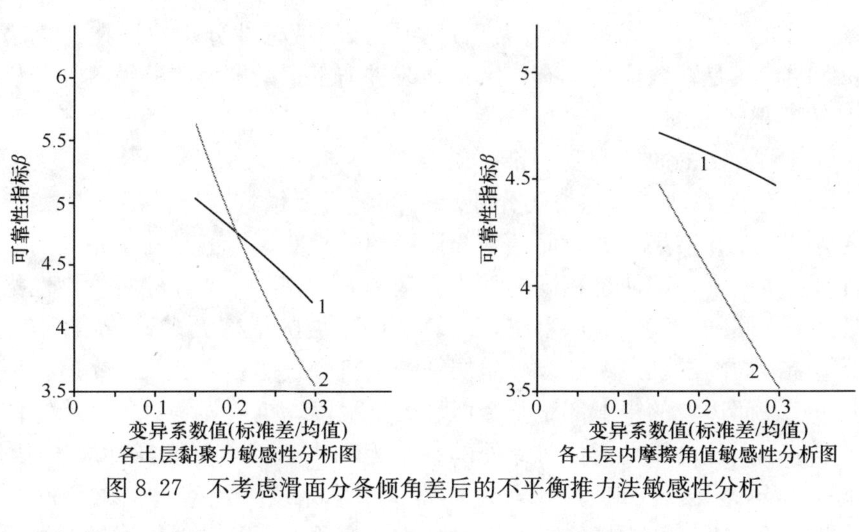

图 8.27　不考虑滑面分条倾角差后的不平衡推力法敏感性分析

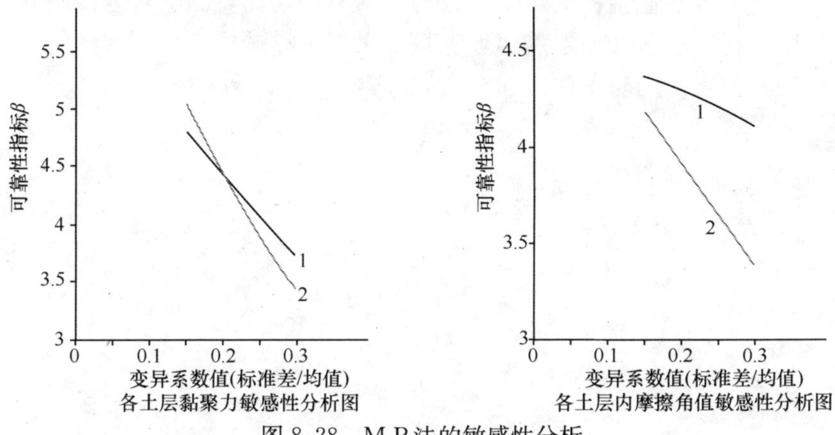

图 8.28　M-P 法的敏感性分析

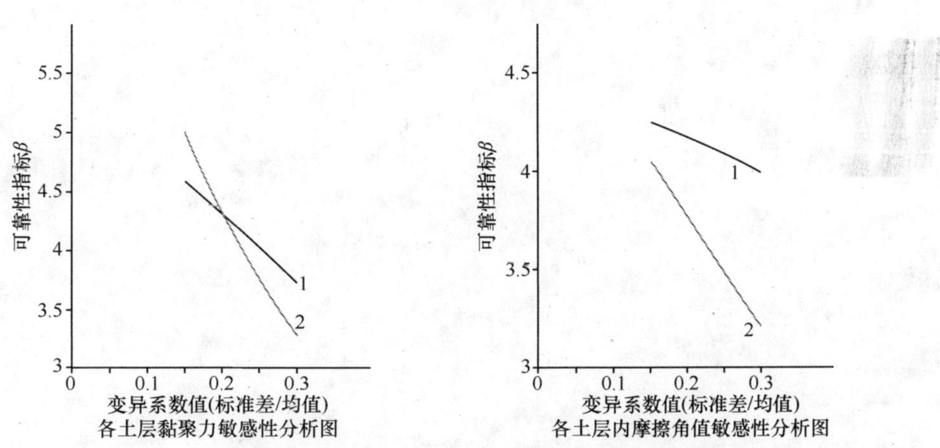

图 8.29　不考虑滑面分条倾角差后的不平衡推力法敏感性分析

分析图 8.27～图 8.29，可以看出三种方法的敏感性分析曲线在变化趋势上都是一致的，只是在数值变化有些区别，改进前不平衡推力法的敏感性分析曲线与 M-P 法的很相似的。

分析三种方法的曲线图我们都可以看出，β 与 V_{c1}，β、$V_{\varphi1}$ 关系曲线要缓于 β 与 V_{c2}，β、$V_{\varphi2}$ 关系曲线，这说明介质层二的随机变量的变异性对可靠度指标的影响要明显大于介质层 2 的，而两个介质层的随机变量均值是几乎相同的。所以在不同的介质层中，即使是相同的随机变量均值、相同的变异性对可靠性指标的敏感性也是不同的。我们可以看出，此算例中边坡的上部大多处于第一介质层，是属于整个滑坡的滑动段，所以介质层一的随机变量的变异性对可靠度指标的影响要小一些，而边坡的中下部是整个滑坡的抗滑段，抗剪强度对边坡稳定性起着关键性作用。因此可靠性指标对此处的黏聚力和内摩擦角的变异性应该很敏感，而此处的土条大多处于介质层二，这样就从力学角度方面解释了这个问题。所以，随机变量对可靠性指标的影响不仅与均值有关，而且与随机变量所处的介质层有关。所以在考察多介质层的边坡随机变量对可靠性指标的敏感性时，不仅要考虑随机变量因素，同时也要考虑介质层因素。

第9章　半填半挖路基施工处理方法

9.1　场地勘探与现场评估

在半填半挖路基工程中，由于填方部分路堤在大多数情况下都是就地取材，利用山体切的岩土材料填筑而成。由于在设计前不可能得到适合施工工艺要求的地层材料，在施工前必须对路线所经之处的地表覆盖层进行适当的查勘，以便确定路基切挖比例、支挡形式、填筑工艺及加固方案，同时对原定的方案进行适当的变更也是不可避免的。在施工阶段的查勘主要是查明地质构造、岩土类别、含水情况、基岩岩性及其强弱风化层、地下水埋深及变化规律和地表水活动情况，并评价交接面稳定性、边坡结构形式和坡比。

一般情况下，当山坡坡面起伏程度变化不大时，对于地面横坡缓于1∶5的地段，可在沿路线取代表性横剖面5个左右，每一断面在中线两侧布设5～10m深的探孔4～5个，通过探孔了解交接面覆盖层岩土类别及基岩面风化、地下水等情况。必要时孔深应达到工程性良好的岩土层。分段分层采取代表性样品进行试验，最好在代表性地段作原位测试。浅层地质体含水量可按深度1.0m、2.5m、4.0m、5.0m、6.0m、8.0m、10.0m取样测试或根据现场实际情况确定，含水量异常地段应加密。

在地面横坡陡于1∶5地段，如果在勘探中发现存在地质界面可能造成交接面路基滑动，在拟定各种地基处理加固方案时，首先对地层岩性、地质构造、水文条件、地质界面作进一步详细勘探并取样试验获得岩土各种物理力学指标，特别是抗剪强度指标。

在进一步详细勘探时，在综合分析地质资料基础上，如果表层堆积体（松散体）厚度较小，可只进行槽探。如果堆积体（块、碎、卵、砾石土）厚度大于3.0m，必要时需进行钻孔，其钻孔深度一般应达到预计的岩土界面或岩体软弱结构面以下。若采用结构物或坡面起伏变化程度大的地方，其查勘横剖面根据实际需要加密。

在查勘中，对于交接面可能造成路基稳定问题，可从如下方面进行现场评估：

（1）山坡坡面覆盖层地质体为透水软弱面，地下水活动可能引起陡坡路基下滑。

（2）山坡体岩层软硬相间，其软弱面顺路基倾斜，由于风化强弱差异或地下水侵蚀，地基和路基顺软弱面滑移。

（3）坡面为松散堆积物，含水量过大，需要对原坡体加固并采用封闭措施，否则降雨时路基边坡地表水渗透，引起路基滑移。

（4）路线布线穿过岩层软硬不均的构造交界处，多为地下水活动区。路基填筑后在丰水季节产生不均匀压缩变形，沉降差异产生裂缝后未及时封水致使路基饱水而滑移。

（5）坡面路基上缘坡面汇水面积较大，虽做截水和路基排水沟防护，因地表水渗透路基和地基覆盖土层内，而造成地基连同路基整体变形或滑移。

（6）切挖体填料路用性能差，处置不当和路基边缘压实度不够。边坡对季节性较为敏感，若坡面未封闭处理，雨季边坡水渗透，在距路基边缘的填方边坡上发生纵向裂缝。

特别是地面横坡陡于 1∶2.5，挖填路基滑动失稳可能表现为三种情况：

（1）填方部分沿交接面滑动。

（2）填方部分与覆盖层一起沿基岩面滑动。

（3）填方部分、覆盖层和浅层风化基岩一起沿软弱夹层滑动。所以当横坡陡于 1∶2.5 路堤地段强烈建议进行稳定性验算。

9.2　断面形式修正

在施工前查勘基础上，可以对原定的断面形式进行修正，以利于路堤的稳定，降低工程造价。在修正过程中可以参照如下一些经验：

（1）在地面横坡缓于 1∶5，覆盖土层厚度 2～4m，地基基岩横坡缓于 1∶8 时，地下裂隙水贫乏，采用填方路堤的边坡率必须满足规范要求。

（2）地面横坡陡于 1∶2.5，覆盖土层为厚度大于 4m 的碎石土且基岩横坡陡于 1∶2.5 时，强烈建议填方路基外侧设支挡结构。

（3）地面横坡陡于 1∶2，基岩面陡于 1∶2.5，公路应做横向台式分离路幅，外侧设置构造物通过，以降低工程造价。

（4）地面横坡陡于 1∶2～1∶0.33，内侧边坡较高时应采用填方，或设置桥梁，通过减少路基开挖防止路基边坡过高、防护工程过大或开挖后形成危岩，造成边坡坍塌。

9.3　切削体填料性能及施工

对于一般的土质路基填筑技术已经成熟，由于山区缺土多石，在山区半填半挖路基的填筑部分采用挖方切削下来的地质体，通常为石质填料。在施工前需要了解填料的性能，以便进行合适的处理并采用适当的工艺：

（1）填石料应该满足可用性判定标准，即判断填料是否可以用于填方路堤的填筑。根据规范规定，填石路堤所用石料的强度不应该小于 12MPa（用于护坡的不得小于 20MPa）。强风化的软岩在进行技术处理前不得用于填筑路基，也不得作为填缝料。易风化的软岩不得用于路堤上部或路堤的浸水部分。另外，还规定膨胀性岩石在改性处理前不得用于填石路堤的填筑。

（2）填料工程性质基本满足工程要求。比如填料的密度、强度、破碎率、吸水率以及填石料的接配特性，变形和可压实性。

（3）满足现行的施工工艺和质量控制方法。如表 9.1 所示，该表根据岩质填料的硬度进行分类，并设计了相应的施工工艺和质量控制方法。

（4）对于西南山区常见的红砂岩，其强度因矿物成分和胶结物质的差异而变化颇大，在大气环境下或受干湿循环的作用，岩块可崩解碎裂，颗粒软化，强度降低，工程性质变差。特别是其水活性大，其水活性的消解在自然状态下需要 6～7 年的时间。采用红砂岩填料的半填半挖路基，需要采用相应的成套施工技术。

① 红砂岩主要有三种类型：Ⅰ类黏土矿物含量高，呈泥状或渣状崩解，具有膨胀性，路用性能极差。Ⅱ类呈块状崩解，具碎屑结构特征，不具膨胀性，路用性能较Ⅰ类好；Ⅲ类不崩解，或棱角处少量崩解，强度较高，工程性能较好。通过烘干浸水崩解和天然浸水崩解试验，了解裂纹发育扩展及崩解发展进程，通过室内失水干裂和野外大气环境中的渐进崩解试验，掌握其崩解过程中颗粒碎化与温度、干湿循环及水分蒸发速度的关系，然后根据试验结果对其进行归类。

② 对于Ⅰ类、Ⅱ类红砂岩填筑料，需要结合地区、施工条件、场地等，在填筑前，需要对切削下来的岩体进行预崩解处理和颗粒分布分数维测算，然后确定红砂岩的改造方式和路堤（路基）的填筑防护方式。对于碾压密实型路堤，最大松铺厚度不超过 30cm，粒径不大于松铺厚度 2/3，碾压工艺为：40t 轮式振动压路机 1 遍→50t 拖式振动压路机 3～4 遍→40t 振动压路机 2 遍。对于封闭型路堤，红砂岩料场为Ⅰ类岩时，边坡处和顶部用低液限黏土封面。对于掺料型路堤，在适当部位均匀添加熟石灰以提高强度和稳定性。对于路堑应选择晴朗天气填筑，及时封闭作业面，且上路床基底应为新鲜岩层。对于红砂岩的边坡防护，在路堤边坡只宜种植低矮树丛，易积水地区应填筑低液限黏土垫层，路堤横向侧超填 0.5～1.0m。

表 9.1　粗粒料的分类及施工要点

类型	材料的特性	管理方法	施工要点	备注
硬岩	粒径大，不因施工时破碎碾压和气象条件等变化产生细粒化的岩石，每层厚度可达 30cm 以上	施工工艺控制式	①每层的铺厚不超过最大粒径的 1.5 倍；②研究不使材料分离的摊铺方法；③把大的岩块集中放在填方区的下部、边坡表面；④根据施工厚度选择压实机具；⑤选定边坡保护措施；⑥在碎岩块上使用细粒料填筑路床时，要设过渡层；⑦碎岩块材料用于标准板和隔音板等对基础施工无影响的范围；⑧用压实计进行压实控制	火成岩类（坚硬且耐久性好的岩石）花岗岩、石英斑岩流纹岩、闪绿岩玄武岩、石灰岩等
中硬岩	由于施工时碾压而产生细粒化的岩石	质量指标控制式	压实以振动碾为主	变质岩类（不属于硬岩和脆弱岩的岩石）片岩、片麻岩、黏板岩等
脆弱岩	由于气象条件的变化（干湿作用）而产生细粒化的岩石		① 用大型振动碾（气胎碾）进行充分破碎碾压；② 采取充分的排除地下水措施；③在高填方区采用不易受沉降影响且易于维修的结构	第三纪堆积岩类泥岩、页岩、凝灰岩、砂岩

③红砂岩路堤（路基）填筑的一般工艺为：临界分数维测定→料场爆破→预崩解→分数维检测→耙压→分数维检测→掺料改件→初压→赶平→碾压→终压。经耙压后的填料，最大粒径 d_{max} 应满足：当碾压层厚 $h=40$cm 时，$d_{max}\leqslant 25$cm；当 $h=30$cm 时，$d_{max}\leqslant 20$cm；其他情况时，$d_{max}\leqslant 2/3h$。

对红砂岩填料路堤（路基）填筑技术有更具体要求的读者，可查阅有关专著和文献。

9.4　填方路基外侧支挡选型

9.4.1　支挡类型及适用条件

在某些情况下，当地面横坡、地基基岩横坡较陡时，填方路堤外侧需要支挡，可作为高速公路路基支档的技术措施很多，目前技术成熟且在高速公路中常用的主要挡土墙结构有重力式、衡重式、加筋土轻型式、混凝土半重力式、钢筋

(预应力)混凝土悬臂式和扶壁式、桩板式、锚杆式、板式、垛式、钉式及锚杆(索)桩板复合式等类型。

(1)在石材丰富易取且对环保影响不大的地区,可采用重力式、衡重式挡土墙。该类挡土结构简单,施工较易,适应性强,路肩墙、路堤墙、浸水挡墙均可采用该类形式。但对地基承载力具有较高要求。其中衡重式挡土墙胸坡陡直,下墙墙背仰斜可降低墙高,减少基础开挖,在地面横坡较陡路段可优先选用。

(2)在石材调取不方便、不经济的地区,加筋土挡土墙、悬臂式挡土墙、锚定板式挡土墙等支挡结构是合适的选择。其中加筋土挡土墙对地基底适应性强,占地较少,结构轻巧,外形隐蔽,但对路堤填土的压实和面板、筋带设置的施工技术要求较高,同时不宜用于受水流冲淹地段。悬臂式挡墙承载力较低,墙高不宜大于 6m,钢筋和混凝土用量较大,成本较高。锚定板式挡土墙结构轻便、柔性大、拼装简易、施工快,不受地基承载力的限制,可分级修筑,但锚定板必须埋置于墙后的稳定土层内。

(3)柱板式挡土墙、桩板式挡土墙等轻型支挡结构,由于施工时对场地的要求低,特别适合于山区高速公路的半填半挖路基的外侧支挡,而且适应于高墙,技术要求较高。其中柱板式挡墙构件轻便,可预制拼装快速施工,但钢筋(材)用量较大,造价较高。对于桩板式挡土墙,如果墙体较高时,可在锚固桩的上侧配置一定的锚索或其他锚固构件,以改善桩的受力特征,减小桩的断面尺寸和混凝土用量。

9.4.2　支挡结构选型原则

(1)经济考虑。对于山区,由于石料丰富,重力式挡土墙在造价上具有较大优势。但由于运输、基础开挖及砌筑场所、基底承载力、墙体本身的长期稳定性等方面的原因,总体效益需要综合评定后选用。

(2)综合考虑受力特点和现场条件。选择挡墙形式时,需要满足墙后土压力的要求和挡墙自身的稳定性。在沿河坡谷地段,墙身的浸水稳定性、墙基的抗冲刷性能是重点因素。在陡坡地区或地形纵向起伏频繁地段,宜考虑墙身应力在纵向的不均匀分布以及墙身的不均匀沉降。因此,在这种情况下柔性、轻型支挡结构,例如预应力锚索桩板墙、悬臂式桩板墙、预应力锚索柱板墙和锚杆柱板墙具有很好的适应性。但轻型支挡结构技术要求较高。对施工手段、检测手段、监测要求比较高。对施工人员的素质、施工机具、质量检测手段和标准、监测技术与时间需要配套。

(3)视觉协调与环保考虑。支挡结构的选型需要与公路周边环境保护统一考虑,比如水土保持功能、排水功能与绿化功能。在可能的情况下,尽量采用轻型支挡形式。

9.5　交接面处理方法

（1）交接面的清理与压实。如果填方部分地面腐殖覆盖层或堆积层小于1.0m，可以将该层清除，使填筑路堤置于坚实的弱风化层上。如果表层厚度较大，可夯填片石，并采用振动挤密和振动压实，形成复合地基，提高交接面覆盖土层的承载能力。如果交接面土层含水量过大，可对填土面进行翻晒，同时设置纵横片石盲沟，疏干基底土层。

（2）交接面台阶开挖及处理。在山坡上从填方坡脚向上挖成向内倾斜的台阶，路堤外侧台阶应高于靠近山坡的内侧台阶，形成反坡。如果是岩石坡时，应将岩石台阶凿毛，增加基底的摩擦力。台阶宽度不小于1m，并用小型夯实机加以夯实。其中挖方一侧，在行车范围之内的宽度不足一个行车道宽度时，则应挖够一个行车道宽度。

（3）在许多情况下，填方路堤高度较大，交接面较陡，为了加强交接面的强度和整体稳定性，减少沉降差异，在交接面采用土工材料加强。土工材料可铺设在填方路堤中，也可铺设在交接面，或在两者中均铺设，如图9.1、图9.2所示。

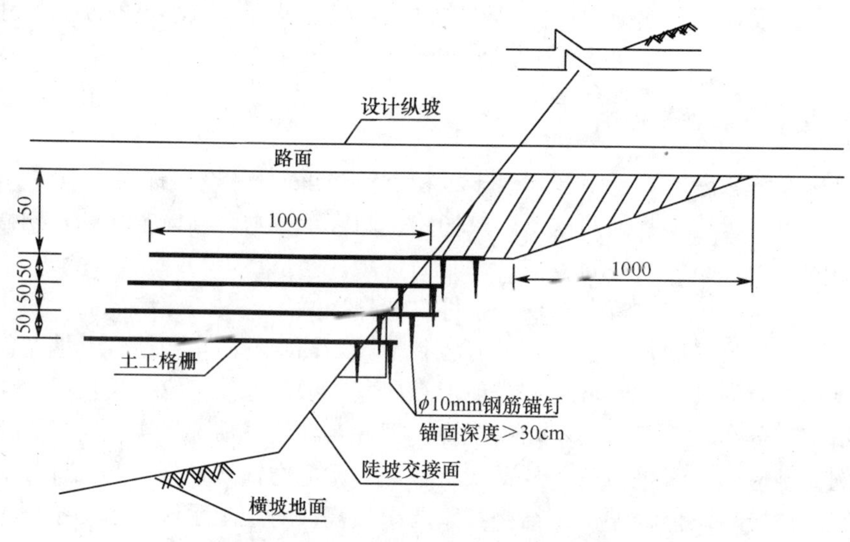

图9.1　填方部分铺设土工材料（单位：cm）

（4）在交接面上尽量选择透水性、渗透性好的碎石、碎石土、砂砾石等，减少雨水对路堤填料的影响，减轻填方路堤自重，有利于路堤稳定。填筑应由最低层台阶填起，并分层夯实，然后逐台向上填筑，分层夯实。若填方分几个作业段

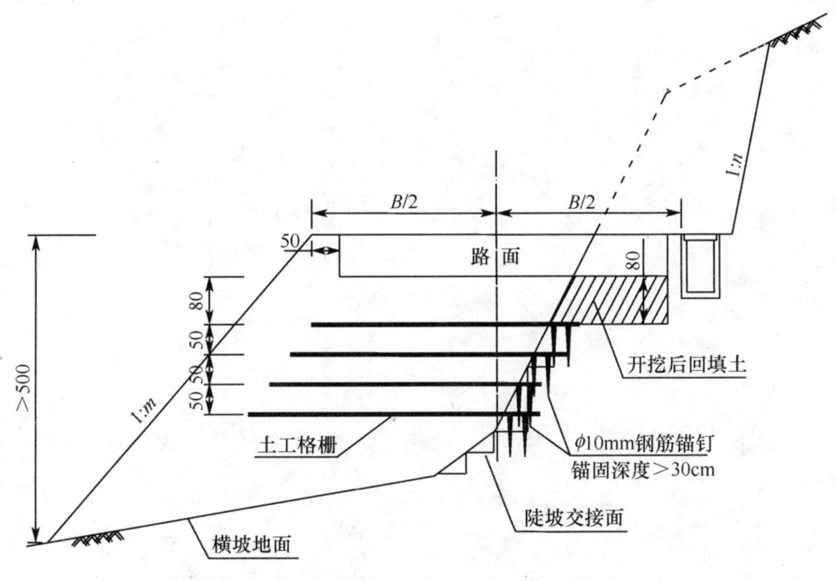

图 9.2　交接面铺设土工材料（单位：cm）

施工，两段交接处，不在同一时间填筑，则先填地段，应分层留台阶。若两个地段同时填，则应分层相互交叠衔接，建议其搭接长度不小于 2m。

9.6　某高速公路交接面路基稳定性监测

作为对上述理论研究和方法的应用和佐证，本节简单介绍关于上（上海）瑞（云南瑞丽）高速公路邵（邵阳）怀（怀化）段几个典型的半填半挖路基断面的监测结果。在监测方案的设计中，高陡交接面和陡坡交接面的监测点布置示意图分别如图 9.3、图 9.4 所示。

观测的主要目的在于了解陡坡交接面路基在不同坡比的陡坡上，不同填方高度的路堤总沉降、边坡坡顶、平台、坡脚处水平和垂直位移的变化规律，通过原位观测，预测沉降量，验证施工工艺和加固方法的合理性和适用性。

观测选点布置分为典型断面和一般断面。典型断面观测内容主要包括总竖直沉降（根据需要采用单点沉降计）、边坡坡顶、平台、坡脚处水平和垂直位移。

一般断面沉降观测包括：①地表沉降量，采用地表型沉降计（沉降板），用于沉降管理。②地表水平位移量和隆起量，观测仪器是地表水平位移桩（边桩），用于稳定管理。其目的是监测地表位移及隆起情况，以确保路堤施工的安全和稳定。在路堤高度大于 10m 的陡坡路堤、填切交界的填方段设置边桩观测地表水平位移量和隆起量。③边坡变形量，包括边坡外部变形观测和深部变形观测。边

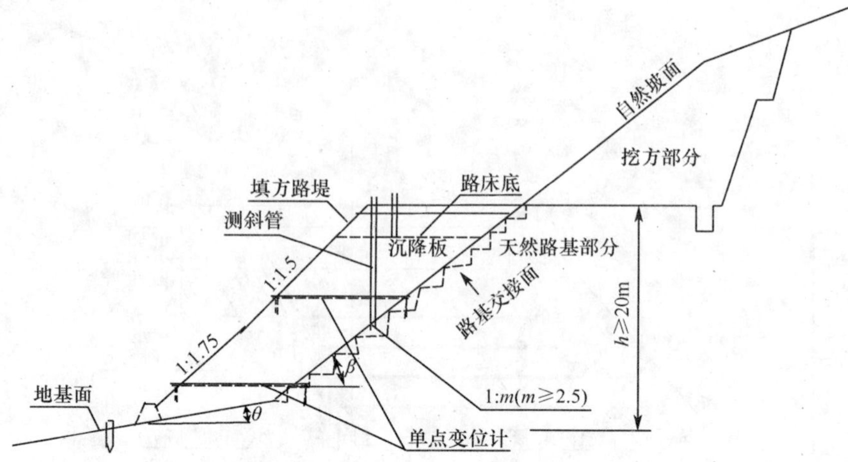

图 9.3 高陡交接面路堤典型断面上观测点布置示意图

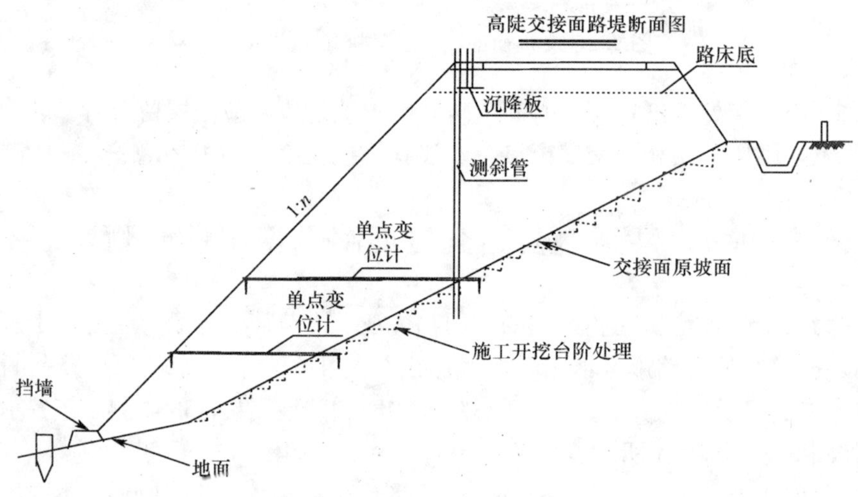

图 9.4 陡坡交接面路堤典型断面上观测点布置示意图

坡外部变形观测类似于大地测量，在边坡上布置一定数量的观测网点（水平、垂直），并根据边坡的稳定情况及其发展的趋势，通过三角测量及精密水准测量，定期观测各测点上的位移变化。深部变形观测通过钻孔倾斜仪等对边坡内部的水平位移和垂直位移进行观测，通过一般断面的观测可以掌握陡坡交接面路基地表的沉降规律和路堤本身的压缩变形规律，典型观测断面的设置是为了全面掌握陡坡路基土体应力和变形的动态变化过程，综合分析路基稳定性。

参考文献

[1] 梁仕森. 保证土质公路路基压实度的探讨. 广西交通科技，1996，21 (3)：20—23

[2] 曹映. 公路路基施工应注意的质量问题. 露天采煤技术，2002，(5)：19—21

[3] 罗良繁，李永龙. 半填半挖路基的施工. 水运工程，2003，(8)：69—70

[4] 邓卫东，张兴强，陈波等. 路基不均匀沉降对沥青路面受力变形影响的有限元分析. 中国公路学报，2004，17 (1)：12—15

[5] 张兴强，陈波，闫澎旺等. 路基不均匀沉降对沥青路面受力变形影响的有限元分析. 中国港湾建设，2000，12 (6)：41—44

[6] 谭继承. 半挖半填高填方路基加固施工技术. 山西建筑，2004，30 (3)：106，107

[7] 宋继先，姜涛，牛树伟. 处理高填方路基下沉的措施. 黑龙江交通科，2003，(6)：19，20

[8] 韩宇乐. 沟谷高填方路基施工质量的控制. 广西交通科技，1997，增刊：31，32

[9] 史志勇. 挖方路基施工方法简介. 建筑工程，2002，23 (1)：11，12

[10] 邵建梁. 高填方路基分层铺设土工格栅验算方法探讨. 兰州石化职业技术学院报，2003，3 (2)：20—23

[11] 王晋明，李国华，孙林. 高填方路基沉陷分析及防治措施. 林业科技，2002，27 (1)：59—61

[12] 刘以波，穆道责，木根芳. 古滑坡体复活的治理设计与施工. 探矿工程（岩土钻掘工程），2004，(1)：38—40

[13] 王明华，张晓辉. 长江三峡库区某滑坡滑动机理及稳定性研究. 武汉化工学院学报，2006，28 (3)：29—31

[14] 杨学堂，张振华，王乐华等. 从清江流域瓦屋场滑坡复活看人类对坡体的利用. 中国地质灾害与防治学报，2004，15 (4)：44—48

[15] 杨林，佴磊，刘永平. 滑坡稳定性分析及削坡减载在工程中的应用. 森林工程，2005，21 (4)：24—26

[16] 张健，孙巧根，长铮. 基于正交试验的方法分析边坡稳定性影响因素的显著性. 中外公路，2005，25 (5)：8—10

[17] 李亮，迟世春，林皋等. 利用潘家铮极值原理与和声搜索算法进行土坡稳定分析. 岩土力学，2007，28 (1)：157—162

[18] 许建聪，尚岳全. 碎石土滑坡的因素敏感性计算分析. 岩土力学，2007，28 (10)：2046—2051

[19] 赵洪岭，台佳佳，朱大勇. 边坡稳定性计算中锚固力计入方式的讨论. 中国水利水电科学研究院学报，2006，4 (4)：271—276

[20] 许建聪，尚岳全，郑束宁等. 不平衡推力法的弹塑性有限元改进. 岩石力学与工程学

报，2005，24（23）：4247—4252

[21] 尚文涛，张明义，房贤良．不平衡推力法在某滑坡中的应用．青岛理工大学学报，2008，29（6）：22—25

[22] 时卫民，郑颖人，唐伯明等．边坡稳定不平衡推力法的精度分析及其使用条件．岩土工程学报，2004，26（3）：313—317

[23] 张鲁渝，郑颖人，时卫民．边坡稳定分析中关于不平衡推力法的讨论．岩石力学与工程学报，2005，24（1）：177—182

[24] 郑颖人，时卫民．不平衡推力法使用中应注意的问题．重庆建筑，2004，2：6—8

[25] 郑颖人，时卫民，杨明成．不平衡推力法与 Sarma 法的讨论．岩石力学与工程学报，2004，23（17）：3030—3036

[26] 梁斌，郑颖人，宋雅坤．不同计算方法计算滑坡推力与桩前抗力的比较与分析．后勤工程学院学报，2008，24（2）：14—17

[27] 季薇薇．边坡稳定分析中不平衡推力法的两种解法．黑龙江水专学报，2006，33（2）：22，23

[28] 苏永华，何满潮．大子样岩土随机参数统计方法．岩土工程学报，2001，23（1）：117—120

[29] 松尾稔．地基工程学——可靠性设计的理论和实际．北京：人民交通出版社，1990：39—84

[30] 张玉香．基于随机-模糊处理理论的岩体力学参数研究．西北农林科技大学学报（自然科学版），2007，35（12）：231—235

[31] 宋克志，王梦恕．隧道地层变位的可靠性分析．中国安全科学学报，2004，14（6）：83—86

[32] 张征，陈祖峰，王恩祥等．岩土参数随机场空间最优估计精度分析与特异值研究．岩土工程学报，1999，21（5）：586—590

[33] 刘春原，阎澍旺．岩土参数随机场特性及线性预测．岩土工程学报，2002，24（5）：588—593

[34] 张永杰，曹文贵，赵明华．岩土抗剪强度参数确定的模糊拟合方法．湖南大学学报（自然科学版），2008，35（6）：6—11

[35] 胡小荣，唐春安．岩土力学参数随机场的空间变异性分析及单元体力学参数赋值研究．岩石力学与工程学报，2000，19（1）：59—63

[36] 胡小荣，唐春安．岩土力学参数随机场的离散研究．岩土工程学报，1999，21（4）：450—455

[37] 刘同有，高谦，马念杰．地下巷道工程可靠度分析．北京：中国矿业大学出版社，1998

[38] 李胡生，熊文林．岩体力学参数的模糊处理．水利学报，1994，25（1）：76—86

[39] 李胡生，叶黔元．隧道岩体抗力模式的随机-模糊估计方法．华东工业大学学报，1997，19（2）：25—34

[40] 李胡生，陈明．岩土工程中随机-模糊统计公式的修订及应用．人民长江，2006，37（11）：22—26

[41] 李胡生，熊文林．岩土工程稳定性有限元分析的随机-模糊可靠度算法．水利学报，2006，37（10）：1235—1241

[42] 李胡生，叶黔元．具有圆弧型破坏面的边坡随机－模糊可靠度计算．上海理工大学学报，2006，28（5）：484—489

[43] 李胡生，陈道清，丁向阳．具有平面型破坏面岩石边坡的随机-模糊可靠度计算．中国有色金属学报，1994，4（1）：12—16

[44] 李胡生，叶黔元．陡峭岩石边坡随机-模糊可靠度算法．岩土工程学报，2006，28（8）：1019—1023

[45] 王登刚，刘迎曦，李守巨等．巷道围岩初始应力场和弹性模量的区间反演方法．岩石力学与工程学报，2002，23（5）：305—308

[46] 刘世君，徐卫亚，王红春．不确定性岩石力学参数的区间反分析，岩石力学与工程学报，2004，23（6）：885—888

[47] 刘世君，徐卫亚，王红春等．岩石力学参数的区间参数摄动反分析方法，岩土工程学报，2002，24（6）：760—763

[48] 曹文责，张永杰．基于非对称三角模糊数的岩石抗剪强度参数确定方法研究．岩石力学与工程学报，2007，26（7）：1340—1346

[49] 蒋冲，赵明华，曹文贵．基于区间分析的岩土结构非概率可靠性分析．湖南大学学报（自然科学版），2008，35（3）：11—14

[50] 苏永华，常伟涛，赵明华．深部巷道围岩稳定的区间非概率指标分析．湖南大学学报（自然科学版），2007，34（1）：17—22

[51] 苏永华，何满潮，曹文贵．岩体地下结构围岩稳定非概率可靠性的凸集合模型分析方法．岩石力学与工程学报，2005，24（3）：377—382

[52] 王继承，苏永华，何满潮．区间分析方法在深部岩体工程中的应用．岩石力学与工程学报，2005，24（21）：3835—3840

[53] Faravelli L A. Response-surface approach for reliability analysis. Journal of Engineering Mechanics，1989，115（12）：2763—2781

[54] Bucher C G，Bougund U. A fast and efficient response surface approach for structural reliability problem. Structrual Safety，1990，（1）：57—66

[55] Rajashekhar M R，Ellingwood B R. A new look at the response surface approach for reliability analysis. Structrual Safety，1993，（6）：205—220

[56] Schueller G I，et al. On efficient computational scheme to calculate structural failure probability. Probability Engineering Mechanics，1989，4（1）：10—18

[57] Felix S，Wong M. Slope reliability and response surface methods. Journal of Geotechnical Engineering，1985，111（1）：32—53

[58] Su Y H，Zhao M H，Zhang Y Y. Numerical method of slope failure probability based on Bishop model. Journal of Central South University（Science and Technology），2008，15（1）：100—106

[59] 苏永华，赵明华，李志勇等．以条分法稳定性系数计算为虚拟试验的边坡失稳概率计算

方法，中国公路学报，2008，21（6）：34—41

[60] 苏永华，赵明华. 稳定性系数为隐式函数的边坡可靠度近似计算方法. 岩土工程学报，2006，28（10）：1198—1204

[61] 张旭辉，龚晓南，徐日庆. 边坡稳定影响因素敏感性的正交法计算分析. 中国公路学报，2003，16（1）：36—39

[62] 季大雪，杨庆，栾茂田. 加筋均质边坡稳定影响因素的敏感性研究. 岩土力学，2004，25（7）：1089—1098

[63] 何本贵，高谦，刘芳. 公路路堑边坡稳定性影响因素正交分析与数值模拟. 岩土工程学报，2005，27（6）：716—719

[64] Shukla S K，Chandra S. A study on new mechanical model for foundations and its elastic settlement response. International Journal for Numerical and Analytical Methods in Geomechanics，1996，6（20）：36—63

[65] Yin J H. A one-dimensional geosynthetic-reinforced foundation model with non-linear support. Chinese Journal of Goetechnical Engineering，1998，20（1）：45—50

[66] Yogarajah I，Yeo K C. Finite element modeling of pull-out tests with load strain measurements. Geotextiles and Geomembranes，1994（1）：63—68

[67] 程环等. 土工织物加筋坝软基的非线性有限元分析//全国第二届土工合成材料学术会议论文集，1990：9—36

[68] 徐少曼，洪昌华. 土工织物加筋堤坝软基的非线性分析. 岩土工程学报，1999，21（4）：33—36

[69] 喻泽红，韩理安. 土工网处理桥头差异沉降的有限元分析. 岩土工程学报，1996，16（6）：15—19

[70] 喻泽红，张起森. 土工网与土相互作用机理的有限元分析. 岩土工程学报，1997，17（3）：21—24

[71] 周志刚，张起森，郑健龙. 土工格栅加固碎石桩复合地基的机理分析. 土木工程学报，1998，31（3）：41—46

[72] 闫澎旺，Ben B. 土工格栅与土相互作用的有限元分析. 岩土工程学报，1997，18（6）：72—76

[73] Shen Z J. Limit analysis of soft ground reinforced by geosyntheticso. Chinese Journal of Geotechnical Engineering. 1998，20（4）：46—50

[74] Yin J H. A one-dimensional geosynthetic-reinforced model with non-linear spring support. Chinese Journal of Geotechnical Engineering，1998，20（1）：34—37

[75] 徐少曼，林瑞良. 提高土工织物加筋效果的新途径. 岩土工程学报，1997，17（2）：42—45

[76] 徐少曼. 堤坝下软基土工织物加筋效果与尺寸效应. 岩土工程学报，1999，21（1）：32—36

[77] 介玉新，李广信. 加筋土数值计算的等效附加应力法. 岩土工程学报，1999，21（5）：62—66

[78] 刘汉龙，吴维军，高玉峰．土工织物加固堤防非线性有限元分析．岩土力学，2003，24 (1)：67—69

[79] 张世海，刘叔军，欧进萍等．基于二维隶属函数的场地模糊分类及其应用．岩土工程学报，2005，27 (8)：912—918.

[80] 霍润科，李宁，马英军．工程岩体 c，φ 值选取的模糊-关联分析．岩石力学与工程学报，2004，23 (9)：1481—1485

[81] 边亦海，黄宏伟．SMW 工法支护结构失效概率的模糊事故树分析．岩土工程学报，2006，28 (5)：664—669

[82] 刘环宇，王思敬，曾钱帮等．基于模糊神经网络兖州矿区立井井筒非采动破裂的判别．岩土工程学报，2005，27 (10)：1237—1241

[83] 谭晓慧．边坡稳定分析的模糊概率法．合肥工业大学学报，2001，24 (3)：442—427

[84] 申玉生，赵玉光．双连拱隧道围岩稳定性的模糊概率分析研究．岩土工程学报，2005，27 (11)：1358—1362

[85] 丁德馨，张志军．圆滑滑动边坡反演设计的自适应神经模糊推理方法研究．岩土工程学报，2004，26 (2)：202—207

[86] 徐卫亚，蒋中明，石安池．基于模糊集理论的边坡稳定性分析．岩土工程学报，2003，25 (4)：409—504

[87] 王浩，庄钊文．模糊可靠性分析中的隶属函数确定．电子产品可靠性与环境实验，2000 (4)：2—7

[88] 赵明华，程晔，曹文贵．桥梁基桩桩端溶洞顶板稳定性模糊分析研究．岩石力学与工程学报，2005，24 (8)：1376—1384

[89] 苏永华，何满潮，孙晓明．岩体模糊分类中隶属函数的等效性．北京科技大学学报，2007，29 (7)：660—665

[90] 苏永华．岩土参数模糊隶属函数的构造方法及应用．岩土工程学报，2007，29 (12)：1771—1779

[91] 苏永华，赵明华，刘晓明．岩体分类的二元相对模糊评判法．岩石力学与工程学报，2006，25 (5)：1049—1055

[92] 张文修，吴伟志，梁吉业等．粗糙集理论与方法．北京：科学出版社，2001

[93] 苏永华，李翔，李志勇等．山区公路建造环境级别的模糊粗糙评价方法．湖南大学学报，2010，37 (5)：1—8

[94] 苏永华，邹志鹏，赵明华．基于模糊重心集理论的岩体分类方法．岩土力学，2007，28 (6)：1118—1123

[95] 熊文林，李胡生．岩石样本力学参数值的随机-模糊处理方法．岩土工程学报，1992，14 (6)：101—108

[96] 李胡生．岩土参数随机-模糊统计中隶属函数形式．同济大学学报，1993，121 (3)：61—69

[97] 徐卫亚，蒋中明．岩土样本力学参数的模糊统计特征研究．岩土力学，2004，25 (3)：342—346

[98] 刘春. 边坡工程中岩石力学参数随机模糊选取研究. 岩土力学，2004，25（8）：1327—1330

[99] 李晗，计时鸣，张利. 马氏距离不变量用于灰度图像的识别. 浙江工业大学报，2001，29（4）：357—359

[100] 苏永华，卓小君，马宁等. 岩土力学特征参数随机-模糊处理中的权重影响比较. 湖南大学学报，2009，30（3）：1—5

[101] 苏永华，封立志，赵明华. 西南山区公路建设场地模糊分类系统研究. 湖南大学学报，2008，35（3）：33—38

[102] 黄新进. 山区公路半填半挖路基稳定性分析方法. 长沙：湖南大学，2006

[103] 陈祖煜. 土质边坡稳定性分析——原理、方法、程序. 北京：中国水利水电出版社，2003

[104] 苏永华，孙晓明，颜永国. 基于极限平衡的边坡稳定概率显式功能函数逐步修正求解. 工程力学，2009，26（3）：15—20

[105] Vapnik V N. The Nature of Statistical Learning Theory，New York：Springer-Verlag，1995

[106] 苏永华，伍文国，赵明华. 极限平衡模式下的边坡稳定概率小样本最优拟合算法，岩石力学与工程学报，2009，28（1）：173—180

[107] 马宁. 岩土分类和边坡可靠度分析的支持向量机方法. 长沙：湖南大学，2009

[108]《公路路基设计规范》（JT GD30—2004）. 北京：人民交通出版社，2004

[109]《建筑边坡工程技术规范》（GB 50330—2002）. 北京：中国建筑工业出版社，2002

[110]《岩土工程勘察规范》（GB 50021—2001）. 北京：中国建筑工业出版社，2001

[111]《地基基础规范》（GB 5007—2002）. 北京：中国建筑工业出版社，2002

[112] Donald I，陈祖煜. 边坡稳定分析的塑性力学上限解，第一部分：基本原理和方法. 水利水电科学研究院，1993：6—4

[113] Hassan A M，Wolff T F. Search algorithm for minimum reliability index of earth slopes. Journal of Geotechnical and Geoenvironmental Engineering，ASCE 1999，125（04）：301—308

[114] Bhattacharya G，Jana D，Ojha S，et al. Direct search for minimum reliability index of earth slopes. Computers and Geotechnics，2003，30：455—462

[115] 朱剑锋. 岩土边坡稳定性与可靠度分析智能计算方法. 长沙：湖南大学，2007：86—90

[116] 张月英. 边坡稳定可靠性分析程序开发. 长沙：湖南大学，2008：86—90

[117] 陈昌富. 仿生算法及其在边坡和基坑工程中的应用. 长沙：湖南大学，2001